Von der sozialen zur ökosozialen Marktwirtschaft

Christoph Brüssel · Volker Kronenberg
(Hrsg.)

Von der sozialen zur ökosozialen Marktwirtschaft

Ökologie und Ökonomie im Fokus von Politik und Gesellschaft

Herausgeber
Christoph Brüssel
Bonn, Deutschland

Volker Kronenberg
Bonn, Deutschland

ISBN 978-3-658-18817-7   ISBN 978-3-658-18818-4 (eBook)
https://doi.org/10.1007/978-3-658-18818-4

Die Deutsche Nationalbibliothek verzeichnet diese Publikation in der Deutschen Nationalbibliografie; detaillierte bibliografische Daten sind im Internet über http://dnb.d-nb.de abrufbar.

Springer VS
© Springer Fachmedien Wiesbaden GmbH 2018
Das Werk einschließlich aller seiner Teile ist urheberrechtlich geschützt. Jede Verwertung, die nicht ausdrücklich vom Urheberrechtsgesetz zugelassen ist, bedarf der vorherigen Zustimmung des Verlags. Das gilt insbesondere für Vervielfältigungen, Bearbeitungen, Übersetzungen, Mikroverfilmungen und die Einspeicherung und Verarbeitung in elektronischen Systemen.
Die Wiedergabe von Gebrauchsnamen, Handelsnamen, Warenbezeichnungen usw. in diesem Werk berechtigt auch ohne besondere Kennzeichnung nicht zu der Annahme, dass solche Namen im Sinne der Warenzeichen- und Markenschutz-Gesetzgebung als frei zu betrachten wären und daher von jedermann benutzt werden dürften.
Der Verlag, die Autoren und die Herausgeber gehen davon aus, dass die Angaben und Informationen in diesem Werk zum Zeitpunkt der Veröffentlichung vollständig und korrekt sind. Weder der Verlag noch die Autoren oder die Herausgeber übernehmen, ausdrücklich oder implizit, Gewähr für den Inhalt des Werkes, etwaige Fehler oder Äußerungen. Der Verlag bleibt im Hinblick auf geografische Zuordnungen und Gebietsbezeichnungen in veröffentlichten Karten und Institutionsadressen neutral.

Lektorat: Jan Treibel

Gedruckt auf säurefreiem und chlorfrei gebleichtem Papier

Springer VS ist Teil von Springer Nature
Die eingetragene Gesellschaft ist Springer Fachmedien Wiesbaden GmbH
Die Anschrift der Gesellschaft ist: Abraham-Lincoln-Str. 46, 65189 Wiesbaden, Germany

Inhalt

Vorwort von Dieter Härthe, Vorstandsvorsitzender Senat der Wirtschaft
Marktwirtschaft und ökologisch soziale Verantwortung
sind kein Gegensatz VII

Christoph Brüssel & Volker Kronenberg
Einführung 1

Christoph Brüssel
Akzeptanz des Systems der ökologisch-sozialen Marktwirtschaft
im Kontext von Wirtschaft, Politik und Gesellschaft 9

Franz Josef Radermacher
Demokratie, Zukunft, Nachhaltigkeit.
Zur Rolle einer weltweiten Ökosozialen Marktwirtschaft 17

Estelle L. A. Herlyn
Zur Bedeutung einer balancierten Einkommens-
und Vermögensverteilung. Empirische und analytische Einsichten 35

Max W. Römer
Profitmaximierung oder Gemeinwohlmehrung.
Interne und externe Motive des Umdenkens 51

Franz-Theo Gottwald & Nora Klopp
Industrielle, konventionelle, traditionelle und ökologische Landwirtschaft
in ethischer Perspektive 73

Albert Hövel
Normung – Gesellschaftsinstrument zur Konkretisierung
ökologischer Zielstellungen 83

Stefan Brüggemann
Generationengerechtigkeit – auf die Jugend kommt es an 101

Claus Dethloff
Die (In-)Kompatibilität von Hochleistung und (sozialer) Verantwortung:
Der Ehrliche ist der ...?! 115

Ulf Posé
Automatisierung und Digitalisierung
in einer „ökosozialen" Marktwirtschaft 125

Manuel Becker
Anthropologische Grundlagen und Bestimmungen
der Ökosozialen Marktwirtschaft.
Ein Streifzug durch die politische Theorie- und Ideengeschichte 137

Karl-Heinz Land
Dematerialisierung. Die Neuverteilung der Welt in Zeiten
der Digitalen Transformation und die Folgen für die Arbeitswelt 153

Thomas Straubhaar
Soziale Marktwirtschaft im Zeitalter der digitalisierten Globalisierung:
was kann bleiben, was ist zu ändern? 167

Verzeichnis aller Autorinnen und Autoren 183

Marktwirtschaft und ökologisch soziale Verantwortung sind kein Gegensatz

Vorwort von Dieter Härthe, Vorstandsvorsitzender Senat der Wirtschaft

Reinhard Marx, heute Vorsitzender der Deutschen Bischofskonferenz, schreibt 2008 in seinem Buch „Das Kapital", der Kapitalismus stehe in diesen Tagen „erkennbar unter Rechtfertigungsdruck, vielleicht so sehr wie in den vergangenen 100 Jahren nicht mehr." Wirtschaft und Gesellschaft sollten „nicht nur effizient, sondern auch gerecht" sein.[1]

Er gibt ein Bekenntnis zu individueller Leistung ab, befürwortet klare Regeln durch den Staat, damit eine Marktwirtschaft gerecht funktionieren kann. Kardinal Marx, der auch Professor für Soziologie ist, spricht von einer ökologisch und sozial gerechten Marktwirtschaft. Als er dies formulierte, war die damals aktuelle Finanzkrise Anlass, über überzogenes Gewinnstreben und mangelnde Verantwortung in Teilen der Wirtschaft Klage zu führen. Für manchen war diese Krise ein Wendepunkt. Jedenfalls kann beobachtet werden, dass ein achtsameres Bewusstsein im ökonomischen Kontext erkennbar wurde.

Auch aus der Perspektive vieler Akteure in der Wirtschaft stellen Ökonomie, Ökologie und soziale Verantwortung keinen Gegensatz oder Ballast dar. Verantwortung für die Gesellschaft ist für viele Unternehmerinnen und Unternehmer ein Kernpunkt ihrer Aufgabenstellung.

So ist es auch gemeinsame Zielsetzung des Instituts für Politische Wissenschaft und Soziologie an der Universität Bonn und der Stiftung Senat der Wirtschaft, durch einen interdisziplinären Ansatz mit Wissenschaftlern und Praktikern aus der Wirtschaft, die Lösungsfähigkeit einer ökologisch und sozial motivierten Marktwirtschaft in Anbetracht der Herausforderung unserer Zeit zu beleuchten.

Dabei ist es eine wesentliche Voraussetzung, dass der Senat der Wirtschaft gemeinwohlorientiert agiert und zuverlässig keine Einzelinteressen vertritt, entspre-

---

1   Reinhard Marx: Das Kapital: Ein Plädoyer für den Menschen, München 2008, S. 297.

chend dem Leitgedanken von John F. Kennedy: „Fragt nicht, was Euer Land für Euch tun kann, fragt vielmehr, was Ihr für Euer Land tun könnt!"[2]

Der Senat der Wirtschaft setzt sich aus Persönlichkeiten der Wirtschaft, Wissenschaft und Gesellschaft zusammen, die sich ihrer Verantwortung gegenüber Staat und Gesellschaft besonders bewusst sind.

Sie tragen gemeinsam dazu bei, Lösungsansätze und praktische Erfahrungen aus der Perspektive einer ökologischen und sozialen Marktwirtschaft im Dialog mit Entscheidungsträgern aus Politik und Wirtschaft umzusetzen.

Ziel ist es, die Erkenntnisse der Forschung zur Ökosozialen Marktwirtschaft und die praktischen Erfahrungen erfolgreicher Akteure der Wirtschaft mit Politikern, Studierenden, ebenso wie mit aktiven Wirtschaftsentscheidern zu teilen.

Auch das ist ein Stück der Verwirklichung des Gedankens der Verantwortung für die Gesellschaft. Dieser folgt einer guten und wichtigen Tradition der „ehrbaren Kaufleute".

So kann die eingangs aufgeworfene Herausforderung für das System einer Marktwirtschaft konstruktiv und wirksam die erforderliche Rechtfertigung erfahren.

---

[2] Antrittsrede, 20. Januar 1961, John F. Kennedy Presidential Library & Museum: Antrittsrede des Präsidenten John Fitzgerald Kennedy.

Einführung

Christoph Brüssel & Volker Kronenberg

Wie kann es anders sein: Ihr Inhalt war und ist umstritten, ihre Kernbotschaft heftig diskutiert. Immer dann, wenn eine Studie nachhaltige Wirkung entfaltet, wenn sie mit ihrem Inhalt den „Nerv" der Zeit trifft und in die Zukunft ausgreift, wenn sie bewusst auf gesellschaftlich-politische Debatten mit dem Ziel grundlegender Veränderungen setzt, dann bleibt dieses nicht aus, ja, ist gar gewollt. So auch vor 45 Jahren, als eine Studie zur Zukunft der Weltwirtschaft mit dem Titel „Die Grenzen des Wachstums" darauf abzielte, das Verhältnis von Ökonomie und Ökologie gänzlich neu, zugunsten einer stärkeren Beachtung der ökologischen Folgekosten ungebremsten wirtschaftlichen Wachstums weltweit, zu justieren – weg von einem rein quantitativen Wachstum nationaler Volkswirtschaften und damit der Weltwirtschaft, hin zu einem qualitativen, auf Ökologie und soziale Folgekosten ausgerichteten Wachstum, das die – endlichen – natürlichen Ressourcen weit stärker in die Kalkulation von Wirtschaft und Politik mit einbeziehen sollte, als dies bis dahin der Fall war.

Und tatsächlich setzte mit der seitens des *Club of Rome* initiierten Studie über die „Grenzen des Wachstums" vor allem in der westlichen Welt der Industriestaaten eine Debatte über das Verhältnis von Ökonomie und Ökologie ein, das in der Bundesrepublik Deutschland rasch entlang der Frage debattiert wurde, ob das Ordnungskonzept der Sozialen Marktwirtschaft um die Dimension der Ökologie ergänzt, mithin eine Erweiterung des Begriffs der „Sozialen Marktwirtschaft" hin zur „Ökologisch-Sozialen" bzw. „Ökozialen" Marktwirtschaft angestrebt werden soll. Dabei verband sich mit der semantischen Variation des ordoliberalen Wirtschafts- und Gesellschaftsmodells der Sozialen Marktwirtschaft à la Ludwig Erhard vor allem das – nach und nach parteiübergreifend anerkannte und angestrebte – Ziel, Nachhaltigkeit zum zentralen Kriterium verantwortlichen Wirtschaftens und einer darauf ausgerichteten Politik zu machen.

„Nachhaltigkeit" – der Schlüsselbegriff, entlang dessen seit nunmehr vielen Jahren über quantitativ und qualitatives Wachstum, über dessen Grundlagen und Grenzen, über Ziele und Instrumente nachgedacht und – in unterschiedlichem Maße – Handel(n) ausgerichtet wird: National wie international. Ursprünglich von einem kursächsischen Oberberghauptmann im 17. Jahrhundert als Reaktion auf die ressourcenverschlingenden Schmelzöfen des Erzgebirges geprägt, ist der Terminus mittlerweile zu einem „Dauerbrenner" des politischen, wissenschaftlichen und öffentlichen Diskurses geworden und hat zudem seinen festen Platz in der Ökonomie gefunden: Kaum ein Unternehmen, das sich nicht nachhaltigem Wirtschaften verpflichtet sieht, kein Großkonzern, der es sich leisten kann, auf eine firmeneigene Nachhaltigkeitsstrategie zu verzichten.

In die deutsche Politik hat der Begriff der Nachhaltigkeit spätestens zu Beginn der 1990er Jahre Einzug erhalten, als der UN-Weltgipfel von Rio 1992 mit der Agenda 21 die Unterzeichnerstaaten dazu anhielt, nationale Nachhaltigkeitsstrategien zu entwickeln. Zwar hatte es bereits vor Rio Bemühungen gegeben, Nachhaltigkeit als Thema in den Blickpunkt von Politik und Öffentlichkeit zu rücken – etwa durch den Brundtland-Bericht 1987, der erstmals das Leitbild einer nachhaltigen Entwicklung definierte – allerdings sorgte erst die große mediale Berichterstattung des Gipfels von Rio dafür, dass Nachhaltigkeit einer breiteren Öffentlichkeit nahegebracht wurde. Im Jahr 1994 wurde das Konzept der Nachhaltigkeit mit Artikel 20a indirekt als Staatsziel im Grundgesetz verankert. Dies nicht nur als Folge internationaler Gipfelkonferenzen, sondern vor allem auch als Spiegel gesellschaftlicher und auch (partei)politischer Veränderungen hin zu einer weitaus stärkeren ökologischen Sensibilität, die ihren Ausdruck auch im Entstehen und allmählichen Erstarken der Grünen seit Ende der siebziger Jahre des 20. Jahrhunderts fand.

Heute verweisen die Programme sämtlicher in den Parlamenten auf Länder- wie auf Bundesebene vertreten Parteien in vielen Passagen auf Nachhaltigkeit als Grundlage des eigenen politischen Selbstverständnisses. So stellt etwa die CDU in ihrem Grundsatzprogramm von 2007 fest, dass „das Prinzip der Nachhaltigkeit [...] fester Bestandteil christlich-demokratischer Politik" sei. Man wolle „unseren Nachkommen eine Welt bewahren und hinterlassen, die auch morgen noch lebenswert ist." Die SPD unterstreicht in ihrem ebenfalls im Jahr 2007 verabschiedeten Hamburger Grundsatzprogramm, dass man „[a]ngesichts der Herausforderungen des 21. Jahrhunderts, angesichts von Globalisierung und ökologischer Krise [...] Nachhaltigkeit als das einzig verantwortbare Grundprinzip politischen und wirtschaftlichen Handelns" betrachte. Und auch in den aktuell gültigen Grundsatzprogrammen von Bündnis 90/Die Grünen (2002 und ausführlicher im Programm zur ökologisch sozialen Marktwirtschaft 2014), FDP (2012) und Linkspartei (2011) finden sich ähnliche Bekenntnisse zur nachhaltigen Politik, die zuweilen freilich unterschiedlich betont wird und andere Ausprägungen erfährt, jedoch ohne Wenn und Aber als notwendig und essentiell für die künftige Gestaltung des Gemeinwesens anerkannt wird. Die Bundeskanzlerin erhob jüngst in einer Rede bei der Jahrestagung des Rates für Nachhaltige Entwicklung Ende Mai 2016 in Berlin nachhaltiges Handeln gar zur individuellen Verpflichtung: Dieses müsse man in der „persönliche[n] Verantwortung jedes Einzelnen verankern".

Was aber sagt diese Fülle an Bekenntnissen zu Nachhaltigkeit in den diversen Koalitionsverträgen, Programmen und politischen Erklärungen letztlich über den Wert des Begriffs aus? Ist sie Ausdruck dafür, dass die politischen Entscheidungsträger erkannt und verinnerlicht haben, dass an nachhaltiger Politik, die, je nach Lesart, als Schonung von Ressourcen, Schutz der Umwelt oder Bewahrung der Schöpfung definiert werden kann, scheinbar kein Weg vorbei führt? Oder ist die Häufigkeit der Nennung eher Hinweis darauf, dass Nachhaltigkeit zu einem beliebigen Begriff, ja zu einer Worthülse verkommen und als Schlagwort in der öffentlichen Debatte genannt werden muss, letztlich aber ohne tiefere Bedeutung bleibt? Und welche Rolle kommt der deutschen Wirtschaft in der Nachhaltigkeitsdebatte zu?

Ein genauerer Blick auf die Situation in Deutschland fördert durchaus ambivalente Ergebnisse zutage. Zwar sieht sich die Bundesrepublik gerne als ökologisches Musterland – der mehrfache Pulitzer-Preisträger Thomas L. Friedman bezeichnete Deutschland in der New York Times gar als „the Green Superpower" – in der Bevölkerung findet eine nachhaltige Lebensweise aber rasch ihre Grenzen. So gaben in einer im Sommer 2014 veröffentlichten Umfrage des Marktforschungsinstituts Nielsen 40 Prozent der Deutschen an, bereit zu sein, für nachhaltige Produkte auch mehr Geld auszugeben, was gemessen an der weltweiten Bereitschaft (55 Prozent) vergleichsweise gering ist. Gleichzeitig beklagen insbesondere Unternehmer nicht nur in Deutschland, sondern weltweit – so die Erkenntnisse einer Befragung der Unternehmensberatung Accenture – dass die Politik auf dem Feld der Nachhaltigkeit zu wenig agiere und gestalte. Dies ist gerade deswegen bemerkenswert, da die überwältigende Mehrheit der CEOs bzw. Geschäftsführer durchaus für die Idee der Nachhaltigkeit eintritt und hier Möglichkeiten für Wachstum und Innovation sieht. Gerade die deutsche Wirtschaft muss ein besonderes Interesse daran haben, dass Nachhaltigkeit noch mehr als bisher Beachtung auf der politischen und gesellschaftlichen Agenda erfährt, profitiert sie doch – allen voran der Mittelstand – ganz erheblich vom globalen Interesse am Nachhaltigkeitsthema. So sind deutsche Firmen im Bereich „Green Tec" mit einem Marktanteil von 14 Prozent weltweit mitführend und der Markt wächst weiter: Jede siebte Unternehmensgründung in Deutschland ist gegenwärtig im Bereich Umwelt- und Effizienztechnologien zu verzeichnen.

Seit dem Jahr 2017 ist Nachhaltigkeit auch gesetzlich verpflichtend. Der Bundestag verabschiedete die nationale Übernahme der EU-„CSR"-Richtlinie, also die gesetzliche Pflicht bestimmter Unternehmen zur Berichterstattung über nichtfinanzielle Leistungen. Verstanden werden darunter die realen Aktivitäten im Klimaschutz, die Unterstützung für gesellschaftliche Belange durch die Unternehmen und die soziale Ausgewogenheit in den Betrieben. Eingeschlossen in diese Berichterstattung, die der Bilanz zugefügt werden, sind auch die nachhaltigen Leistungen von Zulieferern, Dienstleistern und die eigene Lieferkette der berichtenden Unternehmen. Werden in der ersten Stufe des neuen Gesetzes zunächst nur Unternehmen mit mehr als 500 Beschäftigten und einem öffentlichen Interesse direkt verpflichtet, so wirkt sich die Offenlegungspflicht der Lieferketten direkt auf einen Großteil der kleineren, nicht diesen Kriterien entsprechenden Unternehmen und zusätzlich auch auf deren Lieferanten und Dienstleister aus.

Es scheint also notwendig, Nachhaltigkeit mit neuem Leben zu füllen und eine intensive Debatte über den Sinn und den Nutzen des Begriffs zu führen. Gerade deswegen können sich aus den neuen, für viele noch ungewohnten Koalitionsmodellen Möglichkeiten für eine Weiterentwicklung ergeben, von denen Gesellschaft, Wirtschaft und Umwelt gleichermaßen profitieren. Insbesondere, wenn es – wann auch immer – tatsächlich zur ersten schwarz-grünen Koalition auf Bundesebene kommen sollte, kann die Politik der Nachhaltigkeit eine neue Dynamik erfahren und zum wichtigen Bindeglied zwischen Union und Bündnis 90/ Die Grünen, mithin der Gesellschaft insgesamt, werden. Denn beide politischen Kräfte definieren Nachhaltigkeit als wesentliche Grundlage der eigenen Politik. Zuletzt haben die Grünen mit ihrem „Green New Deal" Forderungen nach einem ökologischen Umbau der Industriegesellschaft erhoben und sich damit inhaltlich jenen Unionspositionen angenähert, die schon seit Jahrzehnten die Weiterentwicklung der Sozialen Marktwirtschaft hin zu Öko-Sozialen Marktwirtschaft fordern. Der Grundgedanke beider Überlegungen – eine Aussöhnung von Ökonomie und Ökologie – ist dabei aktueller denn je und wird auch in den kommenden Jahren nichts von seiner Aktualität verlieren. Das Thema Nachhaltigkeit ist – nicht zuletzt durch die Entwicklung der Grünen von der „Anti-Partei-Partei" (Petra Kelly) hin zu einer Partei mit Regierungsverantwortung auf Bundes- und Landesebene, die zudem in zahlreichen Kommunen, allen voran Stuttgart, Tübingen und Freiburg im Breisgau, den Bürgermeister stellt – in der Mitte der Gesellschaft angekommen.

Wie aber kann der notwendige Diskurs über die Zukunft von Nachhaltigkeit aussehen? Eine Antwort auf diese Frage fällt nicht leicht und kann an dieser Stelle wohl nur in Ansätzen gegeben werden. Denn fest steht, dass diese Debatte nur augenscheinlich um die Einsparung von Kohlenstoffdioxid, die Förderung grüner Energien oder solides Haushalten kreist. Die Frage nach der Weiterentwicklung von Nachhaltigkeit geht tiefer und ist viel grundsätzlicher: Sie stellt die Frage nach dem Zusammenhalt, mithin der Zukunftsfähigkeit unserer Gesellschaft insgesamt und der Entwicklung, die sie im 21. Jahrhunderts nehmen soll. Gerade vor dem Hintergrund der zahlreichen – realen und „gefühlten" – Krisen im In- und Ausland und einem in manchen Bevölkerungskreisen verbreiteten Gefühl des Identitätsverlusts in einer zunehmend globalisierten und schneller werdenden Welt kann aus der politischen, vor allem aber bürgerschaftlichen Auseinandersetzung mit Nachhaltigkeit und ihrem Wert als Kompass und moralische Richtschnur für das Gemeinwesen eine echte Chance erwachsen.

Im vorliegenden Band werden im Zusammenspiel zwischen Wissenschaftlern und Vertretern der unternehmerischen Praxis Erkenntnisse als Impulse in den Diskurs eingebracht. Der reale Bezug zur wirtschaftlichen Praxis lässt die beschriebenen Ergebnisse auch als konkrete Handlungsempfehlung im Sinne einer gemeinwohlorientierten Unternehmensführung oder Politik für Entscheidungsträger dienen. Autoren unterschiedlicher Disziplinen und Fachrichtungen entwerfen in dieser Publikation Konzepte zur Fragestellung oder pragmatischen Integration der Ökosozialen Marktwirtschaft. So entsteht ein multidisziplinärer Ansatz, der fachübergreifende Erkenntnisse aufzeigt. Die häufig langjährige Erfahrung der Praxisexperten aus und durch ihre Tätigkeiten in verschiedenen Bereichen und Branchen ist die entscheidende Brücke bei der Überprüfung und Projektion der wissenschaftlichen Annahmen.

Vor diesem Hintergrund entfaltet sich das Spektrum der in diesem Sammelband veröffentlichten Beiträge, die aus einer Lehrveranstaltung an der Universität Bonn mit dem Senatsinstitut für gemeinwohlorientierte Politik des Senats der deutschen Wirtschaft hervorgegangen sind:

Christoph Brüssel diskutiert einleitend die Grundlagen der ökosozialen Marktwirtschaft in den beiden Dimensionen eines Wirtschaftssystems und eines Gesellschaftssystems. Anhand der Grundsatzprogramme der Parteien zeichnet er den weitestgehenden Konsens zur Sozialen Marktwirtschaft nach und diskutiert Übereinstimmungspotentiale für die Ökosoziale Marktwirtschaft. Prozesse wie der demografische Wandel oder die Digitalisierung machten ein grundsätzliches neues Nachdenken über das Zusammenspiel von Politik und Wirtschaft notwendig. Nur eine ideologiebefreite und offene Diskussion könne diese Debatte voranbringen. Neben der Bedeutung der Wirtschaftswissenschaften unterstreicht Brüssel auch insbesondere die der Geisteswissenschaften für diesen Diskurs.

Franz Josef Radermacher thematisiert in seinem Beitrag die globale Dimension der Ökosozialen Marktwirtschaft. Er skizziert mögliche Zukunftsszenarien unter der Berücksichtigung einer ansteigenden Weltbevölkerung und eines wachsenden sozialen Ungleichgewichts – innerhalb von und auch zwischen verschiedenen Staaten. Radermacher bezeichnet diese immer weiter „aufgehende Schere" als „Brasilianisierung". Tendenzen zur Re-Nationalisierung – statt einer noch viel tieferen Internationalisierung – werden von ihm äußerst kritisch gesehen. Gleiches gilt für Preise, die nicht die ökosoziale Wahrheit „sagen", wie Radermacher sich ausdrückt. Um 2017 überhaupt noch auf einen einigermaßen nachhaltigen Weg zu gelangen, müssten alle „Verlangsamungstendenzen", deutlich mehr Internationalisierung im Sinne einer Weltinnenpolitik und adäquate Preise hingenommen werden.

Estelle Herlyns Beitrag behandelt das globale Problem wachsender finanzieller Ungleichheit und verdeutlicht dabei umfassend die ökologische, soziale und ökonomische Tragweite in den OECD-Staaten und in den Schwellenländern. Unterschieden wird hierbei zwischen Einkommens- und Vermögensungleichheit, wobei ein zentrales Ergebnis ist, dass ein einmal erreichter Vermögensvorteil viel schwieriger durch anschließende politische Maßnahmen auszugleichen ist als ein Einkommensvorteil. Um zukunftsfähig und nachhaltig handeln zu können, so das Plädoyer Herlyns, muss das weltweite Bevölkerungswachstum künftig viel stärker als bisher berücksichtigt werden und ökonomisch im Sinne des Post-Wachstums gedacht werden.

Ausgehend von einer ökonomischen Vermessung der Welt und einer Analyse von Nachhaltigkeit in Geschäftsmodellen, die sich insbesondere am Modell des Familienunternehmens orientiert, fokussiert *Max W. Römer* in seinen Ausführungen insbesondere das Modell einer „Environmental and Social Governance" (ESG-Modell) und streicht dessen Wettbewerbsvorteile heraus. Umweltstandards, soziale Standards und Governance Standards schützen das Unternehmen, Management und Belegschaft, schaffen Transparenz, bilden Vertrauen, bei Kunden sowie Stakeholdern und stärken Kultur und Unternehmenswert. Der Abgleich mit verschiedenen Negativbeispielen von der Finanzkrise 2008 über die Deutsche Bank und Textilfabriken in Bangladesch bis zum VW-Abgasskandal verdeutlicht, dass gewinnmaximierende Praktiken, die lediglich den eigenen Nutzen verfolgen, niemals Nachhaltigkeit entwickeln können. Nur nachhaltig geführte Unternehmen, so Römers abschließendes Plädoyer, sind der Quell, aus dem Management, Belegschaft, Eigentümer und Stakeholder schöpfen können, um sinnstiftend tätig zu sein.

Franz-Theo Gottwald und *Nora Klopp* betrachten unter komsumethischen Bedingungen konventionelle, ökologische und industrielle Formen der Landwirtschaft und ordnen deutsche Trends und Entwicklungen mithilfe der Sustainable Development Goals (SDG) der Vereinten Nationen, die bis 2030 eine ganzheitlich nachhaltige Global-Strategie darstellen, in einen weltweiten Kontext ein. Eine zentrale These ist dabei, dass die grundsätzlich positive Einstellung gegenüber nachhaltig produzierten Lebensmitteln in Deutschland sich nicht in demselben Maße auf die Konsumgewohnheiten niederschlägt.

Nach einer Einführung mit Kurzvorstellung von Deutschen Industrie-Normen und dem Deutschen Institut für Normung werden im Beitrag von *Albert Hövel* die Hintergründe der Normung, d. h. die Einhaltung der Kriterien der Welthandelsorganisation zur Normung beschrieben. Insbesondere die Einbeziehung aller interessierten Kreise am „Runden Tisch" ist ein gesellschaftliches Instrument und die Basis für deren demokratische Legitimation. Nach einem Überblick zur Relevanz der Umweltnormung und Nachhaltigkeit werden die „Einsatzgebiete von Normen" beschrieben: Normen definieren Anforderungen, Prüf- und Testverfahren, Sprache, etc. und machen dadurch auch „weiche Themen greifbarer". Hövel macht in seinem Beitrag auf die bislang noch nicht besprochenen Chancen von internationalen Normungen für die Nachhaltigkeit, bzw. für die ökosoziale Marktwirtschaft im Speziellen, aufmerksam.

Der Beitrag von *Stefan Brüggemann* beleuchtet die demographischen Aspekte der Nachhaltigkeit im Sinne eines Generationenvertrages. Das Stichwort Generationenvertrag erschöpft sich dabei nicht in Fragen des Rentensystems, sondern ist viel umfassender zu verstehen. Sollten sich die Jungen mehr engagieren? Ist das Renteneintrittsalter in Deutschland im europäischen Vergleich zu niedrig? Der Autor plädiert für ein besseres Miteinander von Jung und Alt in der Wirtschaft und für flexible Möglichkeiten – etwa bei arbeitswilligen Rentnern. Zudem wird die spannende Frage diskutiert, welcher Zustand der Welt überhaupt für die folgende Generation/die folgenden Generationen erhalten werden soll im Hinblick auf die verschiedenen Geschwindigkeiten der entwickelten und der sich noch entwickelnden Welt.

Claus Dethloff greift in seinem Beitrag die klassische Figur des „ehrlichen Händlers" auf. Dethloff legt dar, welch hohen Stellenwert die Glaubwürdigkeit eines Unternehmers bzw. eines Unternehmens in der Wahrnehmung der Kunden einnimmt und welche Bedeutung diese Wahrnehmung für den wirtschaftlichen Erfolg des Unternehmens hat. Detailliert erläutert er diesen Befund anhand von Zahlen und Fakten aus der Praxis.

Ulf Posé widmet sich in seinem verschriftlichten Vortrag dem Thema der guten Mitarbeiterführung in Zeiten des Wandels. Er legt dar, dass die soziale Kompetenz einer Führungspersönlichkeit bei zunehmender digitaler Kommunikation noch weiter an Bedeutung gewinnt. Aus der Praxis der Unternehmensberatung kommend, erläutert er, wie die wichtigen Werte des Zwischenmenschlichen in der Führung von Mitarbeitern auch im Zeitalter der Digitalisierung erhalten bleiben.

Manuel Becker fragt nach anthropologischen Grundlagen und Bestimmungen der Ökosozialen Marktwirtschaft. Dabei begibt er sich auf einen Streifzug durch die politische Theorie- und Ideengeschichte und klopft die Schriften einschlägiger politischer Denker von Aristoteles und Thomas Hobbes über Immanuel Kant und Karl Marx bis hin zu Max Weber und Hannah Arendt daraufhin ab, ob sie wesentliche Elemente enthalten, die sich für die Idee einer zukunftsgemäßen Ökosozialen Marktwirtschaft fruchtbar machen lassen. Er plädiert für die Überwindung von Scheingegensätzen wie Markt und Moral oder Ideal und Realität, sondern spricht sich für eine ganzheitliche Perspektive und einen konstruktiven Dialog auf diesem Gebiet aus.

Im Fokus der Ausführungen von *Karl-Heinz Land* steht ein zentraler Aspekt der „Wirtschaft 4.0", nämlich die Dematerialisierung, die sich mit Schlagworten wie „Internet der Dinge", „Big Data" und „Real Time Data" verbindet. Damit sind die digitale Vernetzung und das „Digitalwerden" vorher analoger Dinge (z. B. Geld, Schlüsselsysteme etc.) und deren Vernetzung untereinander gemeint. Welche Chancen, Risiken, aber vor allem welche Zusammenhänge und Folgen im Sinne von Wertschöpfungsketten bzw. überflüssig gewordenen Wertschöpfungsketten dies hat, zeichnet Land nach. Er warnt vor den enormen wirtschaftlichen wie auch sozialen Umwälzungen von revolutionärem Ausmaß und spricht sich für ein bedingungsloses Grundeinkommen als einen von vielen nötigen Lösungsansätzen aus.

Dies verbindet ihn mit *Thomas Straubhaar,* der ebenfalls ein eigenes Konzept für die Einführung eines bedingungslosen Grundeinkommens ausarbeitet. Er diskutiert in seinem Aufsatz die Zukunft des Sozialstaats in einer sich wandelnden digitalen Marktwirtschaft. Er erläutert ausführlich die Grundbedingungen und Herausforderungen eines modernen Sozialstaats, auf dessen zukünftige Herausforderung sein Konzept des bedingungslosen Grundeinkommens die einzig richtige Antwort darstellt.

Akzeptanz des Systems der ökologisch-sozialen Marktwirtschaft im Kontext von Wirtschaft, Politik und Gesellschaft

Christoph Brüssel

Die Beobachtung einer Entwicklung der Sozialen Marktwirtschaft zu einer ökologisch-sozialen Marktwirtschaft als Modell zur systemischen Organisation der Wirtschaft und der Gesellschaft verlangt die Auseinandersetzung mit dem System und dem Stellenwert im Kontext seiner Relevanz bei politischen Instanzen, gesellschaftlichen Prozessen und ökonomischen Perspektiven.

Dabei ist die offene Frage zu erörtern, ob eine Ökosoziale Marktwirtschaft über das Leistungsspektrum als Wirtschaftsstruktur hinaus Lösungsansätze gesellschaftlicher Regelungserfordernisse leistet. Damit eröffnet sich auch die perspektivische Überlegung, einen Lösungsanspruch und ebenso eine Zielsetzung an sie als Gesellschaftssystem, also über die ökonomischen Erfordernisse hinaus, zu durchdenken.

Ausgangspunkt dieser Überlegung ist die Beobachtung, dass die Marktwirtschaft, speziell die Soziale Marktwirtschaft als aktuell praktizierte Wirtschaftsform beschrieben, unterstützt und politisch mehrheitlich gefördert wird.[1] Wenn jedoch über Gesellschaftsstrukturen nachgedacht wird, sind systemisch andere Modelle im Fokus der Diskurse. Bei Analysen und Betrachtungen werden meist die nicht ideologiefreien Systeme eines Sozialismus oder Kapitalismus annonciert. Die gesellschaftswissenschaftliche Betrachtung einer ökologischen und sozialen Marktwirtschaft hat erkennbar noch Raum und Bedarf.

Als Wirtschaftsform zeigt sich mit Blick auf die Soziale Marktwirtschaft parteipolitisch überwiegend Konsens. Bei nahezu allen Parteien und deren Protagonisten ist dieses System fester Bestandteil der Reden und Programme.

Die CDU hat von Beginn an das Wirtschaftssystem der Sozialen Marktwirtschaft als Ziel deklariert. Zunächst mit leicht unterschiedlichen Ausdrucksweisen

---

1 Vgl. Angela Merkel: „Unser Kompass ist die Soziale Marktwirtschaft", in: https://www.cdu.de/artikel/soziale-marktwirtschaft-ist-unser-kompass.

und Begründungen, die durch die dezentrale Organisations- und Gründungshistorie der Partei ihre Erklärungen finden mögen. Eindeutig jedoch seit Juli 1949 proklamiert die CDU die Soziale Marktwirtschaft in den Düsseldorfer Leitsätzen.²
Die SPD vermied zunächst die Begrifflichkeit. In den Gründerjahren der Bundesrepublik wurde die Idee eines demokratischen Sozialismus mit der Formel „für Frieden, Freiheit und Sozialismus" propagiert.³ Spätestens mit den 1990er Jahren ist ein klares Bekenntnis zur Wirtschaftsform der Sozialen Marktwirtschaft auch bei der SPD manifestiert.⁴

Die FDP, die immer die Marktwirtschaft unterstützte, aber verschiedene Formen der liberalen Wirtschaft interpretierte, bekennt sich zur Stärkung der Sozialen Marktwirtschaft spätestens seit den Karlsruher Freiheitsthesen 2012, die das Grundsatzprogramm von 1997 abgelöst haben.⁵

Bündnis 90/Grüne haben, nach lang anhaltenden innerparteilichen Positionsdiskussionen, im Jahr 2014 ein Parteikonzept zu einer ökologisch-sozialen Marktwirtschaft beschlossen.⁶

Als Ausnahme ist die Partei „Die Linke" zu nennen, die einen demokratischen Sozialismus neben anderen Denkansätzen öffentlich propagiert.⁷

Angesichts der unbestreitbaren Herausforderungen, die auf Politik, Gesellschaft und damit auch auf die Wirtschaft zukommen, ist die Antwort offen, ob ein System der ökologisch-sozialen Marktwirtschaft die taugliche Form ist, die erforderlichen Lösungen anzubieten.

Die Folgen der bereits im Prozess befindlichen, teilweise revolutionär wirkenden Veränderungen (digitale Transformation, Globalisierung, Bevölkerungszuwachs auf 10 Mrd. Menschen) erfordern strukturelle Antworten. Dabei ist nicht die Frage zu Entscheidungen für oder gegen die Veränderungsfaktoren zu stellen.

---

2   Vgl. CDU Deutschland: Düsseldorfer Leitsätze vom 15. Juli 1949, in: http://www.kas.de/upload/ACDP/CDU//Programme_Bundestag/1949_Duesseldorfer-Leitsaetze.pdf.
3   Wahlaufruf SPD-Pressedienst: „Für ein freies Deutschland in einem freien Europa", in: http://library.fes.de/spdpd/1949/490801-sondervers.pdf.
4   Vgl. Georg Stötzel/Martin Wengeler/Karin Böke: Kontroverse Begriffe: Geschichte des öffentlichen Sprachgebrauchs in der Bundesrepublik Deutschland, Berlin 1995, Stichwort „Soziale Marktwirtschaft". – Martin Nonhoff: Hegemonieanalyse: Theorie, Methode und Forschungspraxis, in: Reiner Keller (Hrsg.): Handbuch sozialwissenschaftliche Diskursanalyse: Forschungspraxis. Band 2, 3., aktual. und erw. Auflage, S. 327.
5   Vgl. FDP: Karlsruher Freiheitsthesen, in: https://www.fdp.de/files/408/Karlsruher_Freiheitsthesen.pdf.
6   Vgl. Bündnis 90/Die Grünen: Leitantrag zum Länderrat vom 31. Mai 2014, in: https://www.gruene.de/debatte/wirtschaft-und-wachstum/wohlstand-wachstum-wertschoepfung-wege-zu-einer-oekologisch-sozialen-marktwirtschaft.html.
7   Vgl. DIE LINKE: III. Demokratischer Sozialismus im 21.Jahrhundert, in: https://www.die-linke.de/partei/dokumente/programm-der-partei-die-linke/iii-demokratischer-sozialismus-im-21-jahrhundert/.

Diese sind bereits beantwortet, da sich die Veränderungen aus sich selbst heraus ihren Weg suchen und unweigerlich weiter entwickeln.

Die sich daraus ergebenden Konsequenzen und Folgen sind wiederum durch die systemische Organisation von Gesellschaft und Wirtschaft zu beeinflussen. Vor allem die Umwelt- und Klimadramatik oder Fragen der Migration, der inner- und zwischenstaatlichen Balance oder Friedenszukunft werden zuverlässig zu beantworten sein.

Die Antworten der letzten Jahrzehnte zu sozialen, ökologischen und ökonomischen Erfordernissen werden zu einer tragfähigen Lösung für Politik und Wirtschaft nicht ausreichend beitragen können.

Dies rechtfertigt nun, über Perspektiven einer Neuaufstellung der Marktwirtschaft zu einer Ökosozialen Marktwirtschaft konstruktiv zu sprechen. Dabei sind die bereits aktiv vorgelegten Denkansätze ebenso von Bedeutung, wie die bereits durch praktisches Handeln der privaten Wirtschaft oder die durch staatliche Regularien erfolgten Richtungsansätze.

Auch der bekannteste Protagonist der Sozialen Marktwirtschaft Alfred Müller-Armack war überzeugt, dass die Soziale Marktwirtschaft sich der Realität anpassen müssen kann. Eine ökologische Regelungsnotwendigkeit würde sicher in sein Bild passen. Ende der 1970er Jahre veröffentlichte er die Auffassung: „Das Stilprinzip der Sozialen Marktwirtschaft [ist] einer permanenten Abwandlung zugänglich [...]."[8]

Abwandlungsfähigkeit ist auch tatsächlich geboten. Andernfalls würden nicht nur ökonomische Eckwerte über zukünftige Dispositionen entscheiden. Auch politischer Zwang oder gesellschaftlicher Akzeptanzverlust könnten mögliche Systemveränderungen erwirken. Unzufriedenheit oder ängstliche Sorge gesellschaftlicher Instanzen, flankiert durch mögliche wissenschaftliche Thesen, sind nicht auszuschließen, wenn keine zufriedenstellenden Lösungsperspektiven erkennbar werden.

Die wirtschaftliche Krise der Jahre 2008/2009 hat bereits erkennbar werden lassen, dass auch grundsätzliche Kritik an der Leistungsfähigkeit des Systems der sozialen Marktwirtschaft durchaus Nährboden findet. Neben vielen politisch und ideologisch erwartungsgemäßen Gegnern, kam Kritik in dieser Zeit auch von Seiten, die unerwartet waren.

So auch von Seiten des katholischen Kardinals Reinhard Marx. Vor seiner Pontifikalberufung wurde Marx zum außerplanmäßigen Professor für Christliche Gesellschaftslehre an die Theologische Fakultät Paderborn berufen.

---

8   Alfred Müller-Armack: Die Grundformel der Sozialen Marktwirtschaft, in: Ludwig-Erhard-Stiftung (Hrsg.): Symposion I: Soziale Marktwirtschaft als nationale und internationale Ordnung, Bonn 1978, S. 13.

Er schreibt 2008 in seinem Buch „Das Kapital", der Kapitalismus stehe in diesen Tagen „erkennbar unter Rechtfertigungsdruck, vielleicht so sehr wie in den vergangenen 100 Jahren nicht mehr."[9] Reinhard Marx steht fest in der Tradition der katholischen Soziallehre. Wirtschaft und Gesellschaft sollten demnach nicht nur effizient, sondern auch gerecht sein. Er gibt ein Bekenntnis zu individueller Leistung ab, befürwortet klare Regeln durch den Staat, damit eine Marktwirtschaft gerecht funktionieren kann. Damit plädiert er für weniger freie Selbstregelung durch Marktgegebenheiten und wünscht hinreichend Regulierung, die eine soziale Balance unterstützt. Insofern wird auch eine der wichtigsten, gleichzeitig umstrittensten Fragen der Systematik der Ökosozialen Marktwirtschaft angesprochen: „Wieviel Staat, wieviel privat?"

Neben vielen Aspekten ist auch dies ein Grund dafür, die tatsächliche, praktizierte Umsetzung ökologischer und sozialer Leistungen in der Wirtschaft zu betrachten. So nur wird nicht alleine theoretisch konstruiert oder spekuliert. Leistungsmöglichkeiten und Grenzen der Lösungskompetenz durch Interaktion zwischen politischem Willen und wirtschaftlichen Erfordernissen können so beobachtet werden.

Die Grenzen der staatlichen Regeln und die Ausgestaltung sozialer und ökologischer Regeln sind bei allem Konsens sehr unterschiedlich akzeptiert und gefordert. Hierin unterscheiden sich die Parteien und die politischen Richtungen letztlich.

Die ökologische Ausrichtung der Marktwirtschaft wird in den letzten Jahren zunehmend nicht mehr bezweifelt.

Selbst der medial als Neoliberaler und Gegner staatlicher Beschränkung beschriebene FDP-Bundesvorsitzende Christian Lindner bekundet: „Wir brauchen globale Spielregeln bei den Finanzmärkten und auch in der Klimapolitik."[10] Er plädiert für Markt und Wachstum in schwächeren Regionen, damit diese sich selbst Wohlstand erarbeiten könnten, aber mit klimagerechter Technologie.

Dass sich Cem Özdemir als Bundesvorsitzender der Grünen zur Sozialen Marktwirtschaft bekennt und auch meint, in der heutigen Zeit wäre Ludwig Erhard sicher Verfechter einer Ökosozialen Marktwirtschaft, wundert angesichts der Parteibeschlüsse aus 2014 nicht mehr.[11]

Jedoch bemerkenswert ist die Analyse gegen die Verweigerung eines Wirtschaftswachstums von Ralf Fücks, ehemaliger Grünen Bundesvorsitzender und selbst bekennender – ehemalig – ideologischer linker Sozialist.

In seinem Buch „Intelligent Wachsen – Die grüne Revolution" plädiert er:

---

9   Reinhard Marx: Das Kapital. Ein Plädoyer für den Menschen, München 2008, S. 288.
10 Christian Lindner, in: Magazin SENATE 3/14, S. 48.
11 Vgl. Cem Özdemir, in: Magazin SENATE 2/16, S. 20 ff.

„[…] es kommt jetzt darauf an, diese alte Industriegesellschaft, die durch Raubbau an der Natur gewachsen ist, zu transformieren zur Koproduktion mit der Natur. Das geht nur durch Innovation und durch Kombination von persönlicher Verantwortung und technologischer Revolution. Mir kommt es wirklich darauf an, diesen Brückenschlag zwischen Ökologie und Industrie aufzuzeigen. Den Brückenbau zwischen Arbeit und Umwelt."[12]

Zur Bewertung der Relevanz im gesellschaftlichen Kontext ist in möglichst objektiver und nicht politisch motivierter Form zu erörtern, welche Position die Wirtschaft in Bezug auf gesellschaftliche Entwicklungen einnimmt. Diese Fragestellung ist erkennbar vielschichtig und ein sicher fortwährender Prozess.

Dabei ist es ebenso wichtig, zu analysieren, wie gesellschaftlicher Konsens durch tatsächliche Handlung Umsetzung in der Wirtschaft erfahren. Entweder erzwungen durch staatliche Regelungen oder auch motiviert durch private selbstgeregelte Entscheidungen.

Zu beobachten wird sein, ob und wie weit Wirtschaft und Politik oder gar Wirtschaft und Gesellschaft als Gegenpole begriffen werden. Alternativ ist ebenso zu bedenken, welche Bereiche des komplementären Zusammenwirkens bereits eingeübt sind, welche weitergehenden Chancen sich zeigen.

Voraussetzung solcher Überlegungen sollte die Offenheit zu neuen Überlegungen einer idealtypischen Interaktion zwischen Gesellschaft, Politik und Wirtschaft sein.

Dabei sind die Fragen zu beantworten, wie weit wirtschaftliche Sachzwänge politische Entscheidungen bedingen und wo Möglichkeiten der Wirtschaft politische Sachzwänge positiv unterstützen können. Gerade dieser Komplex ist ohne ideologische Vorbedingungen und ergebnisoffen zu behandeln. Die Grundeinstellung von Gegenpolen ist zu Gunsten einer konsensualen Interaktion sozialer, ökologischer und ökonomischer Gesamtlösungen zu korrigieren.

Nähert sich die Analyse dem Gedanken, dass das System der ökologischen und sozialen Marktwirtschaft als ein Gesellschaftssystem geeignet ist, also mehr als nur eine Wirtschaftsform, dann stellen sich basierend darauf weitergehende Fragen.

Beginnen müsste man mit den Leistungsvoraussetzungen, die an ein System aus gesellschaftlicher Perspektive zu stellen sind. Daraus folgt eine Definition des Gesellschaftssystems. Gerade in Abgrenzung ideologischer Strukturen wird eine exakte Definition eine anspruchsvolle Aufgabe. Eine solche Definition ist erforderlich und wird auch nutzbar in mehreren Umfeldern eines Diskurses werden. Die Herausforderungen unserer Zeit benötigen belastbare Klarheit über das

---

12 Ralf Fücks: Intelligent Wachsen. Die grüne Revolution, Berlin 2013, S. 43.

gewollte und gelebte System der Gesellschaft, inklusive der Arbeits- und Wirtschaftsrahmenbedingungen.

Soziographische Veränderungen und die Folgen der disruptiv wirkenden Digitaltransformation benötigen Orientierungspunkte im Diskurs über die Ausrichtung der Gesellschaft. Die Analysen und Modellierungen zukünftiger Formen, Systeme und jedweder Lösungsrezepte erfordern stabile Erkenntnisbilder der historisch gewachsenen Strukturen. Ohne diese kann eine, zum erforderlichen gesellschaftlichen Konsens zwingend notwendige Verdeutlichung der Perspektiven nicht sachgerecht vorgestellt werden.

Bisher ist die Marktwirtschaft zwar als Wirtschaftssystem beschrieben, die Positionierung als Gesellschaftssystem ist allerdings noch zu leisten. Im Besonderen sind auch die Geisteswissenschaften gefragt, da u. a. Politologen und Soziologen die Mitwirkung an der Zukunftsausrichtung gesellschaftlicher Systeme nicht der Wirtschaftswissenschaft alleine überlassen sollten. Dabei sind Eifersüchteleien der Disziplinen nicht der Grund, die Fragestellungen aus der jeweiligen Betrachtung der unterschiedlichen Segmente sind auch tatsächlich deutlich unterschiedlich. Das zielführende Zusammenwirken der Disziplinen wird eine fundierte Ergebnisfindung ermöglichen.

Vereinzelt wird die Ansicht vorgetragen, dass die Soziale Marktwirtschaft bereits in der EU-Verfassung als die Gesellschaftsform bezeichnet wird. Dem ist nicht uneingeschränkt zu folgen, da eine Eindeutigkeit kaum zu erkennen ist und unterschiedliche Bezeichnungen in den verschiedenen Artikeln zu lesen sind. So konstituiert der Verfassungsvertrag,

> „Grundlegendes Ziel der Union ist es künftig, den Frieden, ihre Werte und das Wohlergehen ihrer Völker zu fördern. Diese allgemeinen Ziele werden ergänzt durch eine Reihe besonderer Ziele: [...] die nachhaltige Entwicklung Europas auf der Grundlage eines ausgewogenen Wirtschaftswachstums und von Preisstabilität, eine in hohem Maße wettbewerbsfähige soziale Marktwirtschaft, die auf Vollbeschäftigung und sozialen Fortschritt abzielt, sowie ein hohes Maß an Umweltschutz und Verbesserung der Umweltqualität."[13]

Daneben wird die Wirtschaftsordnung der EU im AEU-Vertrag auch mehrmals als „offene Marktwirtschaft mit freiem Wettbewerb"[14] bezeichnet. Darin kann wirklich ein deutlicher Unterschied zu den Grundauffassungen der sozialen und ebenso ökologischen Verpflichtungen zu erkennen sein. Diese Formulierung wurde bereits mit dem Vertrag von Maastricht 1992 in das Vertragswesen aufgenommen.

---

13 EU-Verfassungsvertrag, Art. I-3.
14 EU-Verfassungsvertrag, Art. 119A.

Wenn angesichts der aktuellen Herausforderungen selbst gefestigte Marktwirtschaftler wie Thomas Straubhaar ausführlich ein bedingungsloses Grundeinkommen und den Wegfall der Sozialversicherung herkömmlicher Form fordern,[15] so fragt es sich, wie schnell die Manifestierung der systemischen Gedanken unserer Ökosozialen Marktwirtschaft anzugehen ist. Straubhaar würde nicht die soziale Marktwirtschaft in Frage stellen, setzt aber gedanklich die Veränderung systemischer Grundstrukturen an. Daraus folgt eine Diskussion zur systemischen Architektur. Es sind auch nicht alleine wirtschaftswissenschaftliche Konstrukte, die dabei zu durchdenken sind. Hier wird die Grundlagenfrage angesprochen. Fragen des Subsidiaritätsprinzips, der Solidargemeinschaft, der Individualbewertung sind berührt.

Bemerkenswert ist auch die angeführte Begründung. Die unweigerlichen Veränderungen durch Demographie und Digitalisierung, die beide den Arbeitsmarkt und das Sozialsystem massiv revolutionieren können, fänden in herkömmlichen Modellen keine wirksame Antwort mehr. So sieht Straubhaar wenig Hoffnung in Korrekturen oder Anpassungen. Er glaubt, ein grundsätzliches Neudenken der Mechanismen sei unausweichlich. Damit steht er auch nicht alleine, die Stimmen einer grundsätzlich neuen Systemarchitektur werden mehr.

Die immer akzeptierter erscheinenden Forderungen nach einem demokratischen Sozialismus, die mit der scheinbar unumgänglichen Veränderung des Systems begründet werden, da ohne diese keine Lösungen erkennbar wären, zeigen neben vielen anderen Indikatoren, wie erforderlich die Definition einer Gesellschaftssystematik ist. Selbst, wenn unterschiedliche Positionen über den Erfolg der verschiedenen systemischen Modelle bestehen, so ist es doch erkennbar, dass eine klare Definition des derzeit gelebten Gesellschaftssystems hilfreich als Wegweiser für Wissenschaft und Politik sein kann.

Zweifel, ob die Ökosoziale Marktwirtschaft tatsächlich mehr als nur eine Wirtschaftsform sein kann, finden einen Kontrapunkt spätestens durch die neue CSR-Richtlinie der EU, die auch seit März 2017 nationales Recht ist[16]. Sie verlangt von Unternehmen eine verbindliche Berichterstattung im bilanzrechtlichen Sinne über die reinen betriebswirtschaftlichen Leistungen hinaus. Berichtet werden muss die Leistung für gesellschaftliche Belange, jenseits der finanziellen Leistungen des Unternehmens.

---

15 Vgl. Thomas Straubhaar: Radikal gerecht. Wie das bedingungslose Grundeinkommen den Sozialstaat revolutioniert, Hamburg 2017. Vgl. auch den Beitrag von Thomas Straubhaar in diesem Band.
16 Deutscher Bundestag: CSR-Richtlinie-Umsetzungsgesetz vom 8. März 2017, in: http://dip21.bundestag.de/dip21/btd/18/114/1811450.pdf.

Das manifestiert die gesellschaftliche Relevanz, vor allem auch im Sinne einer ökologisch und sozial systematisierten Funktion der Wirtschaft in der und für die Gesellschaft.

Die in diesem Text aufgezeigten Fragestellungen sind offen, sie sollen offen sein und nicht übereifrig mit schnellen Antworten belegt werden. Diese Fragen sind als Aufforderung und Motivation zu verstehen, eine tiefgehende Betrachtung und zukunftsgewandte Modellierung zu diskutieren.

Demokratie, Zukunft, Nachhaltigkeit
Zur Rolle einer weltweiten Ökosozialen Marktwirtschaft

Franz Josef Radermacher

Vorbemerkung

Ist für 10 Milliarden Menschen 2060 eine balancierte, auskömmliche, friedliche und zukunftsorientierte Welt denkbar?[1] Und was sind die Alternativen? Möglich, wohl sogar wahrscheinlicher, als eine Welt in Balance, sind eine weltweite Zweiklassengesellschaft oder ein ökologischer Kollaps.[2] Dies hängt mit den Möglichkeiten der Aushebelung der Demokratie über Globalisierung zusammen, mit den absehbar gefährlichen Möglichkeiten technischer Intelligenz und technischer Systemen zur Substituierung auch anspruchsvoller Tätigkeit einerseits und Totalkontrolle über den Menschen (Brot und Spiele) andererseits, mit einer eventuellen Klimakatastrophe, aber auch dem sogenannten Trilemma der Globalisierung.

Sind aus zivilisatorischer Sicht abzulehnende Zukünfte zu vermeiden, also etwa Verhältnisse wie nach dem 30-jährigen Krieg oder heute in Indien für die unteren Kasten oder in Brasilien oder Südafrika für eine Großzahl der Menschen, brauchen wir die gleichzeitige Verwirklichung von Markt und Nachhaltigkeit, eine Globalisierung der Demokratie und des Finanzausgleichs, ausreichende ökologisch-soziale Regulierungsconstraints für den Markt – und um das alles zu erreichen, wahrscheinlich große Krisen in der richtigen Dosierung und in der richtigen Reihenfolge. Das ist alles in allem keine gute Ausgangssituation.

---

1   Ich danke Frau Dr. Herlyn für die vielfältige Unterstützung bei der Erarbeitung dieses Textes.
2   Vgl. Jared Diamond: Kollaps. Warum Gesellschaften überleben oder untergehen, Frankfurt am Main, 2005. – Vgl. Jorgen Randers: 2052. A Global Forecast for the Next Forty Years, Chelsea Green Publishing, 2012.

Herausforderungen in schwieriger Zeit

Die Welt sieht sich spätestens seit der Weltkonferenz von Rio 1992 vor der Herausforderung, eine nachhaltige Entwicklung bewusst zu gestalten. Das bedeutet insbesondere eine große Designaufgabe bzgl. der Gestaltung der dominierenden gesellschaftlichen Subsysteme der modernen Zeit, nämlich die Gestaltung eines nachhaltigkeitskonformen Wachstums bei gleichzeitiger Herbeiführung eines (welt-)sozialen Ausgleichs und den Schutz der ökologischen Systeme, inklusive einer Lösung des Klimaproblems. Tatsächlich ist dies wohl allenfalls dann erreichbar, wenn die Wechselwirkung zwischen den Staaten sich in Richtung einer Weltinnenpolitik bewegt, eine Forderung, die auf Carl Friedrich von Weizsäcker[3] zurückgeht. In diesem Rahmen können Forderungen eines Weltethos und des interkulturellen Humanismus lebenspraktisch realisiert werden. Ferner wird durch adäquate Regelsetzung auch bewirkt, dass es sich ökonomisch nicht lohnt, systematisch gegen vereinbarte Regeln und legitime Interessen anderer zu operieren. Die Chancen zur Erreichung dieses Ziels vom Charakter einer Balance sind aber alles andere als gut. Das hängt u. a. mit der ökonomischen Globalisierung zusammen, in deren Folge sich das weltökonomische System in einem Prozess zunehmender Entfesselung und Entgrenzung befindet, und dies im Kontext des Megatrends „explosive Beschleunigung", und das unter teilweise inadäquaten weltweiten Rahmenbedingungen.

Das korrespondiert zu dem eingetretenen Verlust des Primats der Politik, weil die politischen Kernstrukturen nach wie vor national oder, in einem gewissen Umfang, kontinental, aber nicht global sind. Die beschriebenen Entwicklungen beinhalten zwar gewisse Chancen für Entwicklung, laufen aber gleichzeitig wegen fehlender internationaler Standards und inadäquater Regulierung und der daraus resultierenden Fehlorientierung des Weltmarktes dem Ziel einer nachhaltigen Entwicklung entgegen (für Ökonomen: die Preise sagen nicht die Wahrheit. Externe ökologische und soziale Kosten sind nicht internalisiert. Ganz im Gegenteil, ökologische und soziale Kosten werden systematisch externalisiert). Die tatsächlichen globalen Entwicklungen erfolgen deshalb teilweise zu Lasten des sozialen Ausgleichs, der Balance zwischen den Kulturen und der globalen ökologischen Stabilität. Da die Flüchtlingsproblematik zunimmt und in fast allen reichen Ländern die soziale Schere aufgeht, formiert sich zudem ein Widerstand gegen die weitere Globalisierung, dies auch deshalb, weil dort die demokratischen Anliegen keinen Platz finden (Trilemma der Globalisierung). Die Bürger reagieren teilweise mit hoher Wut und wählen auch sehr unkonventionelle Kandidaten und Parteien.

---

3 Vgl. Carl Friedrich von Weizsäcker/Georg Picht: Bedingungen des Friedens, Göttingen 1964.

Parallel wird eine Re-Nationalisierung angestrebt. Der neue Präsident der USA verkörpert diesen Trend.

Die Umwelt- und Ressourcenfrage

Aufgrund der gegebenen Hinweise erweist sich im Kontext der Globalisierung der Zugriff auf Ressourcen und das Recht auf Erzeugung von Umweltbelastungen als großes Thema. Ohne Ressourcenzugriff kein Wohlstand! Und Kollaps bei übermäßigem Zugriff. Wer kann, wer darf auf Ressourcen in welchem Umfang zugreifen? Das kann eine Frage von Krieg und Frieden werden.

Das rasche Wachstum der Weltbevölkerung verschärft die Situation signifikant und in sehr kurzen Zeiträumen. Die Menschheit bewegt sich in Richtung auf zehn Milliarden Menschen. Hinzu kommt das Hineinwachsen von hunderten Millionen weiterer Menschen in ressourcenintensive Lebensstile. Es könnte deshalb in den nächsten Jahrzehnten trotz massiver Steigerung der Nahrungsmittelproduktion eng werden hinsichtlich der Ernährung der Weltbevölkerung. Hier drohen erhebliche Problemlagen und Konflikte. Im Bereich der CO_2-Emissionen bewegen wir uns wahrscheinlich heute schon auf eine Klimakatastrophe zu. Am Horizont drohen verschiedene Klima-Tipping-Points. Zugleich werden die Lebensbedingungen in vielen Teilen der Welt immer schwieriger. Der Ressourcendruck verschärft sich dabei von mehreren Seiten und die (welt-)politische Situation ist nicht günstig, um mit diesem Thema adäquat umzugehen. Hinzu kommt, dass große Teile der Eliten – weltweit – eine Bewältigung dieser Herausforderungen bisher nicht als ihre zentrale Aufgabe ansehen. Immer noch ist der Fokus primär national, allenfalls kontinental. Die Re-Nationalisierungstendenzen kommen hinzu.

Der Mensch und die digitale Maschine – was kommt auf uns zu?

Als wären die beschriebenen Probleme nicht groß genug, kommt ein weiterer Faktor großer Wirkungskraft hinzu – die digitale Transformation. Der Weg in eine weltweite Informations- und Wissensgesellschaft ist der Treiber der aktuellen Globalisierungsprozesse und verändert die Welt schneller und grundsätzlicher als jeder andere Innovationsprozess zuvor. Zu den positiven Effekten dieser Entwicklung, die lange Zeit im Vordergrund standen und über eine gigantische Resonanz bei den Käufern „befeuert" wurden, gesellen sich mittlerweile irritierende Elemente. Immer intelligentere Maschinen, und zukünftig immer „menschlichere"

Roboter, können zwar immer nützlichere Dienstleistungen ermöglichen. Zu Ende gedacht können sie aber auch unsere Arbeitsplätze gefährden, unser Privatleben ausspionieren, uns mit zugeschnittenen Konsumangeboten „verfolgen" und in der Wechselwirkung mit sozialen Netzen die Kapazität unseres Bewusstseins fast vollständig okkupieren.

Und während über die ersten Jahrzehnte der beschriebenen Entwicklung der Mensch die abstrakte Maschine nach seinen Bedürfnissen und gemäß seinem Rhythmus einsetzte und kontrollierte, nähern wir uns mittlerweile dem Punkt, an dem wir uns der digitalen Maschine unterwerfen bzw. gesellschaftlich in eine solche Unterwerfung hineingetrieben werden. Immer öfter sind wir z. B. nur dann noch beschäftigbar bzw. nur noch dann sozial integriert, wenn wir uns über mobile Geräte und omnipotente Netzstrukturen in fast schon mechanisierte berufliche Abläufe einfügen und im gesellschaftlichen Leben hochtransparent unsere Aktivitäten online mit anderen koordinieren. Der gläserne Mensch, final durch Apps diszipliniert, entsteht vor unseren Augen – und wir schauen zu und lassen es geschehen. Der Mensch in seinen sozialen Netzwerken wird dabei digital manipulierbar – er lebt teilweise nur noch in speziellen Ingroups mit eigener Wahrheit. Dies macht Politik schwierig. Der sogenannte Plattformkapitalismus hebelt unsere sozialen Systeme und die Besteuerungssysteme aus und verschiebt die Kosten auf die Allgemeinheit. Massive Verluste von Arbeit für Hochqualifizierte können unser System völlig aus den Angeln heben.

Die Rolle von Innovationen: Was bringt die Zukunft?

Ausgangspunkt der nachfolgenden Überlegungen ist die historische Entwicklung in Bezug auf Wirtschaftssysteme und Wohlstand. Das in Europa erfundene „Betriebssystem der modernen Welt" entwickelt sich zur globalen Wohlstandsmaschine. Technische Innovationen sind dabei der Schlüssel für immer mehr Wohlstand. Märkte sind dabei im Sinne von „Schumpeter" der stärkste Mechanismus zur Hervorbringung von Innovationen. Wo liegen heute die Perspektiven für die Zukunft sowie damit verbundene Chancen und Risiken? Ein Thema ist die Zwangsläufigkeit bzw. Pfadabhängigkeit vieler Abläufe. Das Buch „Der göttliche Ingenieur" von Jacques Neirynck[4], das den sogenannten Bumerang-Effekt thematisiert, ist eine wichtige Referenz, ebenso Arbeiten von Robert Jungk zum Thema. Man kann dies auch anders positionieren. Wie hängt das alles mit Märkten zusammen und wie müsste ein Marktsystem aussehen, das unter den heutigen Bedingungen eine Chance auf Nachhaltigkeit eröffnet? Ist die soziale Marktwirt-

---

4 Vgl. Jacques Neirynck: Der göttliche Ingenieur, Renningen 1994.

schaft noch zeitgemäß oder vielleicht überholt? Wie wäre sie gegebenenfalls weiterzuentwickeln?

Marktwirtschaft: Wettbewerb unter Regeln

Der historische Erfolg zeigt, dass der Markt ein zentrales und unübertroffenes Element zur Hervorbringung von Wohlstand ist. Ohne ein weltweites Marktsystem ist eine Zukunft in Wohlstand für die ganze Welt nicht vorstellbar.

Im Laufe der Geschichte hat sich der Markt von der Tauschwirtschaft hin zu einem durchstrukturierten System höchster Leistungsfähigkeit zur Hervorbringung von Gütern und Dienstleistungen und zur Ermöglichung und Durchsetzung von Innovationen entwickelt.[5] Die Bedeutung des Geldes als Tausch- und Zahlungsmittel, Wertaufbewahrungsvehikel und Wertmaßstab nahm immer weiter zu. Reine Tauschgeschäfte existieren sogar heute noch in der Form von Bartergeschäften. In der modernen Welt ist aber das Finanzsystem von zunehmend zentraler Bedeutung. Es hat (wie Vertrauen) eine katalytische Wirkung und erweitert massiv den Umfang der Produktion von Gütern und Dienstleistungen sowie ihren weltweiten Austausch. Durch das heutige Geld- und Finanzsystem werden die Transaktionskosten des wirtschaftlichen Handelns massiv reduziert. Es erlaubt den Wertetransfer von heute in die Zukunft, es leistet sog. Fristentransformationen zwischen kurz- und langfristiger Finanzierung und erlaubt breite Risikostreuung und -absicherung. Wegen seiner immensen Bedeutung ist die Regulierung des Finanzsystems als Teil einer Marktwirtschaft von allerhöchster Wichtigkeit. Es wird durch die Staaten überwacht und wesentlich beeinflusst. Es gibt eine sehr weitgehende supranationale Regulierung dieses Bereichs.

Abhängig von der spezifischen Regulierung sind enorm vielfältige Marktausprägungen möglich. Märkte sind in Form eines Manchester-Kapitalismus, einer sozialen Marktwirtschaft oder eines ‚Casino-Kapitalismus' möglich, ebenso als Merkantilismus oder als Staatskapitalismus, wie er heute in China besteht. Natürlich kann auch eine stärkere Gemeinwohlorientierung und/oder eine stärkere Rolle sogenannter sozialer Unternehmen[6] realisiert werden.

Markt bedeutet Wettbewerb unter Regeln. Hier besteht eine Analogie zum Sport: Der Wettbewerb bringt jeweils die Leistung, d.h. die Effizienz, hervor – ein gutes Input-Output-Verhältnis, niedrige Kosten, schnelle Prozessierung oder

---

5   Vgl. Joseph Alois Schumpeter: Theorie der wirtschaftlichen Entwicklung, Berlin 1912.
6   Vgl. Franz Josef Radermacher u. a.: Global Impact. Der neue Weg zur globalen Verantwortung, München 2009. – Vgl. Muhammad Yunus: Building Social Business. The New Kind of Capitalism that Serves Humanity's Most Pressing Needs, New York 2011.

große Volumina. Es sind jedoch die Regeln (in Österreich: die Spielanordnung), die den jeweiligen Markt mit seinen spezifischen Merkmalen (und damit die Effektivität) ausmachen, genauso wie die jeweilige Manifestation einer Sportart.

Was ist wichtig für einen funktionierenden Markt?

Die marktschaffenden Regeln bilden ein erstes marktstrukturierendes Restriktionensystem. Sie sind von wesentlicher Bedeutung dafür, dass ein Markt seine Leistung hervorbringen kann. Zu den marktstrukturierenden Regeln zählen insbesondere (in je spezifischer Ausprägung) die sog. vier großen Freiheiten, die auf Individuen wie Unternehmen ausgerichtet sind und vernünftigerweise um Elemente der Gemeinwohlorientierung anzureichern sind.[7]

1) Freiheit des Eigentums
2) Vertragsfreiheit
3) Freiheit zur Innovation
4) Freiheit zur Kreditaufnahme bzw. zur Kreditgewährung

Das Hervorbringen von Innovationen ist der in langfristiger Perspektive wohl wichtigste Beitrag von Märkten, denn durch sie konnte und kann der Wohlstand breitenwirksam erhöht werden. Staaten fördern mittlerweile in Konkurrenz zueinander die Innovation und die entsprechenden Wissenschaften. Sie geben technische Standards vor, etwa bzgl. der Abgasnormen bei Automobilen und beeinflussen so wesentlich die technische Entwicklung und die umweltrelevanten Parameter von Automobilen. Sie treten als Einkäufer mit sehr großem Einkaufsvolumen und damit Nachfragemacht auf. Über die Finanzierung der Militäretats treiben sie Innovation in vielen High-Tech-Segmenten voran.

Die Durchsetzung von Interessen in Märkten erfolgt nach bestimmten Gesetzmäßigkeiten: Diejenigen, die über die größte ökonomische Stärke und die größten Finanzvolumina verfügen, haben die besten Möglichkeiten, die eigenen Interessen durchzusetzen. Dies ist ein völlig anderes Prinzip als das Prinzip der Demokratie. Hier hat jeder Wähler eine Stimme, unabhängig von seinen ökonomischen Möglichkeiten. Es ist eine Illusion zu glauben, dass Märkte die Demokratie hervorbringen. Genauso können in einem Marktumfeld autokratische Strukturen oder Plutokratien, d. h. eine totale „Verschmelzung" von politischer und wirtschaftlicher Macht, entstehen. Die USA bewegen sich schon seit langem

---

7 Vgl. John Kay: The truth about markets. Why some nations are rich but most remain poor, London, 2004.

in diese Richtung.[8] Unter partizipativ-demokratischer Governance tendieren Gesellschaften zu einer sozialen Marktwirtschaft[9], zu einer gemeinwohlorientierten Ausrichtung von Eigentum und damit zu einer Ordnungspolitik und Governance, die den Interessen der großen Mehrheit der Menschen gerecht wird. Es kommt zu einer Balance zwischen dem an allen Menschen in gleicher Weise orientierten Prinzip der Demokratie und dem an ökonomischer Leistungsfähigkeit orientierten Prinzip des Marktes. In der Notwendigkeit zum Kompromiss zwischen diesen beiden Polen liegt die Basis für gute Lösungen in Form sozialer Demokratien und sozialer Marktwirtschaften.[10] Heute ist international die Situation eine andere. Die Unternehmen zwingen den Staaten vielfach die Regeln auf: im Finanzsektor wie im Plattformkapitalismus. Insbesondere fehlt ein wirksamer Kartellschutz. D. h. Regierungen schützen „ihre" Firmen und erlauben ihnen immer mehr Größe. Wir leben insofern immer stärker in einer Welt großer Monopole und Oligopole, die sich den Konsumenten unterwerfen und diesen zu dauernden Zahlungen konditioniert haben, wobei über die allgemeinen Geschäftsbedingungen immer unglaublichere Verhaltenseinschränkungen zu Lasten der Bürger durchgesetzt werden.

Wachstum: Veränderung der Wirtschaftsleistung

Wachstum (sei es positiv, null oder negativ) bezeichnet die (jährliche) Veränderung einer in Geld (bei Inflationsausgleich) ausgedrückten gemeinsamen Kennzahl für die Gesamtwirtschaftsleistung.

Aus der Theorie der Märkte folgt nicht – wie oft behauptet wird – dass (positives) Wachstum unbedingt erforderlich ist, damit der Markt funktioniert. Es ist jedoch so, dass das „politische Geschäft" bzw. die Kompromissfindung unter Menschen mit unterschiedlichen Zielvorstellungen unter (positiven) Wachstumsbedingungen wesentlich einfacher möglich ist als im gegenteiligen Fall. Dabei ist es von entscheidender Bedeutung zu verstehen, dass es keine rational überzeugende, algorithmische Form der Ableitung von Gruppenpräferenzen aus den individuellen Präferenzen der Beteiligten gibt, sieht man von der Bestimmung eines Diktators (Satz von Arrow/Satz vom Diktator[11]) ab. Hinzu kommt: Bei der heutigen Ausgestaltung der Märkte ist eine hohe Beschäftigung wahrscheinlich

---

8   Vgl. Joseph Stiglitz: Der Preis der Ungleichheit. Wie die Spaltung der Gesellschaft unsere Zukunft bedroht, München 2012.
9   Vgl. David Held: Soziale Demokratie im globalen Zeitalter, Berlin 2007.
10 Vgl. Von Weizsäcker: Bedingungen des Friedens 1964.
11 Vgl. George Szpiro: Die verflixte Mathematik der Demokratie, Berlin und Heidelberg 2011.

eher mit positivem als ohne Wachstum zu erreichen, obwohl es auch bzgl. dieser Aussage Fragezeichen gibt und das in unheilvoller Form um sich greifende Phänomen nicht-auskömmlicher Beschäftigungsverhältnisse (sogenannte „Working Poor") mit zu betrachten ist. Das kann sich bei weiterer explosionsartiger Verbesserung technischer Intelligenz im Umfeld von Big Data, dem Internet der Dinge und technischer Durchbrüche, wie dem IBM-System WATSON, noch dramatisch verschärfen.

Verteilungsfragen sind in der Regel im Falle eines „wachsenden Kuchens" einfacher zu adressieren, wenn auch die landläufige Behauptung, dass bei Wachstum alle gleichermaßen profitieren, kritisch und differenziert zu betrachten und letztlich falsch ist.[12] In individueller Perspektive kommt dem eigenen Einkommen eine viel größere Bedeutung zu als dem BIP bzw. dem volkswirtschaftlichen Gesamteinkommen.[13] Dabei kann rein rechnerisch auch der Fall auftreten, dass bei sinkender Bevölkerungszahl das BIP pro Kopf wächst, obwohl das Gesamt-BIP sinkt. Trotz moderater Wachstumsraten war es in den vergangenen Jahren in Deutschland so, dass nur die Einkommen des reichsten Dezils wahrnehmbar stiegen. Die mittleren Einkommen blieben weitgehend unverändert, während die niedrigsten Einkommen sogar sanken.[14] In den USA ist diese Entwicklung noch viel dramatischer.[15]

Wachstum und Nachhaltigkeit

Wachstum betrifft begrifflich, wie dargestellt, die Veränderung der geeignet quantifizierten (monetären) Wirtschaftsleistung unter dem marktstrukturierenden ersten Restriktionensystem. Es besteht zunächst kein unmittelbarer sachlicher Zusammenhang zur Nachhaltigkeit. Die aktuelle Herausforderung besteht darin, die Nachhaltigkeit in das bestehende System zu integrieren, wobei offensichtlich ist, dass das jetzige System trotz aller Debatten und Aktivitäten zum Thema nicht nachhaltig ist. Wichtige Parameter, z. B. der weltweite CO_2-Ausstoß oder die Anzahl der Menschen, die akut vom Hunger bedroht sind, deuten ganz im Gegenteil auf eine immer weitergehende Verschlechterung des Status quo in Bezug auf Nachhaltigkeit hin. Nicht besser ist die Lage hinsichtlich der Ressourcen- und

---

12 Vgl. Franz Josef Radermacher/Bert Beyers: Welt mit Zukunft. Überleben im 21. Jahrhundert 2. Aufl., Hamburg 2007; „Welt mit Zukunft – die ökosoziale Perspektive", Hamburg 2011.
13 Vgl. Estelle L. A. Herlyn: Einkommensverteilungsbasierte Präferenz- und Koalitionsanalysen auf der Basis selbstähnlicher Equity-Lorenzkurven. Ein Beitrag zu Quantifizierung sozialer Nachhaltigkeit. Wiesbaden 2012.
14 Vgl. Wilhelm Heitmeyer: Die rohe Bürgerlichkeit, in: Die Zeit Nr. 39, 2011.
15 Vgl. Stiglitz 2012.

Energiefrage, der Entwicklung der Weltbevölkerungsgröße, der ‚Plünderung' der Realökonomie und der Staaten über ein unzureichend reguliertes Weltfinanzsystem und die resultierende Schuldenkrise.[16] An diesen Stellen müssen jetzt entscheidende Weichenstellungen erfolgen, sonst „endet" die Menschheit in einer „brasilianisierten" Welt oder einem ökologischen Kollaps. Die notwendige Inkorporierung der Nachhaltigkeit in das bestehende Kennzahlensystem sollte jedoch aus Sicht dieses Textes sowohl aus systematischen Gründen wie aus Verständnisgründen und Gründen der politischen Kommunizierbarkeit besser nicht über eine radikale Veränderung oder gar Abschaffung des bestehenden BIP-Begriffs erfolgen, sondern durch die Einbettung allen Wirtschaftens in ein zweites System von Restriktionen geschehen, das die Einhaltung ökologischer und sozialer Parameter, und damit Nachhaltigkeit, gewährleistet. Nachhaltigkeit bedeutet dann die Beachtung der dafür notwendigen Zurückhaltung durch den weltökonomischen Prozess, was wiederum am besten dadurch geschieht, dass diese Restriktionen über Machtanwendung und Politik durchgesetzt werden. Das bedeutet, dass „Plünderung" durch Marktteilnehmer via Externalisierung ökologischer und sozialer Anliegen, wie das heute der Fall ist, unterbunden wird. Dazu werden diese Anliegen konsequent in den Markt internalisiert. Dies wird in der Folge beschrieben und begründet.

Nachhaltigkeit als Constraint-System

Idealtypisch lässt sich Nachhaltigkeit in Form eines Constraintsystems (z. B. bzgl. der in einem Jahr zulässigen CO_2-Emissionen weltweit oder der Höhe einer für jeden Menschen weltweit bereitzustellenden „Minimal Daily Allowance") beschreiben.[17] Man benötigt in diesem Sinne zur Operationalisierung der Nachhaltigkeit ein zweites Nachhaltigkeits-orientiertes Restriktionensystem für die Bereiche Ökonomie, Gesellschaft (sozial-kulturell) und Ökologie. (Hinweis: Nachhaltigkeits-orientierte Restriktionen- bzw. Indikatorensysteme können disjunkt mit Indikatorensystemen zur Messung der Wirtschaftsleistung über ein „BIP"-artiges Konstrukt sein). In der wissenschaftlichen Literatur und genauso auch in Publikationen der unternehmerischen und der politischen Praxis findet man zahlreiche Ansätze zur Entwicklung derartiger Restriktionen- bzw. Indikatorensysteme.

---

16 Vgl. Radermacher et al.: Welt mit Zukunft 2011.
17 Vgl. Estelle L. A. Herlyn/Franz Josef Radermacher: Ökosoziale Marktwirtschaft. Wirtschaften unter Constraints der Nachhaltigkeit, in: Holger Rogall (Hrsg.): Jahrbuch Nachhaltige Ökonomie, Marburg 2012. – Vgl. Franz Josef Radermacher et al.: Ökosoziale Marktwirtschaft. Historie, Programm und Perspektive eines zukunftsfähigen globalen Wirtschaftssystems, München 2011.

Exemplarisch genannt seien das MIPS-Konzept[18], der ökologische Fußabdruck[19] und das Konzept der „Planetengrenzen"[20]. In einer von großen Unternehmen gemeinsam erstellten Studie wurde durch Heranziehung des ökologischen Fußabdrucks einerseits und des Human Development Index (HDI) andererseits die „nicht nachhaltige Entwicklung der Welt" auf Staatenebene dargestellt.[21]

Zu klären sind dabei immer Fragen der Konsistenz zwischen den verschiedenen Indikatoren sowie der globalen Extendierbarkeit und Nachprüfbarkeit der Indikatorensysteme. In einer nicht-nachhaltig organisierten Welt kann es in langfristiger Perspektive kein nachhaltiges Deutschland geben, auch wenn dieses Land in vielen Nachhaltigkeitsfragen als weltweiter Vorreiter angesehen wird. Dies gilt jedoch allenfalls in relativer Betrachtung mit Blick auf die hohe Wirtschaftsleistung. Würden alle Menschen so leben wie die Menschen in Deutschland, so würden die Ökosysteme sofort kollabieren. Hinsichtlich der jährlichen CO_2-Emissionen pro Kopf liegt Deutschland weit oberhalb von Frankreich (10 statt 6 Tonnen) und erst recht von Indien (1,5 Tonnen), was nicht zuletzt Folge des hohen Anteils an Kernenergie im Nachbarland und des vergleichsweise niedrigen Lebensstandards in Indien ist.

Wie setzt man Nachhaltigkeitsrestriktionen durch?

Es gibt unterschiedliche Formen der Arbeitsteilung in der Durchsetzung von Nachhaltigkeit. Zur Erreichung der erforderlichen Restriktionen stehen den unterschiedlichen Akteuren verschiedene Instrumente zur Verfügung. So kann die Politik mit Hilfe ordnungsrechtlicher Instrumente (produkt- oder prozessbezogene Gesetze), marktwirtschaftlicher Instrumente (z. B. Abgaben, Subventionen, Zertifikate) und flankierender Instrumente wie Sanktionen ihren Beitrag zur Einhaltung der gesetzten Grenzen leisten. Ein großes Thema bilden in diesem Kontext sogenannte Ökosteuern, wie sie z. B. durch die Green Budget Europe Bewegung propagiert werden.

Auf der Unternehmensebene kommt den Selbstverpflichtungen eine wichtige Rolle zu. Orientierungspunkte bieten dabei die Standards des Global Compact, der Global Reporting Initiative oder auch die ISO-Norm 26000. Auch ethi-

---

18 Vgl. Friedrich Schmidt-Bleek: Das MIPS-Konzept. Weniger Naturverbrauch – mehr Lebensqualität durch Faktor 10, München 1998.
19 Vgl. Mathis Wackernagel/Bert Beyers: Der Ecological Footprint. Die Welt neu vermessen, Hamburg 2010.
20 Vgl. Johan Rockström: Planetary Boundaries, in: Nature 2009: 461, S. 472–475.
21 Vgl. World Business Council for Sustainable Development. Vision 2050. Die neue Agenda für Unternehmen, 2010.

sche Verankerungen von Verhalten über Religionen einerseits oder kulturellen Vereinbarungen andererseits (bis hin zur Idee des „ehrlichen Kaufmanns", möglichst durchgesetzt bis auf die Ebene des operativen Managements), können eine große positive Kraft entfalten. Insbesondere die großen (Marken-)Unternehmen stehen in Folge der gesellschaftlichen Beobachtung durch kritische NGOs und Konsumenten (sogenannte Moralisierung der Märkte[22]) unter Druck und in der Pflicht, sich des Themas der Nachhaltigkeit anzunehmen und transparent über ihre Aktivitäten zu berichten. Wegen der ökonomischen Wirksamkeit des Drucks bewegen sie sich in Richtung von mehr Nachhaltigkeit, Nachhaltigkeit wird auf diesem „Umweg" zu einem Geschäftserfordernis.

Nachhaltigkeit ist grundsätzlich unter Umsetzung der beschriebenen Ansätze operationalisierbar, gegebenenfalls um den Preis eines erheblichen Wohlstandsverlustes. Ob uns der Weg in Richtung Nachhaltigkeit als Weltgesellschaft gelingen wird, ist eine ganz andere Frage. Hinzu kommt, dass der Operationalisierungsprozess aus vielfachen Gründen alles andere als trivial ist. Dies zeigt sich deutlich beim Versuch der Deckelung der weltweiten CO_2-Emissionen und die Elimination der extremsten Formen von Armut und Hunger. Wichtige Beispiele sind im Ökologischen harte Grenzen für Klimagasemissionen, im Sozialen weltweite Sozialsystemstrukturen, die international co-finanziert werden müssen. Finanzierung kann aus Gebühren auf Nutzung der Global Commons erfolgen. Erforderlich ist für die großen Fragen so etwas wie der Weg in Richtung Weltdemokratie.[23] Ein entsprechendes Restriktionssystem wurde vom Autor unter der Überschrift der Vier großen Verantwortungen, als Gegenseite zu den oben genannten vier großen Freiheiten[24], entwickelt.[25]

Ökosoziale Marktwirtschaft

Mit dem Begriff der nachhaltigen Marktwirtschaft[26], der eine Kombinierbarkeit der beiden großen Konzepte der Nachhaltigkeit und des Marktes zum Gegenstand

---

22 Vgl. Nico Stehr/Marian Adolf: Sozio-ökonomischer Wandel. Der Konsum der Verbraucher, in: Heribert Meffert/Peter Kenning/Manfred Kirchgeorg: Sustainable Marketing Management, Berlin und Heidelberg 2014.

23 Vgl. Andreas Bummel: Internationale Demokratie entwickeln – Für eine Parlamentarische Versammlung bei den Vereinten Nationen – Ein Strategiepapier des Komitees für eine demokratische UNO, Stuttgart 2005.

24 Vgl. Kay: Truth about markets 2004.

25 Vgl. Franz Josef Radermacher: A Better Governance for a Better Future, Journal of Futures Studies, March 2016, 20(3): 79–92.

26 Vgl. Ulrich Mössner: Das Ende der Gier – Nachhaltige Marktwirtschaft statt Turbokapitalismus, 2011. – Vgl. Holger Rogall: Nachhaltige Ökonomie – Ökonomische Theorie und Pra-

hat, ist die Frage verbunden, ob die gleichzeitige Umsetzung beider Leitkonzepte prinzipiell realisierbar ist oder ob weiteres massives Wachstum in einer „Brasilianisierung" oder in einem (ökologischen Kollaps) enden wird.[27] Die heutige Welt ist weit davon entfernt, nachhaltig zu sein. Unter den Vertretern von Politik, Unternehmen und Zivilgesellschaft findet man viele Personen, die zunehmend Zweifel daran haben, ob die Gleichzeitigkeit beider Konzepte überhaupt möglich ist. Noch mehr Zweifel besteht darüber, ob es zudem (positives) Wachstum (in der heutigen Definition) geben kann. Wären die geäußerten Zweifel tatsächlich gerechtfertigt, so würde dies wahrscheinlich eine Katastrophe für die menschliche Zivilisation bedeuten. Denn die beiden seit der UN-Konferenz von Rio in 1992 beschlossenen und parallel zu verfolgenden Ziele des globalen Schutzes der Umwelt einerseits und der wirtschaftlich-aufholenden Entwicklung vor allem der nicht-industrialisierten Staaten der Welt andererseits müssten in dieser Form und Gleichzeitigkeit aufgegeben werden. Man müsste sich dann entscheiden für das Ziel, ein hohes Wohlstandsniveau für alle anzustreben, was aber die unwiderrufliche Zerstörung der Umwelt zur Folge hätte, oder für ein weitaus niedrigeres Wohlstandsniveau, das aber mit Nachhaltigkeit kompatibel wäre. Das Ziel müsste dann darin bestehen, ein niedrigeres Wohlstandsniveau als politisch hinnehmbar oder als aus anderen Gründen doch akzeptabel zu positionieren.[28]

Ein erfolgversprechender Ansatz, mit dem eine Kombination beider Konzepte gelingen kann, ist das etwa 35 Jahre alte Konzept einer Ökosozialen Marktwirtschaft.[29] Es ist eine konsequente Fortentwicklung der sozialen Marktwirtschaft um Umwelt- und Klimaschutz. Um im Sinne der Nachhaltigkeit wirksam werden zu können, ist eine weltweite Implementierung ohne ‚Schlupflöcher' erforderlich. Richtig umgesetzt ist innerhalb eines solchen Kontextes bei der heutigen Ausgangssituation auch ein mit Nachhaltigkeit kompatibles (positives) Wachstum möglich.

---

xis einer Nachhaltigen Entwicklung; Marburg 2009. – Vgl. Holger Rogall: Grundlagen einer nachhaltigen Wirtschaftslehre. Volkswirtschaftslehre für Studierende des 21. Jahrhunderts, Marburg 2011. – Vgl. Wolfgang Vieweg: Mehr Dimensionen. Wir müssen die Soziale zur Nachhaltigen Marktwirtschaft entwickeln, in: Online-Wirtschaftmagazin ChangeX, 2008. – Vgl. zusätzlich www.doktoranden-netzwerk.de, www.initiative-nawi.org, www.holger-rogall. de (zuletzt abgerufen am: 26. Januar 2017).

27 Vgl. Diamond 2005. – Vgl. Radermacher et al.: Welt mit Zukunft 2011. – Vgl. Randers: 2052 2012.
28 Vgl. Meinhard Miegel: Wohlstand ohne Wachstum, Berlin 2010.
29 Vgl. Radermacher et al.: Welt mit Zukunft 2011. – Vgl. Radermacher et al.: Ökosoziale Marktwirtschaft 2011.

Fundamentalidentität

Im Weiteren wird gezeigt, dass die Ökosoziale Marktwirtschaft Markt und Nachhaltigkeit in einem Rahmen vereinigt. Es lässt sich genauer zeigen, dass dies auch die einzige mögliche Lösung für dieses Ziel ist (Fundamentalidentität). Der Zusammenhang hat dabei fast schon einen tautologischen Charakter. Wie kann man dies einsehen?

Eine Ökosoziale Marktwirtschaft (genauer: eine ökologisch und sozial adäquat regulierte Marktwirtschaft) ist per Definition eine Marktwirtschaft die neben einem Restriktionensystem, durch das sie ihre spezifische ökonomische Ausprägung im Bereich der Hervorbringung von Gütern und Dienstleistungen erhält, unbedingt und prioritär einem Restriktionensystem[30] der oben beschriebenen Art genügt, das Nachhaltigkeit nicht nur sicherstellt, sondern erzwingt. Der heutige Wohlstand, erweitert um Wohlstandszuwächse in der sich entwickelnden Welt, kann dann aufrecht erhalten werden, wenn es gelingt, trotz der zusätzlich durch das Ziel der Nachhaltigkeit erzwungenen Beschränkungen, die durch das Restriktionensystem[31] entstehen, das heutige (monetarisierte) Niveau der Produktion an Gütern und Dienstleistungen in der entwickelten Welt zumindest aufrechtzuerhalten und dieses in den Nicht-Industrieländern über die nächsten Jahrzehnte substantiell zu erhöhen. Der Schlüssel hierzu sind geeignete massive Innovationen der erforderlichen Art, die aber nur unter geeigneten, d.h. mit Nachhaltigkeit kompatiblen Restriktionen an das ökonomische System (also dann, wenn die Preise die Wahrheit sagen), hervorgebracht werden. Dabei geht es insbesondere um ein leistungsfähiges, neues Energiesystem: preiswert, überall verfügbar, umweltfreundlich und klimaneutral. Das ist heute nicht der Fall. Das heißt, wir bringen seit langem nicht die geeigneten Innovationen hervor, die einerseits nötig und andererseits möglich wären, um eine nachhaltige Entwicklung zu ermöglichen, weil nämlich die Anreizstrukturen in globalen Märkten in die falsche Richtung weisen („Plünderung lohnt sich sehr").

Einem BIP-artigen Begriff kommt dabei weiterhin eine wichtige Rolle bei der Beurteilung der Entwicklung zu. Eine nachhaltige Entwicklung ist aus heutiger Sicht noch möglich und letztlich erforderlich, wenn eine zukunftsfähige Welt in

---

30 Vgl. Bundesministerium für wirtschaftliche Zusammenarbeit und Entwicklung (BMZ): Afrika und Europa. Neue Partnerschaft für Entwicklung, Frieden und Zukunft: Eckpunkte für einen Marshallplan mit Afrika. http://www.bmz.de/marshallplan_pdf sowie unter http://www.marshallplan-mit-afrika.de.

31 Vgl. Ebd.

friedlicher Kooperation mit etwa 10 Mrd. Menschen ab 2060 gelingen soll.[32] Die Ressourceneffizienz muss sich dabei durch technisch-organisatorischen Fortschritt und eine dazu passende Regulierung massiv verbessern; dies entspricht einer Entkoppelung von Wachstum und Ressourcenverbrauch, ein zentrales Anliegen des Club of Rome seit 35 Jahren und aktuell ein neuer Schwerpunkt seiner Arbeit, vor allem getrieben durch den Co-Präsidenten Ernst Ulrich von Weizsäcker[33] unter der Überschrift „Total Decoupling". Der Charakter des Wohlstands muss dazu deutlich von einer Ressourcenorientierung zu einer Dienstleistungsorientierung wechseln. Unvermeidbare Suffizienzerfordernisse werden sich dabei über die Durchsetzung der Nachhaltigkeitsrestriktionen materialisieren.

Eine Zielerreichung wird jedoch zunehmend schwieriger. Jedes Jahr verschlechtern sich die Erfolgsaussichten und erhöht sich das Risiko eines unvermeidlichen Wohlstandsverlusts auf dem Weg zu Nachhaltigkeit, je länger man einen entsprechenden forcierten Umbau der Gesellschaft verzögert. Eine für die Mehrheit der Menschen akzeptable Verteilung des (weltweiten) Wohlstands ist dabei eine zentrale Leitplanke für die soziale Seite der Nachhaltigkeit. Dieser Aspekt ist mittlerweile von zahlreichen Kommissionen national und international aufgegriffen worden. Die Definitionen in diesem Bereich führen zurzeit in den westlichen Demokratien zu massiven Verwerfungen. Die mittels des Restriktionensystems[34] implementierte Art des Wettbewerbs ist ein entscheidender Treiber für die Generierung von Wohlstand. In welchem Umfang sich eine Gesellschaft diesem Treiber ‚unterwerfen' kann oder möchte, ist wiederum eine Frage der Regelung innerhalb des Restriktionensystems.[35] Hier geht es u. a. um den Trade Off von Lebensqualität (inklusive einem gewissen Umfang an Langsamkeit) und dem (individuell) verfügbaren Umfang an Gütern und Dienstleistungen für Konsumzwecke. Wird mehr Stress für mehr Wachstum bevorzugt oder mehr Entspannung bei einem geringeren Niveau an Gütern und Dienstleistungen? Über das Restriktionensystem muss auch der sog. Bumerangeffekt[36] verhindert werden – z. B. mehr Ressourcenverbrauch in Folge verbesserter Ressourcenproduktivität und daraus resultierender fallender Preise – den man sehr gut anhand des vermeintlichen „papierlosen Büros" verstehen kann, das sich zum Ort des größten Papierverbrauchs in der Geschichte der Menschheit entwickelt hat.

---

32 Vgl. Radermacher et al.: Welt mit Zukunft 2011. – Vgl. Franz Josef Radermacher: Kann die 2°C-Obergrenze noch eingehalten werden? Ansätze für einen neuen Klimavertrag, FAW/n-Bericht, 2014.
33 Vgl. Ernst Ulrich von Weizsäcker/Karlson Hargroves/Michael Smith: Faktor Fünf. Die Formel für nachhaltiges Wachstum, München 2010.
34 Vgl. Bummel: Internationale Demokratie 2005.
35 Vgl. BMZ: Neue Partnerschaft für Entwicklung 2017.
36 Vgl. Neirynck: Göttlicher Ingenieur 1994.

Die angestellten Überlegungen münden letztlich in der sog. Fundamentalidentität, die in der Literatur[37] begründet ist.

> **Fundamentalidentität**
>
> Marktwirtschaft + Nachhaltigkeit = Ökosoziale Marktwirtschaft

Grünes und inklusives Wachstum für weltweiten Wohlstand und Nachhaltigkeit ist noch möglich

Die Weltgemeinschaft, insbesondere alle großen internationalen Organisationen wie die OECD, sind nach der Weltfinanzkrise von der Idee freier Märkte in die Gedankenwelt „grüner und inklusiver Märkte" gewechselt. Weil nur so Nachhaltigkeit erreicht werden kann. Grün und inklusiv entspricht dabei dem ökosozialen Marktmodell. Reflektiert wird auf diese Weise die Fundamentalidentität. Ein großes Problem ist dabei, dass die ökonomische Marktordnung, etwa bei der WTO, bisher nicht verändert wurde. Wir operieren insofern jetzt weltweit zwar im richtigen Gedankenmodell, aber nach wie vor unter falschen Marktregeln. Deshalb hat sich auch in Bezug auf Nachhaltigkeit nur wenig Positives entwickelt. Die entscheidende Herausforderung an die Staatengemeinschaft bleibt daher bestehen, nämlich das grüne und inklusive Paradigma nun endlich auch einmal in den Regeln des (Welt-)Marktes zu verankern. Würde das gelingen, würden wir zu einem grünen und inklusiven Wachstum kommen.

Die bisherigen Erörterungen machen deutlich, dass „grünes" und zusätzlich „inklusives" Wachstum immer möglich ist, allerdings negativ sein kann. Dass die Wachstumsraten auf Dauer selbst im positiven Fall kontinuierlich fallen werden, ist in einer endlichen Welt anzunehmen, schließt aber konstanten absoluten Zuwachs und bei irgendwann vielleicht sinkender Weltbevölkerung sogar eine weitere relative Zunahme pro Jahr nicht aus.

Die Vermeidung des Bumerangeffekts ist dabei ein zentrales Thema.[38] Genutzt wird das asymmetrische Wachstumspotential bei sich entwickelnden Ländern im Verhältnis zu entwickelten Ländern (Leap-frogging). Im Wesentlichen resultiert dies aus dem systemischen Roll-out der bisher bekannten Lösungen über den ganzen Globus über Investitionen, Ausbildung etc., ein Prozess, der zurzeit weltweit gut zu beobachten ist. Er ist prinzipiell zu unterscheiden von Innovationen. Diese

---

37 Vgl. Herlyn/Radermacher: Ökosoziale Marktwirtschaft 2012. Vgl. Radermacher et al.: Ökosoziale Marktwirtschaft 2011.
38 Vgl. Neirynck: Göttlicher Ingenieur 1994.

zielen auf grundsätzlich neue Lösungen, also das Hervorbringen von neuem Wissen und Können. Nur durch Innovationen kann der Wohlstand der Menschheit auf Dauer für alle weiter gesteigert werden. Mit einem Marshall Plan mit Afrika[39] liegen Vorschläge vor, wie solche Innovationsprozesse in Nordafrika, etwa unter Nutzung der enormen Potentiale der Sahara für die Erschließung erneuerbarer Energie, aussehen könnten.

Über etwa 50 Jahre führt im Balance-Fall einer weltweiten Ökosozialen Marktwirtschaft die Kombination mittlerer Wachstumsraten von gut 1,5 % in den Industrieländern und 6 % in den Nichtindustrieländern zu einer durchschnittlichen weltweiten Wachstumsrate von etwa 4 %, in einer Welt von schließlich etwa 10 Mrd. Menschen. Die Größenordnung 4 % entspricht weitgehend der Situation in den letzten 20 Jahren. Der wesentliche Bevölkerungszuwachs erfolgt in den Nichtindustrieländern. Die resultierende soziale Balance ist mit Nachhaltigkeit kompatibel und entspricht zum Schluss etwa derjenigen in der EU heute.

In Zeiten der Globalisierung sind Demokratie und Freiheitsrechte, Wohlstand und soziale Balance nur bei Abgabe von nationalen Souveränitätsrechten möglich. In der Literatur wird das sogenannte „Trilemma der Globalisierung" diskutiert. Es besagt, dass von den drei gesellschaftlichen Strukturelementen Demokratie, Globalisierung und nationale Souveränität nicht alle drei gleichzeitig möglich sind. Heute sind Globalisierung und nationale Souveränität verwirklicht zu Lasten der Demokratie. In dieser Lage einen Weg zu mehr Demokratie zu finden, heißt über Weltinnenpolitik nachzudenken. Das ist nicht einfach, aber zumindest eine Perspektive – für eine funktionierende Demokratie in Zeiten der Globalisierung wahrscheinlich die einzige. Leider ist festzustellen, dass dieser hier vertretene Weg die Zustimmung im politischen Bereich verliert. Der Marktfundamentalismus hat massiv überzogen, vor allem zu Lasten der sozialen Balance. Der „Aufstand der Verlierer" läuft jetzt in Richtung Renationalisierung. Das wird den Wohlstand für alle nicht zurückbringen, eher global den Weg in Richtung Brasilianisierung forcieren. Aber so sind die Verhältnisse nun einmal.

---

39 Vgl. BMZ: Neue Partnerschaft für Entwicklung 2017. – Vgl. Club of Rome und Senat der Wirtschaft: Migration, Nachhaltigkeit und ein Marshall Plan mit Afrika. Denkschrift für die Bundesregierung (Koordination: Prof. Radermacher, FAW/n), 2016. – Vgl. ebenfalls: http://www.faw-neu-ulm.de, http://www.senat-deutschland.de/, http://www.senatsinstitut.de/, http://www.clubofrome.de/ und http://www.cluboforome.org/.

Zusammenfassung

Nachhaltigkeit und Wohlstand für 10 Milliarden Menschen sind zu erreichen durch ein grünes und inklusives Wachstum im Sinne der Rio +20-Konferenz und dem Postmillenniumsprozess auf UN-Ebene. Voraussetzung ist allerdings eine adäquate Global Governance, damit Preise in Märkten die Wahrheit sagen und erforderliche Querfinanzierungen und die Besteuerung der Nutzung von Weltgemeingütern durchgesetzt werden können. In der Global Governance-Frage liegen heute die eigentlichen Engpässe für die Erreichung von Nachhaltigkeit, also in der unzureichenden internationalen politischen Koordination. Zugegebenermaßen ist nach der Finanzkrise einiges in diese Richtung gelungen, vor allem in Bezug auf die Einhegung von Finanzoasen.[40] Aber immer noch zu wenig. Und die erreichten Fortschritte werden aktuell schon wieder in Frage gestellt, nämlich z. B. in der Brexit-Debatte. Es fehlen insgesamt der Wille und die Fähigkeit zu supranational fairen Lösungen à la EU. Diese sind aber die Schlüsselfrage. Ist die Weltgemeinschaft an dieser Stelle nicht erfolgreich, werden Brasilianisierung oder Ökokollaps unsere Zukunft bestimmen, nicht eine weltweite Ökosoziale Marktwirtschaft. Auch das wäre nicht das Ende der Welt, aber ein Desaster und ein extremer – zudem vermeidbarer – Verlust an zivilisatorischer Qualität. Potentiale ringen hier mit starken Gegenkräften. Die Auseinandersetzung muss geführt werden.

---

40 Vgl. Franz Josef Radermacher.: Die Subprime-Krise 2007/2008: Finanztechnische Modellierungsfragen und Grenzen der Modellierbarkeit, Interner FAW/n-Bericht, November 2008, aktualisiert März 2009. – Vgl. Franz Josef Radermacher: Weltfinanzmarktkrise. Hintergründe Wirkungsmechanismen, Perspektiven, interner FAW/n-Bericht, März 2009.

Zur Bedeutung einer balancierten Einkommens- und Vermögensverteilung

Empirische und analytische Einsichten[1]

Estelle L. A. Herlyn

1 Der anhaltende Trend: Zunehmende Ungleichheit in den OECD-Staaten

Das Phänomen sozialer Ungleichheit ist in den vergangenen Jahren mehr und mehr in den Fokus des öffentlichen Interesses gerückt. 2015 beschäftigten sich die Medien in zahlreichen OECD-Staaten mit der sich in der Gesellschaft hinsichtlich der Einkommens- und Vermögensverteilung zunehmend öffnenden Schere.[2] Angestoßen wurde dieses Medienecho durch eine Studie der OECD, die konstatierte, dass die Einkommensungleichheit in den meisten OECD-Staaten Rekordwerte erreicht hat; dies in einer Zeit, in der die Entwicklungs- und Schwellenländer in noch größeren Ungleichheiten verharren.[3] Anfang 2016 trat mit der Agenda 2030 die erste globale Nachhaltigkeitsagenda in Kraft, die für die Staaten der Welt u. a. eine Verringerung der Ungleichheit innerhalb und zwischen Staaten fordert

---

1 Dieser Beitrag basiert auf der Publikation: Einkommensverteilung und Kapital im 21. Jahrhundert. Bedeutende Aspekte einer nachhaltigen Entwicklung, in: H. Ahn/M. Clermont/ R. Souren (Hrsg.), Nachhaltiges Entscheiden. Beiträge zum multiperspektivischen Performancemanagement von Wertschöpfungsprozessen, S. 73–85, Wiesbaden 2016.
2 Ein internationaler Pressespiegel vom Mai 2015 liefert folgendes Bild: Süddeutsche (Deutschland): OECD zu sozialer Ungleichheit: Je ungleicher, desto ärmer; BILD-Zeitung (Deutschland): Vermögen in Deutschland besonders ungleich verteilt; Le Monde (Frankreich): On n'en a pas fini avec les inégalités; El País (Spanien) – La crisis dispara la desigualdad entre los ricos y los pobres a un nivel récord; BNN (Kanada): Income gap at highest level in 30 years; BBC (Großbritannien): Gap between rich and poor keeps growing.
3 Vgl. OECD: In It Together. Why Less Inequality Benefits All, 2015, in: http://www.oecd-ilibrary.org/employment/in-it-together-why-less-inequality-benefits-all_9789264235120-en (zuletzt abgerufen am: 06. 01. 2017), S. 15.

(Ziel 10).[4] Bereits seit dem Jahr 2014 erreicht der französische Ökonom Thomas Piketty mit seinem umfangreichen Werk zur historischen Entwicklung der Vermögensverteilung „Capital in the Twenty-First Century" eine beachtenswerte Breitenwirkung. Eine seiner grundlegenden Erkenntnisse ist die Tatsache, dass in einem kapitalistischen System die Kapitalbesitzer einen uneinholbaren Vorteil haben, weil das leistungslos vermehrbare Vermögen bei niedrigen Wachstumsraten wie sie heute anzutreffen sind und dem heute implementierten Besteuerungssystem wesentlich schneller wächst als Lohneinkommen.[5] Mit dem Brexit und der Wahl des neuen US-Präsidenten Trump gab es in jüngerer Zeit gleich zwei Ereignisse, die mit der zunehmenden Ungleichheit und dem damit einhergehenden weit verbreiteten Gefühl, Verlierer der Entwicklungen der letzten Jahre zu sein, in Verbindung gebracht werden müssen. Der im Rahmen des Weltwirtschaftsforums 2017 in Davos veröffentlichte Risiko-Report setzte in einer Rangliste risikoverstärkender aktueller Trends wachsende Einkommens- und Wohlstandsdisparitäten und gesellschaftliche Polarisierung auf die Plätze 1 und 3.[6]

1.1 Einkommensungleichheit

In den meisten OECD-Staaten hat die Einkommensungleichheit Rekordhöhen erreicht. Die zuletzt erhobenen Werte sind die höchsten seit Beginn der Aufzeichnung von Einkommensdaten in den 1960er Jahren. Die 10 % der Bevölkerung mit den höchsten Einkommen verdienen im Mittel 9,6-mal so viel wie die 10 % mit den niedrigsten Einkommen. In den 1980er Jahren lag der entsprechende Wert noch bei 7:1, in den 2000er Jahren bei 9:1.

Die Abbildung 1 veranschaulicht die Veränderungen anhand der Entwicklung des Gini-Koeffizienten in den einzelnen OECD-Staaten seit der Mitte der 1980er Jahre bis zum jüngsten Zeitpunkt, für den Daten verfügbar sind. Dieser ist für die große Mehrzahl der aufgeführten Staaten das Jahr 2013.

Unverkennbar ist der allgemeine Trend zunehmender Ungleichheit, der die OECD nicht nur im Falle Deutschlands dazu veranlasste, die Regierungen aufzufordern, Gegenmaßnahmen zu ergreifen. So riet die OECD bereits in ihrem Wirtschaftsbericht 2014 der Bundesregierung, die Einkommenssteuern und So-

---

4 Vgl. UN (United Nations): Sustainable Development Goals, 2015, in: http://www.un.org/sustainabledevelopment/sustainable-development-goals/ (zuletzt abgerufen am: 28.2.17).
5 Vgl. Thomas Piketty: Capital in the Twenty-First Century, Cambridge 2014.
6 Vgl. World Economic Forum (WEF): The Global Risks Report 2017, 12. Auflage, 2017, in: http://qfc.de/wp-content/uploads/2017/02/Anlage-1-GRR17_Report_web.pdf (zuletzt abgerufen am: 28.02.2017).

Abbildung 1 Veränderung der Einkommensungleichheit in den OECD-Staaten seit Mitte der 1980er Jahre (vgl. www.oecd.org/social/income-distribution-database.htm)

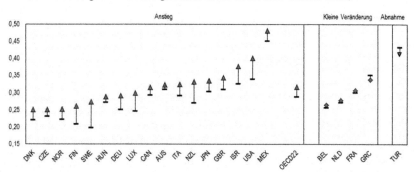

zialabgaben für Geringverdiener zu senken und im Gegenzug Immobilienbesitzer und Erben stärker zu besteuern.[7] „What can be done?" Diese Frage stellte jüngst auch der langjährige Ungleichheitsforscher Anthony Atkinson in seiner gleichnamigen Publikation. Sein Maßnahmenkatalog reicht von einer Reichensteuer bis hin zu weiteren umfangreichen Regierungsmaßnahmen in Form von Investitionen in Bildung, einem gesetzlichen Mindesteinkommen oder auch einer garantierten Beschäftigung im öffentlichen Sektor.[8]

Offensichtlich durchlaufen die OECD-Staaten derzeit eine Phase, in der der Ruf nach mehr Balance vielerorts zunimmt. Der Titel der aktuellen OECD-Studie zum Thema „In It Together – Why Less Inequality Benefits All" untermauert dies eindrücklich. Die Staaten riskieren, aus dem sogenannten *efficient inequality range*[9] herauszufallen, hin zu einer zu großen Ungleichheit.

Da die Entwicklungs- und Schwellenländer in noch größerer Ungleichheit verharren, befindet sich die Welt derzeit in einer Situation, in der die eigentlich erwünschten globalen Angleichungsprozesse nur um den Preis sich nicht verbessernder Verhältnisse innerhalb der ärmeren Länder und sich tendenziell ver-

---

7   Vgl. OECD: OECD Wirtschaftsberichte Deutschland, 2014, in: http://www.oecd.org/berlin/Wirtschaftsbericht-Deutschland-2014-Zusammenfassung.pdf (zuletzt abgerufen am: 27.01.2017).
8   Vgl. Anthony B. Atkinson: Inequality. What Can Be Done?, Cambridge 2015.
9   Vgl. Giovanni Andrea Cornia/Julius Court: Inequality, Growth and Poverty in the Era of Liberalization and Globalization, 2001, in: http://www.wider.unu.edu/publications/policy-briefs/en_GB/pb4/_files/78807311723331954/default/pb4.pdf (zuletzt abgerufen am: 27.01.2017).

schlechternder Verhältnisse in den reichen Ländern zu gelingen scheinen. Dies ist mit Blick auf eine nachhaltige Entwicklung keine hoffnungsvoll stimmende Entwicklung.

1.2 Vermögensungleichheit

Es ist ein weltweites Phänomen, dass die Vermögen um ein Vielfaches ungleicher verteilt sind als die Einkommen. Dies ist sachlogisch zwingend, denn nur hohe Einkommen ermöglichen neben den notwendigen Ausgaben für die Lebenshaltung den Aufbau von Vermögen. Das Ausmaß der Vermögensungleichheit ist beträchtlich: Eine aktuelle Oxfam-Studie prognostiziert, dass in 2016 das reichste Prozent der Weltbevölkerung ein höheres Vermögen akkumulieren wird als die gesamte restliche Bevölkerung, nämlich 99 % aller Menschen, zusammen.[10] Dies ist eine Situation globaler Apartheid. Weniger drastisch zeigt sich die Lage in den OECD-Staaten: Dort besitzt das reichste Dezil 50 % des Vermögens, während die 40 % ärmsten Haushalte nur über 3 % des Gesamtvermögens verfügen.[11] Doch auch diese Situation wird als zunehmend untragbar empfunden.

Es ist insofern nicht überraschend, dass eine Publikation, die aufzeigt, dass das Ausmaß an Umverteilung von Arbeit zu Kapital in Zeiten entfesselter Finanzmärkte, umfangreicher Privatisierungen und internationalen Steuerwettbewerbs untragbar geworden ist, derzeit großen Anklang unter Wissenschaftlern aber auch in der Gesellschaft findet. Thomas Piketty legt dar, dass leistungslose Einkommen aus hohen Vermögen, wie etwa große Erbschaften, zu Beginn des 21. Jahrhunderts wieder so entscheidend für den sozialen und ökonomischen Status sind wie zuletzt in der Monarchie.[12] Sein Werk lässt sich in sieben Kernaussagen zusammenfassen:[13]

1) Die Bedeutung von Kapital im Vergleich zum jährlich erwirtschafteten Einkommen steigt seit Mitte des 20. Jahrhunderts an.
2) Die Daten zeigen eine drastische Vermögensungleichheit: Die meisten Menschen haben nur sehr wenig Vermögen; nur sehr wenige besitzen sehr viel.

---

10 Vgl. Oxfam: Wealth. Having It All and Wanting More, 2015, in: http://www.oxfam.de/sites/www.oxfam.de/files/ib-wealth-having-all-wanting-more-190115-embargo-en.pdf (zuletzt abgerufen am: 06.01.2017).
11 Vgl. OECD: In it together.
12 Vgl. Thomas Piketty: Capital in the Twenty-First Century.
13 Vgl. Georg Hubmann: Piketty's Thesen. Kurz und bündig erklärt, 2015, in: http://jbi.or.at/portfolio/pikettys-thesen (zuletzt abgerufen am: 08.01.2017).

3) Seit den 1980er Jahren steigen hohe Einkommen besonders stark, mittlere und niedrige stagnieren hingegen. Die Einkommensungleichheit spitzt sich folglich zu.
4) Durch die hohen Vermögensrenditen wachsen Vermögen schneller als die Wirtschaftsleistung eines Landes. Einige Jahrzehnte im 20. Jahrhundert stellten zwar eine Ausnahme dar, jetzt nehmen die Vermögen jedoch wieder schneller zu als die Wirtschaft.
5) Erbschaften haben eine große Bedeutung für die ungleiche Verteilung von Vermögen. Die Geburtslotterie bestimmt, wer sehr reich wird, denn nur wenige Menschen kommen in den Genuss einer großen Erbschaft.
6) Wenn die steigende Ungleichheit nicht durch politische Maßnahmen eingedämmt wird, werden sich soziale Unruhen häufen und demokratische Strukturen ausgehöhlt.
7) Um das weitere Aufgehen der Schere zwischen Arm und Reich zu bremsen, ist eine progressive Besteuerung von Vermögen und Einkommen unerlässlich.

Diese sieben Kernaussagen, die beides in Augenschein nehmen, die Vermögens- und auch die Einkommensungleichheit, sind vor dem Hintergrund der folgenden drei wichtigsten empirischen Erkenntnisse Pikettys zu sehen, die aus der World Top Income Database gewonnen wurden:[14]

- Die Spitzeneinkommen nehmen einen zunehmend großen Anteil am Gesamteinkommen ein.
- Die großen Vermögen nehmen einen zunehmend großen Anteil am Gesamtvermögen ein.
- Die Vermögen wachsen schneller als die Einkommen.

Die empirischen Befunde sind eindeutig. Der Trend zu immer größer werdenden Einkommens- und Vermögensunterschieden – weltweit, aber auch innerhalb der OECD-Staaten – nimmt mittlerweile einen besorgniserregenden Verlauf. In der Folge wird der Versuch unternommen, die resultierenden Konsequenzen im Hinblick auf eine nachhaltige Entwicklung zu systematisieren und zu bewerten.

---

14 Vgl. Anthony B. Atkinson/A. Facundo/Thomas Piketty/E. Saez: The World Top Incomes Database, 2015, in: http://topincomes.g-mond.parisschoolofeconomics.eu (zuletzt abgerufen am: 30. 01. 2017).

2 Folgen in den OECD-Staaten

Die beschriebenen Entwicklungen der Einkommens- und Vermögensverteilung geben an vielen Stellen Anlass zu Besorgnis. Der Begriff der Nachhaltigkeit fällt in diesem Zusammenhang jedoch kaum. In diesem Kapitel soll beleuchtet werden, auf welche Weise die zunehmende Ungleichheit sich in den OECD-Staaten negativ auf die drei Dimensionen der Nachhaltigkeit, nämlich Ökonomie, Soziales und Ökologie auswirkt.

2.1 Ökonomische Folgen

In weltweitem Maßstab weisen alle OECD-Staaten eine vergleichsweise hohe soziale Balance auf. Zugleich sind diese Staaten die wohlhabendsten der Welt. Dies ist zunächst ein Hinweis darauf, dass es für die Ökonomie eines Landes offenbar förderlich ist, wenn ein genügend hoher sozialer Ausgleich besteht. Aktuelle Zahlen der OECD untermauern diese Korrelation: Nach Berechnungen der OECD hat die in den vergangenen 30 Jahren gewachsene Ungleichheit dazu geführt, dass die Ökonomie in 19 OECD-Staaten zwischen 1980 und 2010 um 4,7 % weniger gewachsen ist, als es bei unveränderter Verteilung der Fall gewesen wäre. Grund hierfür ist die Tatsache, dass ca. 40 % der Bevölkerung den Anschluss an den Rest der Gesellschaft verloren haben und ihre Potenziale nicht entfalten konnten, was sich wiederum negativ auf die Gesamtökonomie auswirkt. Im beschriebenen Zeitraum hat die Ungleichheit in den betrachteten Staaten im Mittel um 2 *Gini-Punkte* zugenommen.[15]

Der Nobelpreisträger Stiglitz nennt gleich drei Gründe dafür, dass ein zu großes Maß an Einkommensungleichheit die Effizienz und die Produktivität einer Volkswirtschaft schmälert, nämlich der einhergehende Rückgang der gesamtgesellschaftlich nützlichen öffentlichen Investitionen und die damit verbundene unzureichende Finanzierung des öffentlichen Bildungswesens, sich einstellende massive Verzerrungen des Wirtschaftsgeschehens – insbesondere in Verbindung mit Rent-Seeking – sowie die negativen Auswirkungen auf die allgemeine Arbeitsmoral in Folge der sich verbreitenden Erkenntnis, dass das Prinzip der Chancengleichheit nicht mehr gilt.[16]

---

15 Vgl. OECD: In it together, S. 26.
16 Vgl. Joseph Stiglitz: Der Preis der Ungleichheit. Wie die Spaltung der Gesellschaft unsere Zukunft bedroht, München 2012, S. 137.

Es sind jedoch nicht nur öffentliche Investitionen gefährdet. Gleiches gilt für privatwirtschaftliche Investitionen, die in einem Umfeld wirtschaftlicher Stagnation und Unsicherheit zurückgehen. Unter Nachhaltigkeitsaspekten ist dies besonders hinsichtlich der unbedingt erforderlichen Investitionen in neue grüne Technologien in den Bereichen Energie und Ressourcenproduktivität als kritisch anzumerken.

Empirische Untersuchungen zeigen, dass eine zu große Ungleichheit der Einkommen eine Vielzahl weiterer ökonomischer Probleme bedingt, die sich negativ auf die Gesellschaft und den Gesamtwohlstand auswirken. Hohe Einkommensunterschiede gehen in der Regel einher mit höheren Arbeitslosenzahlen, einer größeren Zahl von Menschen, die staatliche Hilfe benötigen sowie geringeren Pro-Kopf-Ausgaben für Bildung. Weiterhin ist der Lebensstandard der Gesamtbevölkerung eher niedrig und die Wettbewerbsposition des Landes in internationalen Konkurrenzprozessen ist wenig vielversprechend.[17]

Dass Staaten mit hohem Wohlstand sich durch eine balancierte Einkommensverteilung auszeichnen, ja geradezu auszeichnen müssen, resultiert aus folgender Überlegung:[18] Eine zu große Ungleichheit macht die Erfüllung von Voraussetzungen unmöglich, die für das Entstehen von Wohlstand unverzichtbar sind. Die Schlüsselvoraussetzung für hohen Wohlstand ist eine breite Bildung der Bevölkerung. Dies wiederum setzt gut ausgebildete Lehrende voraus, deren Einkommen im Minimum dem Niveau des Durchschnittseinkommens entsprechen muss. In einem solchen Umfeld wird sich eine weitere Nachfrage nach qualifizierten Dienstleistungen ergeben, etwa nach medizinischer Versorgung. Eine gute medizinische Versorgung in Verbindung mit einem hohen Ausbildungsniveau bringt eine hohe Lebenserwartung mit sich. Dies wiederum erfordert ein elaboriertes Rentensystem, das es ohne eine professionelle Administration nicht geben kann. In einer derartigen Gesellschaft entsteht eine Fülle von Arbeitsplätzen, die Einkommen implizieren, die mindestens auf Durchschnittsniveau liegen. Bei zu großer Ungleichheit der Einkommensverteilung liegen aus rein mathematischen Gründen nur noch wenige Einkommen auf der Höhe des Durchschnitts und darüber. Ihre Zahl reicht nicht aus, um alle erforderlichen Tätigkeiten in angemessener Weise zu honorieren.

Es sei an dieser Stelle darauf verwiesen, dass eine zu große Einkommensgleichheit genauso problematisch ist: Das Bevölkerungssegment, das über ein überdurchschnittliches Einkommen verfügt, ist dann zu klein, um Spitzenleistungen,

---

17 Vgl. Charles I. Jones/Peter J. Klenow: Beyond GDP? Welfare Across Countries and Time, 2010, in: http://www.nber.org/papers/w16352.pdf (zuletzt abgerufen am: 30. 01. 2017).
18 Vgl. Robert Pestel/F. J. Radermacher: Equity, Wealth and Growth. Why Market Fundamentalism Makes Countries Poor. Manuskript zum EU-Projekt TERRA, Ulm 2003.

Innovationen und Risikoübernahmen, die allesamt notwendige Voraussetzungen für die Entstehung von Wohlstand sind, in ausreichender Weise zu honorieren.

Eine hinsichtlich Nachhaltigkeit nicht zu vernachlässigende weitere ökonomische Folge großer Einkommensungleichheit ist die Verringerung der Kaufkraft weiter Teile der Bevölkerung. Übersteigt die Einkommensungleichheit eine kritische Ausprägung, die sich am unteren Rand der aktuellen OECD-Werte befindet, so verlagern sich die aus einer noch weitergehenden Verschärfung der Ungleichheit resultierenden größten Verluste in die Mitte der Gesellschaft. Waren zuvor noch die Bezieher der niedrigen Einkommen die Hauptleidtragenden, so erreichen die Verluste ab einem bestimmten Punkt auch die sogenannte Mittelschicht. Dieses Phänomen, das in den vergangenen Jahren immer wieder Gegenstand öffentlicher Debatten war, lässt sich mathematisch mithilfe von Verlustfunktionen (Differenz zweier Lorenzdichten) beschreiben.[19] Die Verluste der Mittelschicht übersetzen sich in Kaufkrafteinbußen eines großen Teils der Bevölkerung. Es ist dies ein Umfeld, in dem sich gezwungenermaßen eine „Geiz ist geil"-Mentalität ihren Weg bahnt. Die Folgen einer solchen Entwicklung werden in den nachfolgenden Unterkapiteln beschrieben.

2.2 Soziale Folgen

Eine umfangreiche empirische Untersuchung der sozialen Folgen zunehmender Ungleichheit, die 2009 von britischen Soziologen veröffentlicht wurde, kam zu dem Ergebnis, dass eine balancierte Verteilung der Einkommen innerhalb des OECD-Spektrums sich allseitig positiv auf die Gesellschaft und das Wohlergehen der überwiegenden Zahl der Menschen auswirkt.[20] Im Rahmen der Studie beleuchtete Aspekte waren z. B. das Ausmaß an gesellschaftlichem Vertrauen, die Lebenserwartung, die Säuglingssterblichkeit, die Zahl psychischer Erkrankungen, die Anzahl von Teenagerschwangerschaften, die schulischen Leistungen sowie das Ausmaß an Kriminalität. Alle genannten Parameter werden von einem zunehmenden Maß finanzieller Ungleichheit negativ beeinflusst und entwickeln sich bei einer Abnahme der Ungleichheit in positiver Weise.

Eine weitere beobachtbare Folge zunehmender Ungleichheit ist eine verstärkte Politikverdrossenheit in der Bevölkerung. Die gefühlte Machtlosigkeit, den politischen Prozess und damit die gesellschaftliche Entwicklung mitzugestalten,

---

19 Vgl. Estelle Herlyn: Einkommensverteilungsbasierte Präferenz- und Koalitionsanalysen. Ein Beitrag zur Quantifizierung der sozialen Dimension von Nachhaltigkeit, Wiesbaden 2012.
20 Vgl. Richard G. Wilkinson/Kate Pickett: The Spirit Level. Why Equality is Better for Everyone, London 2009.

führt zu Resignation und zum Rückzug ins Private. Dabei wäre es gerade jetzt notwendig, der Entwicklung hin zu mehr Ungleichheit im demokratischen Prozess entgegenzuwirken. Eine mathematische Analyse der Frage, wie groß die Gewinner- und die Verlierergruppen sind, wenn ausgehend von einem gegebenen Ungleichheitsniveau die Ungleichheit weiter erhöht wird, zeigt, dass die derzeitigen Entwicklungen nicht mit der Demokratie und nicht mit dem Interesse der großen Mehrheit kompatibel sind.[21]

2.3 Ökologische Folgen

Eine Vermutung könnte zunächst die sein, dass eine verringerte Wirtschaftsleistung der Umwelt zugutekommt, weil sie z. B. mit einem verringerten Ressourcenverbrauch und verringerten CO_2-Emissionen einhergeht. So war es zu Zeiten der Wirtschaftskrise ab 2007 zu beobachten. Die zuvor stetig ansteigenden weltweiten CO_2-Emissionen nahmen erstmals seit der Zeit ihrer Aufzeichnung vorübergehend geringfügig ab.

Dieser positiv erscheinende Einfluss auf die Umwelt wird jedoch dadurch aufgehoben, dass die Menschen in ihrer ökonomischen Not beginnen, kompensatorisch zu Lasten der Umwelt zu handeln. Diese menschliche Reaktion ist empirisch vielfach nachzuweisen. Das berühmte Beispiel der Osterinsel ist nur eines unter vielen, das eindrücklich darlegt, wie verschlechterte Biotopbedingungen und in der Folge zunehmend unerträgliche Verhältnisse für die große Masse der Bevölkerung zu einer Ausplünderung der Ressourcenbasis führen, die letztlich den Kollaps der Gesellschaft zur Folge hat.[22] Entsprechende Phänomene werden in der Ökonomie als „Tragödie der Allmende" bezeichnet: Frei verfügbare Ressourcen werden nicht effizient genutzt, sind durch Übernutzung bedroht, was letztlich wiederum die Nutzer selbst bedroht.[23]

Derartige Szenarien erscheinen für die OECD-Staaten aus heutiger Perspektive sehr fern. Dennoch sollen sie an dieser Stelle erwähnt werden. Ein Blick nach Griechenland zeigt, dass es erste Schritte in diese Richtung auch in Europa gibt. So kam es im Winter 2013/14 zu besorgniserregender Luftverschmutzung in den

---

21 Vgl. Einkommensverteilungsbasierte Präferenz- und Koalitionsanalysen.
22 Vgl. Jared Diamond: Kollaps. Warum Gesellschaften überleben oder untergehen, Frankfurt a. M. 2005.
23 Vgl. Elinor Ostrom: Die Verfassung der Allmende. Jenseits von Staat und Markt, Tübingen 1990.

großen Städten, weil viele Menschen nur noch mit selbst geschlagenem Holz heizen konnten.[24]

Es gibt weitere ökologische Folgen, die für die OECD-Staaten aus heutiger Sicht wesentlich naheliegender erscheinen: So droht durch zunehmende Einkommens- und Vermögensungleichheit die Gefahr eines nachlassenden Umweltbewusstseins. Je größer die ökonomischen und sozialen Probleme sind, desto geringer werden das Interesse und das Engagement für Umweltschutz sein.[25] Es ist nachvollziehbar, dass Menschen, die mit der Bewältigung des täglichen (Über-)Lebens mehr als ausgelastet sind, wenige freie Ressourcen haben, um sich mit dem Erhalt der natürlichen Lebensgrundlagen zu beschäftigen. Auch bleibt wenig Raum für die Auseinandersetzung mit den komplexen Zusammenhängen der heutigen Welt, die es zu verstehen gilt, wenn man einen Beitrag zur Lösung der bestehenden ökologischen und sozialen Herausforderungen unserer Zeit leisten möchte.

Weiterhin droht eine nachlassende Kaufbereitschaft für nachhaltige Produkte. In einer Welt zunehmender Einkommensungleichheit würden ökonomische Gründe die weit überwiegende Mehrheit der Menschen daran hindern, Geld für Produkte auszugeben, deren Wertschöpfungskette als nachhaltig bezeichnet werden kann.[26] Da die Preise im heutigen ökonomischen System nicht die ökologische und soziale Wahrheit sagen, sind solche Produkte, die unter Beachtung sozialer und ökologischer Anliegen hergestellt wurden, in der Regel sehr viel teurer als solche, die unter Vernachlässigung nachhaltigkeitsrelevanter Aspekte erzeugt wurden. Wenn nur noch eine kleine Gruppe sogenannter LOHAS, eine kaufkräftige Konsumentengruppe mit einem „lifestyle of health and sustainability", einen nachhaltigen Konsum finanzieren kann, wird sich dies unmittelbar auf die Umwelt auswirken – entlang der regionalen und globalen Wertschöpfungsketten. Der Preis des Billigen ist hoch, nicht zum Zeitpunkt des Kaufs, jedoch in einer Gesamtbetrachtung aller Auswirkungen einer sich in Folge zunehmenden Einkommensungleichheit und daraus resultierender Kaufkraftverluste verbreitenden Niedrigpreisökonomie: Der niedrige Preis ist ein Element einer Abwärtsspirale,

---

24 Vgl. Michael Martens: Griechische Wirtschaftskrise. Die Not schlägt Flammen, in: Frankfurter Allgemeine Zeitung vom 12. Dezember 2013, http://www.faz.net/aktuell/politik/ausland/europa/griechische-wirtschaftskrise-die-not-schlaegt-flammen-12706692.html (zuletzt abgerufen am: 31.01.2017).
25 Vgl. GfK (Gesellschaft für Konsumforschung): Challenges of the Nations 2014, Nürnberg 2015.
26 Vgl. K. Lübke/C. Hose/T. Obermeier: Consumers' Perceptions of Corporate Social Responsibility and Willingness to Pay, in: Abstract Band zur CLADAG 2015, 2015.

deren Preis auf lange Sicht alle zahlen werden, in ökologischer wie auch in sozialer Hinsicht.[27]

3 Folgen in Entwicklungs- und Schwellenländern

Über die Folgen, die eine zunehmende Ungleichheit in den reichen Ländern für die OECD-Staaten selber hat, hat sich in jüngster Zeit eine breite öffentliche Debatte entfacht. Wenig Beachtung wird in diesem Kontext bisher den Entwicklungs- und Schwellenländern geschenkt. Was bedeutet es für sie, wenn historische Errungenschaften in den reichen Industrieländern auf dem Spiel stehen oder sogar schon schleichend verloren gehen? Mit dieser weniger diskutierten Frage beschäftigt sich dieses Kapitel.

3.1 Ökonomische Folgen

Eine ökonomische Wachstumsstrategie zahlreicher Schwellen- und Entwicklungsländer ist die Integration in weltweite Wertschöpfungsnetzwerke. Dabei sind die Unternehmen in den Schwellen- und Entwicklungsländern häufig Zulieferer von Unternehmen aus der industrialisierten Welt. So hört man immer wieder die Aussage, dass Asien und insbesondere China die ‚Werkbank der Welt' sei.[28] Dass die textile Wertschöpfungskette ohne Asien heute nicht vorstellbar ist, ist mittlerweile Allgemeinwissen. Als Partnerland der Hannover Messe 2015 versuchte Indien sich ebenfalls als Werkbank für die Welt zu positionieren und lockte mit verbesserten Rahmenbedingungen für Investoren.[29] Fragt man nach dem Wettbewerbsvorteil, den z. B. asiatische Lieferanten gegenüber heimischen Lieferanten haben, so sind die niedrigeren Kosten das dominierende Argument, für das eine erhöhte Komplexität der Prozesse, höhere Risiken und möglicherweise sogar eine geringere Qualität der bezogenen Produkte in Kauf genommen werden. Deutlich wird eine massive ökonomische Abhängigkeit der Entwicklungs- und Schwellenländer vom wirtschaftlichen Geschehen in den Industriestaaten. Daran ändert auch die Tatsache nichts, dass es insbesondere in den Schwellenländern mittlerweile auch Ansätze unabhängiger Wertschöpfung gibt.

---

27 Vgl. Michael S. Carolan: Cheaponomics. The High Cost of Low Prices, New York 2014.
28 Vgl. Manfred Lahnstein: Die asiatische Herausforderung, Hamburg 2012.
29 Vgl. Matthias Kamp: Hannover Messe. Indien will Investoren ködern, in: Wirtschafts Woche vom 13. April 2015, in: http://www.wiwo.de/unternehmen/it/hannover-messe-indien-will-investoren-koedern/11629472.html (zuletzt abgerufen am: 30.01.2017).

Entfällt oder reduziert sich nun dieser Wachstumspfad, weil die Volkswirtschaften der OECD-Staaten infolge zunehmender Ungleichheit negativ beeinflusst werden und vielleicht sogar schrumpfen, so werden auch die Märkte in den Entwicklungs- und Schwellenländern dies zu spüren bekommen. Ohne eine Zusammenarbeit mit den OECD-Staaten sind die angestrebten Wachstumsraten in Asien oder auch Afrika unerreichbar. Die gewünschte wirtschaftliche Entwicklung wird dann nicht oder nur in sehr geringem Umfang stattfinden, mit der Folge, dass die Armen arm bleiben.

In einer Situation, in der infolge hoher Kaufkraftverluste der Mittelschicht der westlichen Staaten die Nachfrage nach „billigen" Produkten stark ansteigt, werden die Entwicklungs- und Schwellenländer mangels Alternative versuchen, in die Wertschöpfung des „Billigen" involviert zu sein. Dies kann nur um den Preis der Missachtung jeglicher Standards gelingen. Das heutige WTO-Regime erlaubt dies. Es gilt das Gleichbehandlungsprinzip von Waren, das Teil des Allgemeinen Zoll- und Handelsabkommens GATT ist. Demzufolge darf importierte Ware bezüglich Verzollung und Besteuerung, Einfuhr- und Marktzulassungsbeschränkungen nicht unvorteilhafter behandelt werden als gleichartige inländische Ware. Entscheidend ist das Produkt, nicht sein Herstellungsprozess. Es ist zu erwarten, dass freiwillige Selbstverpflichtungen von Unternehmen, wie z. B. die zehn Prinzipien des UN Global Compact, in einer Welt hoher Einkommensungleichheit an Einfluss und Wirkung verlieren werden.

3.2 Soziale Folgen

Die Missachtung und Verletzung von Standards, wie sie im vorangegangenen Unterkapitel diskutiert wurde, bezieht sich nicht zuletzt auf die Arbeits- und Sozialstandards in den Entwicklungs- und Schwellenländern. Hier besteht die große Gefahr, dass Fortschritte der letzten Jahre, wie z. B. die Initiative des BMZ (2014) zur Verbesserung der Sozial- und Umweltstandards in der textilen Wertschöpfungskette, zunichte gemacht werden.

Keine oder zu niedrige Einkommen machen es den Menschen unmöglich, ihren Kindern den Besuch der Schule zu ermöglichen. Auch die Kinder müssen dann dazu beitragen, auf niedrigem Niveau das Überleben der Familie zu sichern. Es entsteht ein Teufelskreis, der kaum zu durchbrechen ist: Ohne Bildung fehlt die grundlegende Voraussetzung zur Schaffung von Wohlstand.

Es existiert eine weitere Größe, die das weltweite Geschehen massiv beeinflusst und die vom herrschenden Wohlstandsniveau beeinflusst wird: Es ist das Bevölkerungswachstum, das durch große soziale Ungleichheit und Armut befördert wird. Der rasante Anstieg der Weltbevölkerung ist ein weiterer Treiber einer nicht nachhaltigen Entwicklung. So prognostizierte der aktuelle UN-Bevölkerungsbericht jüngst, dass sich die Bevölkerung Afrikas bis zum Jahr 2100 auf 4,4 Milliarden vervierfachen wird.[30] Insgesamt werden dann im Jahr 2100 11,2 Milliarden Menschen auf der Erde leben. Eine solche katastrophale soziale Entwicklung ist nur dann abwendbar, wenn es gelingt, über eine wirtschaftliche Entwicklung des Kontinents das Bevölkerungswachstum zu reduzieren. Diese wiederum muss in eine balancierte Verteilung der Einkommen münden und zudem im Rahmen der ökologischen Grenzen erfolgen.

3.3 Ökologische Folgen

Die Gefahr, dass die Menschen bei ausbleibender wirtschaftlicher Entwicklung in ihrer ökonomischen Not oder auch mangels infrastruktureller Alternativen kompensatorisch zu Lasten der Umwelt handeln, ist in den Entwicklungs- und Schwellenländern schon heute um ein Vielfaches präsenter als in den OECD-Staaten. Schockierende Beispiele aus einer Fülle weiterer sind die Flüsse in Kathmandu (Nepal) und Dhaka (Bangladesh), die unvorstellbar verschmutzt und umgekippt sind. Moderne grüne Technologien sind nicht finanzierbar und so verharren die bevölkerungsreichen Staaten auf einem sehr niedrigen technologischen Niveau, das unter Umweltaspekten extrem problematisch ist. Das hohe Verkehrsaufkommen in den rasant wachsenden Städten führt zu einem Grad an Luftverschmutzung, der für OECD-Staaten unvorstellbar ist. Die große Zahl veralteter Fahrzeuge mit hohem Schadstoffausstoß lässt nichts anderes zu. Ohne positive Entwicklungsimpulse aus den OECD-Staaten, die bei dort zunehmender Einkommensungleichheit drohen auszubleiben, eröffnen sich kaum Perspektiven, die an vielen Orten ohnehin schon prekäre Situation in Entwicklungs- und Schwellenländern zu verbessern.

Eine unmittelbare ökologische Folge nachlassender Nachfrage nach nachhaltig produzierten Produkten und steigender Nachfrage nach billig hergestellten Produkten in den OECD-Staaten ist wie auch im Bereich des Sozialen das Schwinden von Standards in weltweiten Wertschöpfungsnetzwerken. Günstige Produkte sind tendenziell nur um den Preis der Vernachlässigung des Umweltschutzes zu haben. Neben billigen Arbeitskräften sind nicht vorhandene Umweltschutzauflagen die entscheidenden Vorteile der Entwicklungs- und Schwellenländer im internationalen Wettbewerb. Es ist davon auszugehen, dass diese noch mehr als

---

30 Vgl. United Nations: World Population Prospects. Key Findings and Advance Tables, 2015, in: http://esa.un.org/unpd/wpp/Publications/Files/Key_Findings_WPP_2015.pdf (zuletzt abgerufen am: 30.01.2015), S. 3f.

heute ausgenützt würden, wenn der aus den OECD-Staaten kommende Kostendruck auf die weltweiten Wertschöpfungsketten aufgrund eigener breiter Wohlstands- und Kaufkraftverluste größer wird.

4 Fazit und Ausblick

Es wurde gezeigt, dass es in einer global vernetzten Welt nicht folgenlos bleiben kann, dass historisch einmalige Errungenschaften der westlichen Welt in Form eines breiten ‚Wohlstands für alle' auf dem Spiel stehen oder sogar schon verloren gehen. Das Ziel einer nachhaltigen Entwicklung, einer Entwicklung, an deren Ende 9–10 Milliarden Menschen im Einklang mit den natürlichen Ressourcen gut leben, ist bei einer solchen Entwicklung kaum noch erreichbar.

Zunehmende Einkommens- und Vermögensungleichheit stellt die betroffenen Volkswirtschaften selbst vor große Probleme, aber auch die Entwicklungs- und Schwellenländer werden aufgrund ihrer Einbindung in weltweite Wertschöpfungsnetzwerke in negativer Weise ökonomisch betroffen sein. Die negativen ökologischen und sozialen Folgen sind in allen Teilen der Welt beträchtlich.

Einen vielversprechenden Ansatz, die drohenden Fehlentwicklungen abzuwenden, stellt eine grüne und inklusive Ökonomie bzw. ein grünes und inklusives Wachstum dar, wie es von der OECD seit einiger Zeit thematisiert wird.[31] Im deutschsprachigen Raum findet man den Begriff der Ökologisch-sozialen Marktwirtschaft. Eine derartige Ökonomie befördert ein inklusives Wachstum – ein Wachstum, von dem insbesondere diejenigen profitieren, die heute wenig haben. Eine unmittelbare Folge wird sein, dass sich die Einkommensungleichheit verringert. Hinzu kommen muss eine weitere Dimension: Aus ökologischen Gründen muss alles daran gesetzt werden, dass das zukünftige Wachstum innerhalb der planetarischen Grenzen, die z. B. in Form begrenzter Ressourcenvorräte, verkraftbarer CO_2-Emissionen oder auch verfügbarer Böden gegeben sind, erfolgt. Möglich sein wird dies nur mit einer massiv erhöhten Ressourcenproduktivität, einem neuen Energiesystem und klaren Restriktionen z. B. hinsichtlich des Flächenverbrauchs.

Die Idee einer grünen und inklusiven Ökonomie sollte sich heute auch in einer Erweiterung des Gesetzes zur Förderung der Stabilität und des Wachstums der Wirtschaft (StabG), dem sog. „Magischen Viereck der Wirtschaftspolitik" widerspiegeln, das seit 50 Jahren unverändert aus den vier Größen „Preisniveaustabili-

---

[31] Vgl. OECD: Innovation Policies for Inclusive Growth, 2015, in: http://www.oecd-ilibrary.org/science-and-technology/innovation-policies-for-inclusive-growth_9789264229488-en (zuletzt abgerufen am: 06.01.2017).

tät", „hoher Beschäftigungsgrad", „außenwirtschaftliches Gleichgewicht" sowie „angemessenes und stetiges Wirtschaftswachstum" besteht. In einer Zeit, in der die größten weltweiten Risiken sozialer oder ökologischer Natur sind, und an vielen Stellen die gesellschaftliche und wirtschaftliche Stabilität auf dem Spiel steht, sollte ernsthaft darüber nachgedacht werden, das Stabilitätsgesetz um zwei Parameter zu ergänzen, die die soziale und die ökologische Dimension der Nachhaltigkeit reflektieren. Zu denken ist beispielsweise an ein balanciertes Niveau der Einkommensungleichheit und an strikten Umwelt-, Klima- und Ressourcenschutz.

Der Begriff der Nachhaltigkeit wird an vielen Stellen leider missbräuchlich und irreführend verwendet. Im Kontext der Auseinandersetzung mit Einkommens- und Vermögensungleichheit fällt er hingegen eher selten. Wenn es gelungen ist, mit diesem Beitrag zu verdeutlichen, dass Verteilungsfragen einen vielfach bedeutenden Aspekt einer nachhaltigen Entwicklung darstellen, so wäre sein Zweck erfüllt.

Profitmaximierung oder Gemeinwohlmehrung

Interne und externe Motive des Umdenkens

Max W. Römer

1 Ökonomische Vermessung der Welt

Dreht man die Zeit um 1 000 Jahre zurück und stellt sich der Aufgabe, die Welt ökonomisch zu vermessen, so ergäbe sich ein übersichtliches Bild:
Asien würde ca. 70 % des Wirtschaftsgeschehens repräsentieren, Indien allein 27 % und China ca. 22 %, während auf Afrika 11 %, auf Europa 9 % und auf die USA, Kanada, Australien und Neuseeland zusammen 0,6 % entfallen (Abb. 1).[1]

Seit dem Jahr 1000 ist das Volumen aller weltweit produzierten Güter und Dienstleistungen bis 2015 um das ca. 606-fache gewachsen.

Analysiert man die Entwicklung der Weltwirtschaft in den Jahren 1970 bis 2014, so zeigt sich, dass das Weltbruttoinlandsprodukt (BIP) in dieser Zeit von 3,4 Trillionen US-Dollar auf 77,5 Trillionen US-Dollar mit einem Faktor von 22 gewachsen ist (Abb. 2).[2] Im etwa gleichen Takt hat die Wirtschaft in den ökonomisch entwickelten Staaten mit einem Faktor von 19 zugelegt. Ein überproportionales Wachstum zeigten die Schwellen- und Entwicklungsländer, die sich im Zeitraum von 44 Jahren von 0,58 Trillionen US-Dollar auf 29,2 Trillionen US-Dollar in ihrer Wirtschaftsleistung um das 50-fache gesteigert haben. Das geringste Wachstum haben in dieser Zeit die Länder Süd- und Osteuropas sowie die Gemeinschaft der unabhängigen Staaten (GUS) gezeigt, deren Wirtschaftsleistung von 0,45 Trillionen US-Dollar auf lediglich 2,6 Trillionen US-Dollar mit einem Faktor von 5,8 gewachsen ist.

---

[1] Angus Maddison: Historical Statistics of the World Economy, März 2013, in: Spiegel Online, vom 13. April 2014.
[2] United Nations Conference on Trade and Development (UNCTAD): Online-Datenbank: UNCTADstat (Stand: Juni 2016).

Abbildung 1 Die größten Volkswirtschaften seit dem Jahre 1

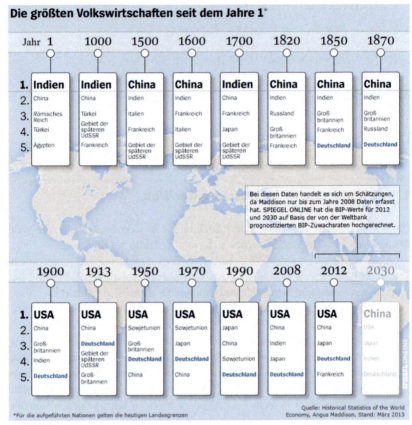

Quelle: Angus Maddison: Historical Statistics of the World Economy, März 2013, in: Spiegel Online, vom 13. April 2014.

Profitmaximierung oder Gemeinwohlmehrung 53

Abbildung 2 Ökonomische Vermessung der Welt seit 1970

BIP, in Mrd. US-Dollar	1970	1980	1990	2000	2005	2010	2011	2012	2013	2014[1]
Welt	3.402	12.283	22.900	33.256	47.203	65.430	72.443	73.699	75.641	77.451
ökonomisch entwickelte Staaten	2.369	8.544	18.046	25.687	34.989	41.829	44.819	44.519	44.835	45.627
ökon. sich entwickelnde Staaten	583	2.727	4.004	7.194	11.156	21.492	25.018	26.420	27.903	29.206
Süd-Osteuropa und GUS[2]	450	1.012	850	375	1.059	2.109	2.606	2.761	2.902	2.617

[1] Vorausberechnung
[2] GUS - Gemeinschaft unabhängiger Staaten

Quelle: United Nations Conference on Trade and Development (UNCTAD): Online-Datenbank: UNCTADstat (Stand: Juni 2016).

Abbildung 3 Ökonomische Vermessung der Welt 2016

World GDP 2016 - $75.2 trillion

	No. of FB*	GDP ($ trillion)	% of world GDP
EU 28	184	17.1	22.7%
USA	126	18.6	24.7%
EU 28 + CH + N	206	19.7	26.2%
USA + Canada + Mexico	153	21.2	28.2%
China	16	11.4	15.2%
Japan	8	4.7	6.3%
India	20	2.3	3.1%
Brazil	14	1.8	2.4%
South Korea	8	1.4	1.9%
Russia	12	1.3	1.7%

(EU 28 + CH + N and USA + Canada + Mexico: 71.8% of No. of FB; 54.4% of % of world GDP)

* Number of Family Businesses among the 500 largest Family Businesses in the world

Quelle: Center for Family Business an der Universität St. Gallen in Zusammenarbeit mit dem EY Global Family Business Center of Excellence; IMF World Economic Outlook Database October 2016

Die nachfolgende Analyse vergleicht die Leistungskraft verschiedener Nationen und Wirtschaftsgemeinschaften mit der Anzahl der dort tätigen Familienunternehmen, die zu dem Kreis der 500 größten Familienunternehmen der Welt gezählt werden (Abb. 3).[3]

Es zeigt sich eine deutliche Korrelation: In den Ländern und Wirtschaftsregionen, die 54,4 % des Weltbruttosozialprodukts erwirtschaften, sind gleichzeitig 71,8 % der größten 500 Familienunternehmen zu Hause. Analysiert man nun dieses „zu Hause" unter dem Vergrößerungsglas des Korruptionswahrnehmungsindexes (Abb. 4), der von Transparency International jährlich für die Länder dieser Welt erstellt wird, erkennt man, dass Kanada, die Vereinigten Staaten von Amerika und Europa neben Japan, Australien, Chile und Uruguay die Länder und Regionen mit dem niedrigsten Korruptionswahrnehmungsindex repräsentieren.[4]

Ein ähnliches Bild zeigt der Global Peace Index 2017 (Abb. 5), wonach eine Relation zwischen den eher friedfertigen Nationen und Regionen und der Möglichkeit einer positiven wirtschaftlichen Entwicklung in diesen Ländern besteht.[5]

Seit 1945 hat es weltweit insgesamt 72 zwischenstaatliche Unabhängigkeits- oder Bürgerkriege sowie gewaltsame politische, ethnische, religiöse und regionale Auseinandersetzungen gegeben. In ihren Ländern sind davon die USA und Kanada gänzlich verschont geblieben. In Europa gab es acht Konflikte, im Nahen Osten und Afrika 33, in Asien 15 und in Mittel- und Zentralamerika 16 bewaffnete Auseinandersetzungen, die sich teilweise über Jahre hingezogen haben.[6]

Es liegt auf der Hand, dass kriegerische Auseinandersetzungen die wirtschaftliche Entwicklung eines Landes oder einer Region nicht nur stark behindern, sondern auch nahezu zerstören können. Die Zahlen für das Jahr 2014 zeigen für Militärausgaben und Sicherheitsvorkehrungen einen Betrag von 4,3 Trillionen US-Dollar sowie durch Krieg und Gewalt veranlasste Kosten in Höhen von 2,8 Trillionen US-Dollar.[7] Die für Konfliktvorbeugung, -durchführung und -bewältigung aufgewendete Summe von insgesamt 7,1 Trillionen US-Dollar beziffert auch den Betrag, der nicht zur Gemeinwohlmehrung eingesetzt werden kann. Zudem zeigt er, dass Krieg und Gewaltanwendung in der Geschichte der Menschheit eine Nachhaltigkeit im negativen Sinn entwickelt haben.

---

3 International Monetary Fund: World Economic Outlook Database (Stand: Oktober 2016)
4 Transparency International e. V., Berlin: Corruption Perceptions Index 2016.
5 Institute for Economics & Peace: Global Peace Index 2017.
6 Bergmoser + Höller Verlag AG, Zahlenbild 621070, Kriege und Konflikte seit 1945; Quelle: AKUF, HIIK, COW, Ploughshares, ICG, Stand 4/2014
7 Global economic impact of violence in 2014 – infographic, p64 in 2015 Global.

Abbildung 4 Korruptionswahrnehmungsindex 2016

CORRUPTION PERCEPTIONS INDEX 2016

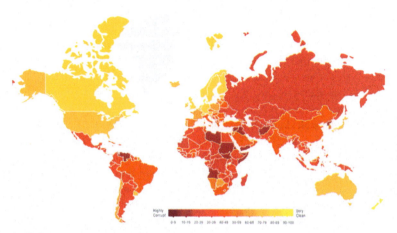

Quelle: Transparency International e.V., Berlin

Abbildung 5 Global Peace Index 2017

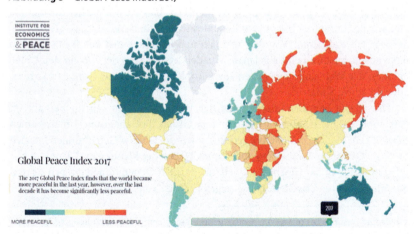

Quelle: Institute for Economics & Peace: Global Peace Index 2017

2 Nachhaltigkeit von Geschäftsmodellen

Auf der Suche nach Geschäftsmodellen, die über Jahrhunderte mit ihrer Nachhaltigkeit zur Gemeinwohlmehrung beitragen konnten, wird man in der über 3 000 Jahre bestehenden Hochkultur der ägyptischen Pharaonen fündig. Trotz der Abwesenheit einer regulierenden Währung funktionierte die Wirtschaft mit einem einfachen Tauschsystem. Die Nachhaltigkeit dieses Systems wurde dadurch sichergestellt, dass die Tauschenden immer auf die Gleichwertigkeit der getauschten Waren achten, d. h. diese den jeweils annähernd gleichen Nutzen stiften mussten. Stellten die Menschen fest, dass sie bei einem oder mehreren Tauschgeschäften einen geringeren Nutzen empfangen als sie hergegeben hatten, sank die Wahrscheinlichkeit dramatisch, dass ein weiterer Tausch mit dem jeweiligen Geschäftspartner zustande kommen würde. Dieser Grundsatz gilt auch noch in der heutigen Wirtschaft. Bei dem Kauf eines konkreten Gutes des täglichen Lebens wie Lebensmittel und Kleidung ist es dem Käufer durch den Vergleich von Preis und Qualität jederzeit möglich, den Nutzen richtig einzuschätzen, den ihm das gekaufte Gut verschafft. Komplizierter wird es bei den abstrakten Produkten, die in den letzten Jahrzehnten insbesondere von der Finanzwelt als Güter angeboten wurden.

Ein positives Beispiel für nachhaltige Geschäftsmodelle liefern Familienunternehmen, die es über Jahrtausende geschafft haben, die an sie herangetragenen Herausforderungen in Form von Regierungskrisen, Kriegen, Naturkatastrophen oder korrupten Geschäftspartnern zu meistern. Das Auswahlkriterium für die Statistik der hundert ältesten Familienunternehmen der Welt ist, dass sie mindestens 235 Jahre alt sind.[8] Von den zehn ältesten Unternehmen der Welt stammen neun aus Europa und eins aus Japan. Von den letzten zehn der 100 ältesten Unternehmen der Welt stammen sieben aus Europa und je eins aus Nord- und Mittelamerika sowie Südafrika.

Das älteste Familienunternehmen der Welt war bis zu seinem Verkauf im Jahr 2006 an die Takamatsu Construction Group das japanische Unternehmen KONGO GUMI, das im Jahr 578 gegründet wurde. Über 51 Generationen hat sich KONGO GUMI als Tempelbauer behauptet. Neben der Planung und dem Bau von Tempeln hat man das Geschäftsmodell im Laufe der Generationen um private und öffentliche Bauten erweitert. Diese zeigen in ihrer Konstruktion architektonische

---

[8] Family Business Magazine, The world's oldest family companies, One hundred lessons in endurance from 17 countries, 01.10.2015 (Leah Kristie served as a student intern at Family Business in summer 2007. We extend special thanks to Professor William T. O'Hara, founder and executive director of Bryant College's Institute for Family Enterprise in Smithfield, R.I., and his associate Peter Mandel, who conducted the research for our earlier list with support from John Gunasti).

Profitmaximierung oder Gemeinwohlmehrung

Abbildung 6 Nachhaltigkeit von Geschäftsmodellen

▸ Verteilung der 100 ältesten Unternehmen der Welt

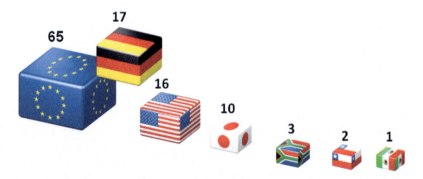

Quelle: Family Business Magazine, The world's oldest family companies, One hundred lessons in endurance from 17 countries, 01.10.2015

Zitate von Tempeln wie z. B. geschwungene Dachlinien. Die kontinuierliche und damit sehr nachhaltige Entwicklung des Unternehmens setzt sich auch mit dem neuen Eigentümer fort und u. a. dadurch begünstigt, dass seine „Produkte" auch nach hunderten von Jahren als Gebäude präsent und sichtbar sind und damit Zeugnis von einer mittlerweile über 1 400 jährigen Unternehmensgeschichte geben.

Seit der Übernahme von KONGO GUMI steht das im Jahr 718 gegründete japanische Heilquellenbad HOSHI ONSEN in Komatsu, Präfektur Ishikawa, an erster Stelle auf der Liste der 100 ältesten Familienunternehmen.

Die große Mehrheit der 100 ältesten Familienunternehmen der Welt hat sich im Laufe der Jahrhunderte in Europa angesiedelt und dort ein Umfeld gefunden, in dem sie sich über Generationen nachhaltig entwickeln konnten.

3   Exogene Risikofaktoren und Management

Schon immer waren und sind Unternehmer und Unternehmen zu allen Zeiten exogenen Risikofaktoren ausgesetzt, die in folgender Form erscheinen können:

- Kriege
- Terrorismus

- Klimawandel
- Konjunkturzyklus
- Disruptive Geschäftsmodelle
- Währungspolitik
- Regierungswechsel
- Pandemien
- Wirtschaftskrisen
- Digitale Spionage

Allen diesen exogenen Risikofaktoren gemein ist, dass sie vom einzelnen Unternehmer/Manager kaum beeinflussbar sind. Gleichwohl sind Strategien zu ihrer Bewältigung unerlässlich. Dabei kommt der Auswahl des Risikoprofils für das eigene Handeln eine große Bedeutung zu.

Die Risikoprofile (Abb. 7)[9] sind wenig ermutigend für unternehmerisches Handeln, da sie langfristig zu geringe Entwicklungschancen oder zu hohe Risiken für ein Scheitern beinhalten (Abb. 8).[10]

Der Wunsch, ein Unternehmen solide und nachhaltig zu entwickeln, ist besonders tief in der DNA von Familienunternehmern verankert. Um dies zu ermöglichen, bedarf es einer Strategie, mit der solides Wachstum behutsam und kontinuierlich gewährleistet werden kann. Dies beinhaltet eine systematische Absicherung des Wachstumspfades durch unternehmensinterne verlässliche Planungsstrukturen und Kontrollprozesse. Diese sollten eine wirksame Steuerung und – wo notwendig – eine Beschleunigung oder Verlangsamung von Wachstumsprozessen sicherstellen können. Geeignete Strukturen und Prozesse verbinden regelmäßig Erfahrungswissen und innovatives Know-how und dienen somit als wertvoller Impulsgeber für das Wachstum des Unternehmens.

Die Physik definiert den meta-stabilen Zustand als stabil gegen kleine Änderungen, aber instabil gegenüber größeren Änderungen.[11] Sobald aber größere Änderungen in Form von Technologiesprüngen oder andere exogene Risikofaktoren die nachhaltige Entwicklung eines Unternehmens herausfordern, beweisen die Häuser, die auf stabile und nachhaltige Strukturen und Prozesse zurückgreifen können, die besseren Abwehr- und Erholungsmechanismen (Abb. 9).[12]

---

9 Knut Hüller „Des Bäckers umwerfende Theorie vom Gleichgewicht" 09.04.2009 in: exit-online.org, Redaktion EXIT!, Berlin
10 Andrea Norris: Stability & Movement, 2017 SlidePlayer.com Inc. (free download)
11 CHEMIE.DE Information Service GmbH, Berlin
12 Ran Ginosar, Technion – Israel Institute of Technology: Metastability and Synchronizers, A Tutorial, Issue No. 05 – September/October (2011 vol. 28).

Abbildung 7 Risikoprofile unternehmerischen Handelns

Exogene Risikofaktoren & Management

- Manager können exogene Risikofaktoren kaum beeinflussen
- Strategien zu deren Bewältigung sind unerlässlich.

Stabilität = geringes Risiko = nachhaltig niedriges Risikoprofil

Instabilität = hohes Risiko = unsicheres hohes Risikoprofil

Neutralität = geringe Dynamik = reine Überlebensstrategie

Quelle: Knut Hüller „Des Bäckers umwerfende Theorie vom Gleichgewicht" 09.04.2009 in: exit-online.org, Redaktion EXIT!, Berlin

Abbildung 8 Gleichgewichte

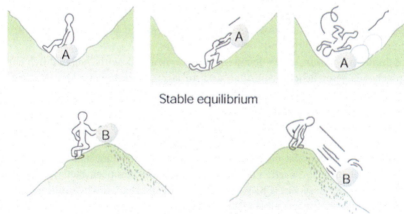

Quelle: Andrea Norris: Stability & Movement, 2017 SlidePlayer.com Inc. (free download)

Abbildung 9 META-Stabilität

META-Stabilität – Steigende Wertschöpfung bei stabilem Risikoschutz

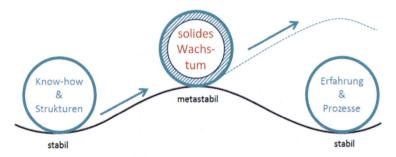

Quelle: Ran Ginosar, Technion – Israel Institute of Technology: Metastability and Synchronizers, A Tutorial, Issue No. 05 – September/October (2011 vol. 28).

4 Environmental, Social, Governance. ESG als Wettbewerbsvorteil

In nachhaltig geführten Unternehmen sind ESG-Standards zu einem unerlässlichen Bestandteil geworden. Sie schützen das Unternehmen, Management und Belegschaft, schaffen Transparenz, bilden Vertrauen bei Kunden und Stakeholdern und stärken Kultur und Unternehmenswert.

Umweltstandards sind in den meisten modernen Volkswirtschaften durch entsprechende gesetzliche Vorschriften und Auflagen wirksam verankert. Nachhaltiges Wirtschaften von international tätigen Konzernen erkennt man daran, dass diese in ihren internationalen Produktionsstätten, die vielfach auch in Schwellen- und Entwicklungsländern angesiedelt sind, die gleichen Umwelt und Ressourcen schonenden Produktionsmethoden einsetzen wie in ihren Stammbetrieben. Ein gutes Beispiel geben hier die international tätigen Entwicklungsbanken, die International Finance Corporation (IFC), Washington, die European Bank for Reconstruction & Development (EBRD), London, sowie die Deutsche Investitions- und Entwicklungsgesellschaft mbH (DEG), Köln, die für die von ihnen mitfinanzierten Produktionsstätten in Schwellen- und Entwicklungsländern grundsätzlich Umweltgutachten verlangen, mit denen umweltgerechtes Verhalten sichergestellt bzw. vorgeschrieben werden soll.

Soziale Standards definieren den Schirm, unter dem alle Mitarbeiterinnen und Mitarbeiter würdevollen Respekt finden sollten, ebenso wie den Schutz ihrer Gesundheit, die Regeln der Kommunikation, die Chancen der Fortbildung, die Mo-

Abbildung 10 Wettbewerbsvorteil: Ressourcen & Nachhaltigkeit

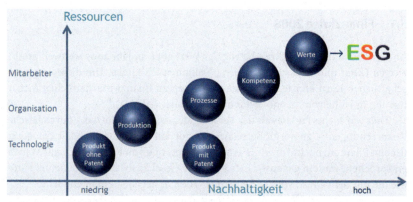

Quelle: Eigene Darstellung in Anlehnung an: Hermann Simon: Hidden Champions, Frankfurt a. M. 2012.

tivation für Verbesserungsmaßnahmen sowie die Verantwortung gegenüber Kunden und der Gesellschaft.

Governance Standards definieren Grundsätze und Leitlinien guter Betriebsführung ebenso wie das Regelwerk für Betriebsrat, Anteilseigner und Management. Sie sichern transparente und verlässliche Managementsysteme. Die kontinuierliche Weiterentwicklung von ESG-Standards leistet einen wichtigen Beitrag zur Wert- und Werteentwicklung eines Unternehmens (Abb. 10).[13]

Das Vorhandensein und das jeweilige Niveau von ESG-Standards entwickeln sich für mehr und mehr internationale Investoren und Unternehmen zu einem Kriterium, nach dem entschieden wird, ob mit dem betreffenden Unternehmen eine Geschäftsbeziehung eingegangen werden kann. Für vorbildliches Handeln steht hier die niederländische Rabobank-Gruppe, die bereits im Jahr 2004 beschlossen hat, nur mit solchen Kunden eine Geschäftsbeziehung einzugehen, die den Prinzipien nachhaltigen Wirtschaftens folgen. Für die Private Equity Industrie wurde das *Robeco Sustainable Private Equity Program*[14] aufgelegt. Stark steigend ist auch die Anzahl der Unternehmen, die sich verpflichten, dem *PRI Reporting Framework – Principles for Responsible Investment*[15] der Vereinten Nationen UN PRI zu folgen und diese auch freiwillig einmal pro Geschäftsjahr überprüfen zu lassen.

---

13 Hermann Simon: Hidden Champions, Campus Verlag, Frankfurt a. M. 2012.
14 Robeco, Rotterdam – www.robeco.com.
15 PRI Association, London – www.unpri.org.

5 Schadenspotential der Gewinnmaximierung

5.1 Finanzkrise 2008

Am Vorabend der Finanzkrise betrug der Wert aller im Jahr 2007 weltweit produzierten Güter und Dienstleistungen 54 Trillionen US-Dollar. Um diesen realwirtschaftlichen Kern kreiste das elffache Volumen an finanzwirtschaftlichen Instrumenten in Höhe von ca. 600 Trillionen US-Dollar (Abb. 11).[16]

Dies war nichts anderes als der Versuch, den fassbaren Nutzen – durch falsche Versprechungen – zu vergrößern. Angewandt auf das Tauschmodell der ägyptischen Pharaonen hätte dies z. B. einer Verlängerung von Kamelmilch mit Wasser entsprochen, was ein genauso jähes Ende der Geschäftsbeziehung bedeutet hätte, wie die mit dem Crash vom 15. September 2008 besiegelten Finanzmodelle.

Mit dem bis zur Übertreibung gehegten Wunsch nach Gewinnmaximierung steigt auch das Schadenspotential für das jeweilige Unternehmen. Die Schadenswahrscheinlichkeit steigt immer dann, wenn ein Unternehmen ein Leistungsversprechen abgibt, das nicht eingehalten werden kann. Das Gleiche gilt, wenn der Kunde oder eine Aufsichts-/Regulierungsstelle erkennen, dass sich Unternehmen eigennützig – das Prinzip der Gewinnmaximierung um jeden Preis verfolgend – Vorteile verschaffen, die zum Nachteil und Schaden des Kunden gereichen.

5.2 Deutsche Bank

Mit den von der Deutschen Bank gemachten Versprechungen aus den Jahren 1960 „Wünsche werden Wirklichkeit", 1980 „Wir machen mehr aus Ihrem Geld" und 1995 „Vertrauen ist der Anfang von Allem" schienen sowohl Bank und Kunden zufrieden zu sein, weil Leistung und Gegenleistung auf beiden Seiten als ausgewogen akzeptiert wurden. Mit dem 2003 eingeführten Werbeslogan „Leistung aus Leidenschaft" trat jedoch zunehmend die Frage in den Vordergrund, welche Leidenschaft zu welchem Zweck von der Bank eingesetzt wurde. War die Leidenschaft der kurzlebigen Investmentbankgeschäfte gemeint? War es die Leidenschaft der Handelsabteilungen, die umsatzbezogene Boni für den Vertrieb zweifelhafter Produkte bezogen? Sollte die Leidenschaft der Kunden gemeint sein oder geweckt werden, die sich aus komplizierten strukturierten Finanzprodukten kurzfristige Gewinne erwarteten? Oder trafen sich alle vorgenannten Leidenschaften zu einer unheilvollen Liaison? Unzweifelhaft ist, dass sich sowohl die Deutsche Bank als auch ihre hoffnungsvollen Kunden systematisch in eine Schicksalsgemeinschaft

---

16 Beat Balzli u. a.: Der Offenbarungseid, in: Der Spiegel vom 29. September 2008.

Profitmaximierung oder Gemeinwohlmehrung 63

Abbildung 11 Finanzkrise 2008

Quelle: Beat Balzli u. a.: Der Offenbarungseid, in: Der Spiegel vom 29. September 2008

begeben haben, die bereit war, ein sehr hohes Risiko in Kauf zu nehmen, das ausschließlich dem Zweck der kurzfristigen Gewinnmaximierung dienen sollte. Das Ergebnis ist bekannt. Nach rechtlicher und wirtschaftlicher Aufarbeitung der Finanzkrise und ihrer Folgen hat die Deutsche Bank in den Jahren 2012 bis 2016 Rechtskosten in Form von Strafgeldern, Kompensationen und Schadensersatz in Höhe von bisher € 14,8 Milliarden[17] leisten müssen. Dieser immense Schaden ist letztlich der Preis dafür, dass die Bank ihr Leistungsversprechen zum eigenen Vorteil und zum Schaden des Kunden ausgenutzt hat. Die oft vorgebrachte Entschuldigung, dass der Kunde schließlich eingewilligt habe, darf nicht gelten: Schließlich hat die Bank immer einen Wissensvorsprung bezüglich der Risiken und Chancen, die sie verspricht, während der Kunde seinen diesbezüglichen Wissensrückstand mit dem Vertrauen kompensiert, das er in das vermeintlich verantwortungsvolle Handeln der Bank setzt. Genau das erwartet doch die Bank auch von ihrem Kunden, wenn sie diesem den Slogan von 1995 zuruft „Vertrauen ist der Anfang von Allem".

Auf ihrem seit 2016 eingeschlagenen tiefgreifenden Restrukturierungskurs scheint sich die Bank wieder an die Worte ihres 1989 von der Roten Armee Fraktion (RAF) ermordeten Vorstandsvorsitzenden Alfred Herrhausen zu erinnern: „Wir müssen das, was wir denken, sagen. Wir müssen das, was wir sagen, tun. Wir müssen das, was wir tun, dann auch sein."[18]

5.3 Textilfabrik Bangladesch

Der größte Unfall in der Geschichte der Textilindustrie war der Einsturz der Textilfabrik Rana-Plaza in Bangladesch, bei dem 1 138 Menschen getötet und etwa 2 500 verletzt wurden (Abb. 12).[19] Die Analyse dieser Katastrophe zeigt, dass verantwortungsloses Handeln auf unterschiedlichen Ebenen in den Dienst der Gewinnmaximierung gestellt wurde. Der Eigentümer des Rana-Plaza Komplexes hatte das ursprünglich als fünfstöckiges Gebäude genehmigte Haus um drei wei-

---

17 Vgl. Michael Maisch, Daniel Schäfer, Rettungsplan für die Deutsche Bank, John Cryan und die Operation „Eichenbaum" Handelsblatt, 10. März 2017.
18 Harald Freiberger: Alfred Herrhausen. Der gute Mensch aus dem Bankenturm, in: Süddeutsche Zeitung vom 17. Mai 2010.
19 Spiegel Online, Gedenken an Fabrikeinsturz in Bangladesch Die lebensgefährliche Schufterei der Textilarbeiter, nck/AFP/dpa, 23. April 2015. – „Beim Einsturz des Rana-Plaza-Komplexes am 24. April 2013 waren 1 138 Textilarbeiter ums Leben gekommen. Ermittlungen zufolge stürzte das Gebäude unter dem Gewicht illegal errichteter Stockwerke und schwerer Maschinen ein. Zahlreiche westliche Firmen hatten dort Kleider nähen lassen. Sie versprachen nach dem Unglück, nicht nur die Entlohnung, sondern auch die Arbeitsbedingungen zu verbessern."

Abbildung 12 Schadenspotential der Gewinnmaximierung

Einsturz einer Textilfabrik in Bangladesch

▸ Katastrophe durch mangelnde Bauaufsicht

Quelle: Spiegel Online: Fabrikeinsturz in Bangladesch Rettungskräfte befreien Überlebende aus Trümmern, fotostrecke-96547-4, 10. Mai 2013.

tere Stockwerke erhöht und es an Textilfabriken vermietet. Eine solche Missachtung der Bauvorschriften ist mutmaßlich nur möglich, wenn die entsprechenden Verantwortlichen bei der Bauaufsichtsbehörde materiell beeinflusst werden, um Genehmigungen zu erteilen, die nicht dem in vielen Schwellen- und Entwicklungsländern ohnehin schmalen Gesetzesrahmen entsprechen.

Eine weitere Verfehlung im Sinne der Gewinnmaximierung liegt bei den Pächtern des Gebäudes, die unter Verzicht auf die Einhaltung von baulichen Mindeststandards ihre Textilfabriken darin betreiben. Auch bei der Erteilung der für das Betreiben eines Textilbetriebes notwendigen Genehmigungen muss die verantwortliche Behörde durch entsprechende Beeinflussung „ausgeschaltet" worden sein, da ansonsten keine Betriebserlaubnis hätte erteilt werden dürfen. Schließlich trifft die Kunden, zu denen u. a. Mango, Primark, H&M, C&A, KIK und Benetton zählten, eine Mitverantwortung. Bei diesen international bekannten und weltweit tätigen Häusern muss vorausgesetzt werden, dass ihnen die arbeitsrechtlichen und sicherheitstechnischen Standards bekannt sind, mit denen eine Textilproduktion zuverlässig betrieben werden kann. Das jeweilige Management dieser internationalen Häuser hat dem Prinzip der Gewinnmaximierung folgend die Minderwertigkeit der Bausubstanz und das Fehlen der erforderlichen Sicherheitsstandards billigend in Kauf genommen.

Angesichts dieser Katastrophe und der damit einhergehenden öffentlichen Diskussion haben sich Mango, Primark, H&M, C&A, KIK und Benetton dazu entschlossen, einen Hilfsfond für die Opfer und deren Angehörige einzurichten, der mit einem Betrag von über $ 30 Millionen für Entschädigungszahlungen zur Verfügung steht. Wäre dieses Geld vor Auftragsvergabe in Maßnahmen investiert worden, um ein Mindestmaß an Sicherheits- und Sozialstandards zu gewährleisten, hätte man allen Beteiligten einen wertvollen Dienst erwiesen.

Zwei Jahre nach dem Einsturz des Rana-Plaza meldet Spiegel Online am 23.04.2015[20], dass von den ca. 4 500 in Bangladesch tätigen Textilfabriken nur ca. 1 500 in einem akzeptablen Zustand seien. Gleichzeitig meldet die Hilfsorganisation Oxfam, Deutschland: „Gesundheit und Sicherheit der Arbeiter und Arbeiterinnen sind immer noch gefährdet, und sie müssen weiterhin 12-Stunden-Schichten für einen Hungerlohn leisten."[21]

Die nur schleppend voranschreitende Verbesserung der Arbeitsbedingungen in Bangladesch zeigt die Behäbigkeit, mit der die nationale Seite, aber auch die internationalen Auftraggeber eine Anhebung der Standards auf das in Industrieländern schon vorbildlich eingehaltene und gesetzlich verankerte Niveau nur in kleinen Schritten vollziehen.

5.4 VW-Abgasskandal

ESG Standards können nur dann ihre regulierende und kontrollierende Wirkung entfalten, wenn sie als Teil einer Unternehmensethik formuliert und gelebt werden. Die „charakterlich – sittliche Gesamthaltung" – gemäß der engen wörtlichen Übersetzung des griechischen Begriffs „ēthos"[22] – sollte für alle Handlungen des Unternehmens/Unternehmers verbindlich definiert werden. Ein solches System wird die Erwirtschaftung von angemessenen Gewinnen bei gleichzeitiger Respektierung des Gemeinwohls innerhalb und außerhalb des Unternehmens gleichermaßen zulassen und Ungleichgewichte durch Messen mit zweierlei Maß ausschließen.

Bei der Definition des sittlichen Verständnisses – der Unternehmensethik – bildet die transparente Kommunikation ein wichtiges Kernstück. Dementsprechend hoch ist das Schadenspotential von Intransparenz und Kommunikationsdefiziten innerhalb einer Organisation. Der im Jahre 2015 bekannt gewordene

---

20 Spiegel Online, Gedenken an Fabrikeinsturz in Bangladesch Die lebensgefährliche Schufterei der Textilarbeiter, nck/AFP/dpa, 23. April 2015.
21 Ebd.
22 Lateinisch und Griechisch im deutschen Wortschatz, 3. Aufl., Volk und Wissen, Volkseigener Verlag, Berlin 1982, Überarbeitung und Neuentwicklung: Otto Wittstock, S. 28

Abbildung 13 Schadenspotential der Gewinnmaximierung

▶ Milliardenschaden durch Hybris

VW Abgasskandal

Manipulierte Dieselautos von Volkswagen wurden womöglich jahrelang zu gering besteuert, weil sie Schadstoffarmut vorgaukelten.[23a] Auch der Zulieferer Bosch soll jahrelang gewusst haben, dass seine Software für geschönte Ergebnisse eingesetzt wurde.[23b]

Der in Miami verhaftete Mitarbeiter muss wegen der Abgasaffäre mit einer lebenslangen Gefängnisstrafe rechnen. Eine Freilassung auf Kaution lehnte das Gericht ab.[23c]

Selbstdemontage
Der Abgasskandal und der Kurs der VW-Aktie

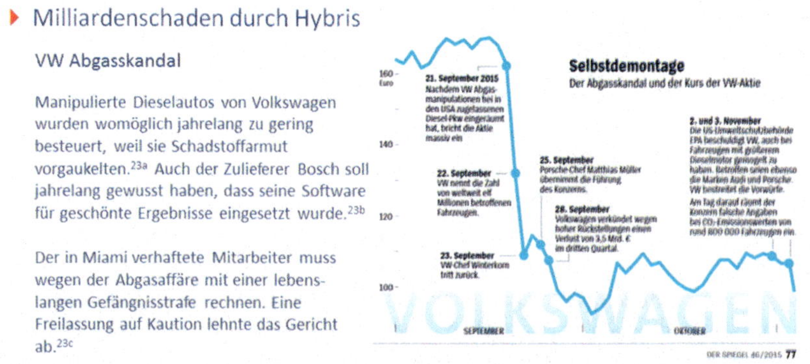

Quelle: 23) Der Spiegel, Nr. 46, 2015, S. 77, Täter und Komplizen, Gude, Hawranek, Traufetter, Wüst; 23a) ZEIT ONLINE, 09.10.2015, Schummeln statt Steuern, Stefan Kreitewolf; 23b) ZEIT ONLINE, 06.10.2016, Staatsanwaltschaft ermittelt gegen Aufsichtsratschef, dpa, haw; 23c) ZEIT ONLINE, 13.01.2017 Reuters, dpa, mp

VW Abgasskandal liefert hierfür ein dramatisches Beispiel (siehe Abb. 13).[23] Eine Gruppe verantwortlicher Ingenieure und Kaufleute konnte vermeintlich unbehelligt an einem systematisch angelegten Betrug gegenüber den Aufsichtsbehörden einerseits und den Kunden andererseits arbeiten. Sie bildete innerhalb des Unternehmens eine kommunikationsdichte Aktionskapsel, die sich der unternehmensinternen und -externen wirtschaftlichen Kontrolle über Jahre erfolgreich entzogen hat. Während dieser Zeit muss sich das Selbstverständnis und das Selbstvertrauen der gegen das Gesetz handelnden Akteure bis zur Hybris gesteigert haben. Deren „intelligent" angelegte und als Schummeleien verharmloste kriminellen Handlungen schienen die Überzeugung zu nähren, für immer unentdeckt zu bleiben. So konnten sie sich scheinbar ungestört in den Dienst der Gewinnmaximierung stellen, die gesetzlichen Auflagen wirksam umgehen und gegenüber dem Kunden einen Nutzen versprechen, von dem sie wussten, dass er nicht vorhanden war.

Der Preis für dieses Fehlverhalten wird VW 1,5 Jahre nach Entdeckung der Manipulation Schätzungen zufolge jetzt schon ca. € 20 Milliarden kosten.[24] Eine

---

23 Der Spiegel, Nr. 46, 2015, S. 77, Täter und Komplizen, Gude, Hawranek, Traufetter, Wüst; a) ZEIT ONLINE, 09.10.2015, Schummeln statt Steuern, Stefan Kreitewolf; b) ZEIT ONLINE, 06.10.2016, Staatsanwaltschaft ermittelt gegen Aufsichtsratschef, dpa, haw; c) ZEIT ONLINE, 13.01.2017 Reuters, dpa, mp.

24 Handelsblatt online, 12.01.2017, Dieselskandal in USA, VW-Gremien sollen Milliardenvergleich zugestimmt haben, Reuters, Berlin

wirksam implementierte und gelebte Kultur von Transparenz und Kommunikation, die auch dazu ermuntert, freimütig Fehlentwicklungen zu kommunizieren, ohne dabei unternehmensintern als „Geschäftsverhinderer" abgestempelt zu werden, hätte die Bildung und Duldung einer kriminellen Gemeinschaft innerhalb des Unternehmens verhindern können. Zudem hätte die unternehmensweite Vermittlung eines verbindlichen sittlichen Verständnisses für alle Handlungen und Tätigkeiten die Wahrscheinlichkeit der Bildung eines Unrechtsbewusstseins bei den kriminell handelnden Personen erhöht.

Unternehmerisches Handeln kann von unangenehmen Wahrheiten wie Fehlverhalten, Miss-Kommunikation, falschen Vorgaben, Selbstüberschätzung, fehlgeleiteter Motivation, Intransparenz und kriminellen Handlungen aus hehren oder niederträchtigen Beweggründen überrascht werden. Eine Kultur, in der das Aufspüren und Sagen der Wahrheit einen hohen Stellenwert hat begegnet dieser Gefahr. Die Wahrheit hilft immer, Probleme rechtzeitig zu identifizieren und schafft somit die Möglichkeit, Strategien zu entwickeln, die Probleme rechtzeitig und wirksam lösen und beseitigen können.

Vergegenwärtigt man sich die umfassende Übersetzung für den lateinischen Begriff „vēritās", so wird seine Bedeutung für eine wahrhaftige Unternehmenskultur noch klarer: vēritās = Wahrheit, Wirklichkeit, Aufrichtigkeit, Offenheit, Rechtlichkeit, Unparteilichkeit.[25]

6   Gewinnmaximierung vs. Gemeinwohl

Recherchiert man zu diesem Thema, dann findet man bei Google unter dem Begriff „Gewinnmaximierung" ca. 350 000 und unter dem Begriff „Gemeinwohl" ca. 1 180 000 Einträge. Während das Thema Gewinnmaximierung vornehmlich aus Sicht von Wirtschaftswissenschaftlern sowie deren Kritikern beleuchtet wird, haben Philosophen, Literaten, Politiker und Religionslehrer schon seit Jahrtausenden das Gemeinwohl ins Zentrum ihrer Analysen und Betrachtungen gerückt.

„Bereits im alten Ägypten wurde der ‚ungeordnete' zwischenmenschliche Umgang in den verschiedensten Lebensbereichen als negativ erfahren. Diese Erfahrung wurde im Sinne einer politischen Anthropologie aufgearbeitet und führte zu der Erkenntnis der ‚Herrschaftsangewiesenheit' des Menschen. Die Ursache für die Notwendigkeit von Herrschaft führte man schließlich auf die ‚Unvollkommen-

---

25   Der kleine Stowasser, G. Freytag Verlag, lateinisch-deutsches Schulwörterbuch, Dr. N. Petschenig, Dr. Franz Stutsch, München 1966, S. 525

heit' des Menschen zurück."²⁶ „Die souveräne, d. h. durch keine andere Macht beschränkte, Staatsgewalt stellt im alten Ägypten die Institution des Königtums dar."²⁷ Es stellt sich die Frage, welches genaue Verständnis die ägyptischen Pharaonen vom Thema Gemeinwohl hatten. War es Sinn und Zweck der Pyramiden, Zehntausende von Arbeitern und Sklaven in Lohn und Brot zu halten oder diente diese Unternehmung der persönlichen Gewinnmaximierung, durch die der Pharao sich ein Fortleben im Jenseits ermöglichen wollte?

Auch Platon und Aristoteles haben sich schon dem Thema „Gemeinwohl" gewidmet. Platon (424–348 v. Chr.) erhebt den Anspruch, dass die Philosophen genau wüssten, was dem Gemeinwohl dient und diese deshalb die Regierung stellen sollten.²⁸ Aristoteles (384–324 v. Chr.) setzt das Glück der Bürger an die erste Stelle der Ziele, die eine „Polis" (altgriechisch: Stadt, Staat, ursprünglich auch Burg)²⁹ erfüllen soll. Danach besteht das besondere Gut, des Gemeinwesens, aus der gerechten Verteilung der Pflichten sowie der ebenfalls gerechten Sicherung der Rechte seiner Bürger.³⁰ Die Verantwortung für die Formulierung, Einhaltung und Durchsetzung der dem Gemeinwohl dienenden Rechte und Pflichten wurde durch die Herrschaft (griechisch: kratós) des Staatsvolkes (griechisch: dēmos) sichergestellt. Entstanden war in der Antike die Demokratie durch den Wunsch, die Allmacht und Herrschaft einzelner zu begrenzen. Im Mittelalter definiert der dominikanische Mönch, Theologe und Philosoph Thomas von Aquin (1225–1274 n. Chr.) das „Bonum commune" als das, *„was für alle Geschöpfe gut ist und wonach alle naturgemäß streben".*³¹ Nach dem schottischen Ökonom und Philosophen Adam Smith (1723–1790 n. Chr.)³² stehen Gemeinwohl und Privatwohl allerdings in einem unzertrennlichen Zusammenhang. Dies leuchtet unmittelbar ein, da ein Individuum erst nach der Verwirklichung seines Privatwohls genügend mentale und materielle Ressourcen haben wird, um seine weiteren Kräfte in den Dienst des Gemeinwohls zu stellen. Beim Zusammenwirken von Privatwohl und Gemeinwohl erkennt man den gleichen Wirkmechanismus wie bei kommunizierenden Röhren:³³ Setzt man die dem Menschen gegebene Kraft mit 100 % an, so

---

26 Anja Berendine Kootz, Der altägyptische Staat. Untersuchung aus politikwissenschaftlicher Sicht, Wiesbaden 2006, S. 227.
27 Ebd., S. 228.
28 o. V.: Professoren als Staatsregenten. Interview mit Herbert Marcuse, in: Der Spiegel vom 21. August 1967.
29 Wörterbuch der Antike, 8. Aufl., 1976, Kröner Verlag, Stuttgart, S. 575 f.
30 Nach Oswald Schwemmer: Gemeinwohl, in: Jürgen Mittelstraß (Hrsg.): Enzyklopädie Philosophie und Wissenschaftstheorie, 2. Aufl., Bd. 3, Weimar 2008. – Artikel „Bonum commune", in: Martin Gessmann (Hrsg.): Philosophisches Wörterbuch, 23. Aufl., Stuttgart 2009.
31 Ebd.
32 Ebd.
33 https://www.mikrocontroller.net/topic/119958.

Abbildung 14 Gewinnmaximierung vs. Gemeinwohl

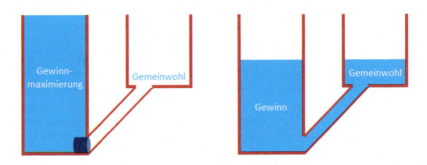

Quelle: Forum: Mikrocontroller und Digitale Elektronik, Geregelte Wasserbefüllung, 19.12.2008 in: https://www.mikrocontroller.net/topic/119958.

bestimmt das Niveau, bei dem das Individuum das Erreichen von Privatwohl für gegeben hält, die verbleibende Kraft, die für das Gemeinwohl eingesetzt werden kann. Dieser Zusammenhang lässt sich auf das Verhalten von Wirtschaftsunternehmen übertragen. Solche Unternehmen/Unternehmer, die ihr Handeln ausschließlich an dem Prinzip der Gewinnmaximierung ausrichten, werden keine Maßnahmen zulassen, die die Verfolgung dieses Ziels verhindern oder schmälern könnten. Voraussetzung hierfür ist ein hohes Maß an Egoismus und Rücksichtslosigkeit und damit die Bereitschaft zur Ausbeutung von Menschen bis hin zur Kinderarbeit und natürlichen Ressourcen bis hin zur Brandrodung. Raubtierkapitalismus findet überall dort statt, wo mangelnde gesetzliche Vorschriften und fehlendes Unrechtsbewusstsein für das eigene Tun zu finden sind. Ein Unrechtsbewusstsein kann sich aber nur dann formen, wenn in der jeweiligen Bevölkerung eines Staates, unter den Mitarbeitern eines Unternehmens und bei den Eigentümern und Investoren Einigkeit darüber besteht, welche sittlichen Werte den moralischen Rahmen für ethisches Handeln bilden.

In welchem Maße ein Unternehmen/Unternehmer seinen Beitrag zum Gemeinwohl leistet, hängt von der Bereitschaft ab, auf einen Teil des Gewinns zu Gunsten des Gemeinwohls zu verzichten (Abb. 14). Ein solch „großzügiges" Verhalten kann sich im Umkehrschluss auch wieder gewinnbringend zu Gunsten des Unternehmens auswirken: Kundenbindung und gesteigerte Kauflust können immer dann verstärkt werden, wenn der Kunde sich mit den Zielen des jeweiligen Unternehmens identifiziert, z. B.

Abbildung 15 Gewinnmaximierung vs. Gemeinwohl

Raubtierkapitalismus	Good corporate citizen
Egoismus	Altruismus
Ausbeutung	Soziale Marktwirtschaft
Steuerflucht	Steuerehrlichkeit
Profit für Wenige	Mitarbeiterpartizipation
Soziales Ungleichgewicht	Soziale Verantwortung
Gesundheitsgefährdung	Unfall-, Gesundheitsvorsorge
Überschätzung	Demut, Respekt
Überheblichkeit	Ausgewogenheit, Mäßigung
Rücksichtslosigkeit	Nächstenliebe

Quelle: eigene Darstellung.

- Danone Waters/Volvic Trinkwasserprojekt, Äthiopien
- Krombacher Regenwaldprojekt, Zentralafrika
- Feuerwear: Unikate aus recyceltem Feuerwehrschlauch

Sucht man nach Unternehmen, die ihr wirtschaftliches Handeln ausschließlich in den Dienst des Gemeinwohls stellen, so wird man bei gemeinnützigen Organisationen wie dem Deutschen Roten Kreuz, dem Johanniterorden, dem Malteser Hilfsdienst sowie den Diakonischen Einrichtungen fündig. Diese haben sich ohne Ausnahme dazu verpflichtet, alle erwirtschafteten Überschüsse im Unternehmen zu belassen und sie für die Erfüllung ihres Auftrages im Sinne des Gemeinwohls einzusetzen. Darüber hinaus nutzen sie die grundsätzliche Bereitschaft des Menschen, einen Teil der Mittel zu spenden, die nach der Erfüllung des individuellen Privatwohls frei sind, um für das Gemeinwohl eingesetzt zu werden. Voraussetzung hierfür ist allerdings das Vorhandensein einer altruistischen Grundhaltung, namentlich die Bereitschaft zu teilen (Abb. 15).

Allerdings darf daraus nicht der Schluss gezogen werden, dass ein Wirtschaftssystem idealerweise nur aus gemeinnützigen Unternehmen bestehen sollte. Die Geschichte hat gezeigt, dass der Kommunismus, der eine permanente Steigerung des Gemeinwohls durch ein zentral gelenktes Wirtschaftssystem versprach, nach Jahrzehnten des wirtschaftlichen Niedergangs nicht mehr überlebensfähig war. Es zeigt sich, dass politische Systeme, in denen der Staat/Herrschaftsapparat das Individuum lediglich als kleinste Einheit einer Gemeinschaft sieht, die von der

Staatsmacht gesteuert wird, wirtschaftlich nicht erfolgreich sind. Aktuelle Beispiele hierfür sind Nordkorea, Simbabwe, Weißrussland und viele andere mehr.

Der tief in der menschlichen Seele verankerte Wunsch, nicht nur zu überleben, sondern gut zu leben, hat die Menschheit seit ihrem Erscheinen zu immer neuen Errungenschaften geführt. In dem seit Mitte des 19. Jahrhunderts angebrochenen Zeitalter der industriellen Hochkultur bedurfte es immer wieder staatlicher Eingriffe, um übertriebene Gewinnmaximierung und Gier zu mäßigen. Beispiele hierfür sind die zum Ende des 19. Jahrhunderts eingeführte und seitdem weiter verbesserte Sozialgesetzgebung, vielfältige Gesetze zur Regulierung der Finanzmärkte und Vereinbarungen zur Wahrung des Umweltschutzes, zu denen sich viele Länder der Weltgemeinschaft bekennen (Kyoto-Protokolle). Alle diese sinnvollen Maßnahmen allein reichen aber nicht aus, um verantwortungsvolles unternehmerisches Handeln nachhaltig sicherzustellen. Hierzu bedarf es der Bereitschaft der Verantwortlichen, sich zu einer Ethik – sittlichem Handeln – zu bekennen, diese niederzuschreiben und sie konsequent, immer und überall zu leben.

7   Fazit

Das stark zunehmende Bestreben vieler Unternehmen, die nachhaltige Entwicklung in den Mittelpunkt ihres Handelns zu stellen, ist ermutigend. Nachhaltiges Unternehmertum legt auf die Erwirtschaftung angemessener Gewinne, ohne die ein Unternehmen nicht weiterentwickelt werden kann, großen Wert und verpflichtet sich gleichzeitig zur Förderung des Gemeinwohls. Damit grenzt sich der nachhaltig wirtschaftende Unternehmer als „good corporate citizen" ab von den bloßen Raubtierkapitalisten.

Mit der weltweit steigenden Anzahl von nachhaltig geführten Unternehmen wächst die Zuversicht, dass die Räume für „raubtierkapitalistische" Aktivitäten immer kleiner werden. Es beruhigt die Erkenntnis, dass gewinnmaximierende Praktiken, die nur den eigenen Nutzen, aber nicht die gleichwertige Nutzenstiftung für den Geschäftspartner verfolgen, niemals Nachhaltigkeit entwickeln können. Schließlich motiviert die Tatsache, dass ein nachhaltig geführtes Unternehmen der Quell ist, aus dem Management, Belegschaft, Eigentümer und Stakeholder die Sicherheit schöpfen können, in gemeinsamer Verantwortung sinnstiftend tätig zu sein.

Industrielle, konventionelle, traditionelle und ökologische Landwirtschaft in ethischer Perspektive

Franz-Theo Gottwald & Nora Klopp

1 Herausforderung

Die wachsende Weltbevölkerung, klimatische Veränderungen und steigender globaler Wohlstand stellen eine vielschichtige und ungünstig wechselwirkende Herausforderung für die Landwirtschaft dar: Immer mehr Lebensmittel müssen für eine steigende Anzahl von Menschen unter erschwerten Bedingungen rund um die Uhr verfügbar sein. Innovationen und technischer Fortschritt ermöglichen es, dass ein deutscher Landwirt heute bereits 144 Menschen ernähren kann, das sind über 130 mehr als noch 1949 und 46 mehr als 1990.[1] Technische Modernisierung und Automatisierung, Spezialisierung ebenso wie Zuchtfortschritte und preisgünstige Inputs, wie z.B. subventionierter Agrardiesel, haben diese enorme Leistung ermöglicht.

Die Entwicklung geht aber auch mit einer zunehmenden Verschmutzung des Grundwassers und der Meere, ferner der verstärkten Erosion, Versalzung bis hin zur Unfruchtbarkeit der Böden, *Landgrabbing* sowie einer Verengung des Genpools und damit der Biodiversität einher. Trotzdem hungern noch etwa 795 Millionen Menschen weltweit, sind 160 Millionen Kinder unter fünf Jahren mangelernährt und etwa 41 Millionen im gleichen Alter sind fehl- oder überernährt. Folgen von letzterem können Zivilisationskrankheiten sein.[2] Angesichts dieser Herausforderungen stellt sich die Frage nach geeigneten Pfaden der Bewirtschaf-

---

[1] Vgl. Rheinischer Landwirtschafts-Verband e.V.: Ein Landwirt ernährt heute 144 Mitbürger, in: http://www.rlv.de/nachricht/detail/ein-landwirt-ernaehrt-heut-144-mitbuerger/.
[2] Vgl. WFP: FAQ, online unter: http://de.wfp.org/hunger/hunger-statistik. – WHO: Obesity and Overweight, in: http://www.who.int/mediacentre/factsheets/fs311/en/. – Heinrich-Böll-Stiftung (HBS), Institute for Advanced Sustainability Studies, Bund für Umwelt- und Naturschutz Deutschland, Le Monde diplomatique: Bodenatlas. Daten und Fakten über Acker, Land und Erde, Würzburg 2015.

tung landwirtschaftlicher Betriebe: Welcher Pfad ist unter ethischen Gesichtspunkten vorzuziehen?

2 Ethische Perspektiven auf Leben, Mitwelt und Natur

Wie sollen wir Menschen als Einzelne und wie im gesellschaftlichen Kontext verantwortlich handeln? Dies sind Fragen, mit denen sich Ethik beschäftigt. Der Umgang mit unseren Mitmenschen, den Tieren, Pflanzen, Böden, Landschaften, Biotopen, Ökosystemen etc. wird im Teilgebiet der Umweltethik diskutiert, wobei der Begriff Umwelt unterschiedlich definiert wird. Der Biologe und Philosoph Jakob von Uexküll versteht die Umwelt beispielsweise als von allen Lebewesen subjektiv wahrgenommene Funktionskreise aus Merkwelt (die Wahrnehmung des Einzelnen) und Wirkwelt (Außenwelt, auf die Menschen einwirken).[3] Ein anderer Zugang versteht die menschliche Umwelt im Sinne einer Biosphäre, einer Sphäre alles Lebendigen. Wenn von Uexküll die Umwelt auf vom Menschen wahrnehmbare Zugangsentitäten reduziert, kann das Konzept der Biosphäre als ein Gegenentwurf dazu begriffen werden: sie ist nicht nur subjektiv wahrnehmbar, sondern meint immer auch das „Ganze" der Natur, jenseits der Wahrnehmung und Einwirkung des Einzelnen. Der vom Physiker und Naturphilosoph Klaus Michael Meyer-Abich geprägte Begriff der Mitwelt als Biosphäre bezieht sich auf die Umwelt als Lebensraum der Gesamtheit von Lebewesen und Ökosystemen und stellt damit den Menschen hierarchisch nicht höher als anderes organisches oder anorganisches Gegebenes.[4] Diese holistische Sichtweise subsumiert unter dem Begriff der Mitwelt den Kosmos bzw. die gesamte Biosphäre als im metastabilen Gleichgewicht koexistierende Einheit der Natur, von der der Mensch ein Teil ist. Nämlich der Teil, der für durch ihn verursachte Veränderungen kulturell und moralisch Verantwortung trägt.

Entsprechend wird Natur, also Landschaft, Boden, Wasser, Saat- und Zuchtgut, weder als Ressource zur Nutzung der Menschen degradiert, noch wird dem Menschen eine vorherrschende Rolle eingeräumt. Vielmehr ist der Mensch im Kontext und als Teil der Biosphäre einzuordnen, ohne die er nicht existieren würde. Und dies auch in Verantwortung für die folgenden Generationen. Auch diese gehören zur *moral community* der heute wirtschaftenden Menschen, da es sich um künf-

---

3   Vgl. Jakob von Uexküll: Streifzüge durch die Umwelten von Tieren und Menschen, Hamburg 1956.
4   Vgl. Klaus Michael Meyer-Abich, K.M.: Mit-Wissenschaft. Erkenntnisideal einer Wissenschaft mit Zukunft, in: Klaus Michael Meyer-Abich (Hrsg.): Vom Baum der Erkenntnis zum Baum des Lebens. Ganzheitliches Denken der Natur in Wissenschaft und Wirtschaft, München 1997, S. 31.

tige Mitgliedergenerationen der bestehenden heutigen Verantwortungsgemeinschaft handelt. Dem Argument liegt die Annahme zugrunde, dass jede Generation von der vorhergehenden ohne Gegenleistung einen Grundstock an Ressourcen vermacht bekommt, wobei davon ausgegangen werden kann, dass die nachfolgenden Generationen ähnliche Präferenzen und Werte haben werden, wie die derzeitige.[5]

Insbesondere durch die eingangs beschriebenen sich zuspitzenden Herausforderungen in Bezug auf den Klimawandel durch Emissionen und Verlust von Wäldern, die Unfruchtbarkeit von Böden durch Erosion, Verdichtung und Versalzung wird die Menschheit gewissermaßen gezwungen, ihre Einflüsse auf die Um- bzw. Mitwelt holistischer zu betrachten, um ungewünschten z. T. bereits eingetretenen Entwicklungen entgegenzuwirken.[6]

Das Leitbild der Nachhaltigkeit, mit seiner Unterteilung in die drei Dimensionen Ökologie, Ökonomie und Soziales lässt sich in holistischer Perspektive auch in der Landwirtschaft gut verfolgen. Das Konzept der nachhaltigen Entwicklung beruft sich in seiner aktualisierten Form, den 2016 von einer breiten Staatengemeinschaft angenommenen *sustainable development goals* (SDGs), auf ein ganzheitliches Mitweltverständnis. Um in ethischer Perspektive die ökologische, die traditionelle, die konventionelle und die industrielle Landwirtschaft zu beleuchten, sollen im Folgenden die dafür relevanten SDGs als moralischer Bezugsrahmen herangezogen werden. Diese Ziele sind normativ, das heißt sie sollen handlungsleitend auf menschliche Produktions- und Konsummuster einwirken. Sie haben einen moralischen Charakter, da sie Verhalten prägen sollen. Sie fußen in einem Ethos der Nachhaltigkeit, das auch für die Landwirtschaft und für die Ernährungssicherheit der Menschen relevant sein soll.

Als zentrale Ziele für die Land- und Ernährungswirtschaft können neben dem SDGs 2: „Kein Hunger", 12: „Nachhaltige/r Konsum und Produktion" und 15: „Leben an Land" auch 6: „Sauberes Wasser und Sanitäreinrichtungen" und 13: „Maßnahmen zum Klimaschutz" identifiziert werden.[7] Gute landwirtschaftliche Praxis, die ethisch vertretbar ist, muss sich von diesen Zielen her beurteilen lassen.

Anhand der Nachhaltigkeitsziele der Vereinten Nationen (UN) lassen sich zu den verschiedenen Formen der Landwirtschaft mithin folgende umwelt- und

---

5   Vgl. ebd.
6   Vgl. Meyer-Abich: Baum der Erkenntnis – Franz-Theo Gottwald: Liebe zur Natur in der Wirtschaft. Der Beitrag ganzheitlicher Mitweltbildung zur ökologischen Unternehmensführung, in: Meyer-Abich (Hrsg.): Vom Baum der Erkenntnis zum Baum des Lebens. Ganzheitliches Denken der Natur in Wissenschaft und Wirtschaft, München 1997, S. 252–291. – Konrad Ott/Ralf Döring: Theorie und Praxis starker Nachhaltigkeit, Marburg 2004.
7   Vgl. United Nations: Ziele für nachhaltige Entwicklung Bericht 2016, in: http://www.un.org/depts/german/millennium/SDG%20Bericht%202016.pdf.

agrarethische Fragen formulieren: Was trägt die Art des Landwirtschaftens (1) zur Beendigung von „Hunger und allen Formen von Fehlernährung" (SDG 2), (2) zur Umstellung der Konsumgewohnheiten und Produktionstechniken (SDG 12), (3) zum Schutz von und zur nachhaltigen Nutzung der Böden, Landflächen und Wälder (SDG 15) sowie (4) zur Sicherstellung der „Verfügbarkeit und nachhaltige Bewirtschaftung von Wasser" (SDG 6) und (5) zur „Bekämpfung des Klimawandels und seiner Auswirkungen" (SDG 13) bei?

3 Formen der Landwirtschaft in Mitwelt-ethischer Perspektive

In Deutschland bewirtschaften etwa 280 000 landwirtschaftliche Betriebe (Tendenz sinkend), darunter ca. 18 000 ökologische, 16,7 Millionen Hektar Nutzfläche.[8] Der Trend hin zu wenigen Großbetrieben und zur weiteren Industrialisierung wird von der derzeitigen Agrarpolitik seitens der Bundesregierung und der EU (55 Milliarden Euro jährlich) begünstigt und vorangetrieben.[9]

Landwirtschaftliche Betriebe können neben ihrer Größe am Grad ihrer Spezialisierung, nach extensiver und intensiver Landwirtschaftsform, dem Grad der Wahrung des natürlichen Gleichgewichts und dem Grad der Nutzung von Biotechnologie differenziert werden.[10] Neben den herkömmlichen kleinbäuerlichen und in den Entwicklungsländern auch traditionell geprägten landwirtschaftlichen Betrieben finden sich konventionelle, ökologische und industrielle Formen der Landwirtschaft. Die traditionell und ökologisch ausgerichteten Betriebe weisen zumeist einen geringen Grad an Spezialisierung auf. Der Ökolandbau unterscheidet sich insbesondere durch den Verzicht auf chemische Pflanzenschutzmittel, synthetische Düngemittel und den nicht-Einsatz von Gentechnik vom traditionellen Landbau, wo diese Hilfsmittel, wenn auch in geringerem Umfang als in der konventionellen Landwirtschaft durchaus genutzt werden können. Die Nutzflä-

---

8 Vgl. Destatis, in: https://www.destatis.de/DE/ZahlenFakten/Wirtschaftsbereiche/LandForstwirtschaftFischerei/Flaechennutzung/Flaechennutzung.html – https://www.destatis.de/DE/ZahlenFakten/Wirtschaftsbereiche/LandForstwirtschaftFischerei/LandwirtschaftlicheBetriebe/Tabellen/BetriebsgroessenstrukturLandwirtschaftlicheBetriebe.html. – HBS et al.: Bodenatlas 2015, S. 28 f.
9 Vgl. Jörg Gerke: Strukturwandel. Die neuen Großgrundbesitzer, in: HBS et al.: Bodenatlas 2015, S. 28–29, S. 28 f.
10 Vgl. Bundesministerium für Ernährung und Landwirtschaft: EG-ÖKO-Basisverordnung, in: http://www.bmel.de/SharedDocs/Downloads/Landwirtschaft/OekologischerLandbau/834_2007_EG_Oeko-Basis-VO.pdf?__blob=publicationFile. – Vgl. ebenfalls: http://www.agri-lexikon.de/index.php?id=oekologische-landwirtschaft.

chen werden im Ökolandbau wie im traditionellen Anbau zumeist extensiv und anhand der klassischen Fruchtfolgewechsel bewirtschaftet.[11]
Dies trifft immer weniger auf konventionelle Betriebe zu. Sie bewirtschaften zur Ertrags- und Leistungssicherung das Land vermehrt intensiv, zunehmend mit Monokulturen und unter steigendem Einsatz von Dünge- und Pflanzenschutzmitteln, auch wenn in geringerem Ausmaß als die industriell geprägten landwirtschaftlichen Großbetriebe.[12] Letztere sind wesentlich stärker spezialisiert, weisen einen hohen Maschineneinsatz auf und nutzen darüber hinaus die Biotechnologie mit all ihren Facetten zur Produktionssteigerung.[13]

Diese vier Landwirtschaftsformen versuchen auf die gesellschaftlichen Herausforderungen zur Ernährungssicherung zu reagieren und bieten unterschiedlichste Lösungspfade an. Die aus ethischer Perspektive im Kontext der bereits ausgewählten SDGs normativ ethisch beurteilt werden sollen.

Das Konzept der industriellen Landwirtschaft ist von einem hohen Grad der Spezialisierung geprägt: Diese ermöglicht zum einen die Steigerung des quantitativen Outputs. Zum anderen kann durch den hohen Technologie-, insbesondere durch Biotechnologieeinsatz die Entwicklung und Verbreitung von neuen Züchtungen bei Mais, Weizen und Reis aber auch bei Nutztieren, die Bekämpfung von Hunger und Nährstoffmangel forciert werden.[14] Sowohl die Ernährungssicherung als auch die Bekämpfung von Mangelernährung sind Zielvorgaben des SDG 2, was für eine ethische Rechtfertigung herangezogen werden kann.

Auch in Bezug auf das SDG 12 lassen sich Synergien ausmachen: Gerade der Input von natürlichen Ressourcen aber auch von Pestiziden im Herstellungsprozess soll minimiert, und die Produktionsmuster ökonomisch optimiert werden. Kritisch zu hinterfragen sind hingegen andere Aspekte der Nachhaltigkeit, wie die Förderung der Biodiversität, aber auch soziale Faktoren sowie die intergenerationelle Gerechtigkeit. Denn die Nutzung von Produkten aus der Erdölchemie (Kunstdünger) und von Biotechnologie kann zurzeit nicht abschätzbare Risiken für Menschen, Tiere und Ökosysteme mit sich bringen. Die Inkaufnahme von negativen Effekten (z. B. Superweeds),[15] die neben den heutigen auch künftige Generationen betreffen, sollte aus ethischer Perspektive nur in Ausnahmesituationen und nach intensiver Abwägung in Kauf genommen werden. Dies betrifft beispiels-

---

11 Vgl. Andrea Beste: Intensivfeldbau. Industrielle Landwirtschaft mit Zukunftsproblemen, in: HBS et al. (Hrsg.): Bodenatlas 2015, S. 18–19.
12 Vgl. ebd., S. 18 f.
13 Vgl. http://www.agrilexikon.de/index.php?id=konventionelle-landwirtschaft.
14 Vgl. http://www.goldenrice.org/index.php.
15 Vgl. Carmen Baina/Theresa Selfab/Tamera Dandachia/Sara Velardib: ‚Superweeds' or ‚survivors'? Framing the problem of glyphosate resistant weeds and genetically engineered crops, Journal of Rural Studies, 51 (2017), S. 211–221.

weise den Einsatz von schweren Gerätschaften auf den Feldern, von Gentechnik, und die zum Teil für sie produzierten Pestizide, ebenso wie den Einsatz von (Reserve-)Antibiotika in der Nutztierhaltung. Diese industriegelenkte Landwirtschaft bringt ferner eine reduzierte Bodenqualität durch Verdichtung und Erosion mit sich, führt zur Verengung des Genpools und zu einem Verlust der Biodiversität der (Nutz-)Tiere und -pflanzen[16] sowie zu Pestizid- und Antibiotikaresistenzen aber auch zu Erbfehlern bei Tieren. Trotz immenser wissenschaftlicher Fortschritte und technologischer Kenntnisse sind viele Folgen der industriellen Landwirtschaft weiterhin nicht absehbar. Aus ethischer Perspektive muss diese Entwicklungen daher differenziert betrachtet und hinterfragt werden.

Viele dieser ethisch problematischen Punkte weisen eine Schnittmenge mit SDG 12 und 15 auf: die in ihnen geforderten nachhaltigen Produktionsmuster und der Schutz der Artenvielfalt und der Ökosysteme werden in der industriellen Produktion oft vernachlässigt bzw. ignoriert. Die Anzahl antibiotikaresistenter Bakterien und Keime z. B. nimmt kontinuierlich zu und stellt eine gesundheitliche Gefährdung von Mensch und Tier dar.[17] Dies ist auch unter sozial-ethischen Gesichtspunkten einer nachhaltigen Entwicklung nicht hinnehmbar. Insbesondere die Intensivtierhaltung, aber auch das Austragen von Herbiziden wie Glyphosat und Düngemittel auf dem Acker stellt eine Gefährdung der in SDG 6 und 13 angestrebten Reinhaltung von Wasser und Luft dar. Sowohl die Ackergifte als auch die Fäkalien der Tiere verschmutzen schließlich Grundwasser und darüber hinaus die Luft.

Abgeschwächt und nur bis zu einem gewissen Grad gilt all dies auch für konventionelle landwirtschaftliche Betriebe. Während der industrielle Zweig aktiv die (Weiter-)Entwicklung der Biotechnologien vorantreibt, gilt dies für die wesentlich kleineren und finanziell schlechter gestellten konventionellen landwirtschaftlichen Betriebe zumeist nicht. Sie befinden sich vielmehr in einem systemischen Zwang: Sie müssen entweder flächenmäßig wachsen und optimieren – oder weichen, d. h. sich aufkaufen lassen. Die Größe ist insofern relevant, als dass sich die Anschaffung vieler Gerätschaften und der Einsatz moderner Technologien, die mit der sogenannten Präzisionslandwirtschaft einhergehen,[18] erst bei der Bewirtschaftung von Großflächen rentiert.

In Bezug auf das SDG 2 lässt sich festhalten, dass sowohl der Beitrag zur globalen Ernährungssicherung als auch die Bekämpfung von Mangelerscheinungen in der konventionellen Landwirtschaft geringer ausfällt. Die Produktionstechniken

---

16 Vgl. Beste: Intensivfeldbau, S. 18–19.
17 Vgl. Kate Kelland: ‚Alarming' superbugs a risk to people, animals and food, EU warns, reuters, 22. 02. 2017, in: http://www.reuters.com/article/us-health-superbugs-idUSKBN161107.
18 Vgl. Richard Watson: 50 Schlüsselideen der Zukunft, Berlin/Heidelberg 2014, S. 32–35.

weisen jedoch zunehmend Ähnlichkeiten zu denen der industriellen Landwirtschaft auf, so dass auch hier in Bezug auf die weiteren SDGs mit einer für eine wirklich nachhaltige Entwicklung mit ungünstigeren Folgen und ethischen Problemen zu rechnen ist.

Doch viele konventionell betriebene landwirtschaftliche Betriebe orientieren sich mittlerweile in Richtung Ökolandbau um. Diverse Verbände sind beratend in Hinblick auf eine solche Umstellung im Sinne des SDG 12 aktiv und unterstützen bei der Ausrichtung auf nachhaltige Produktionstechniken. Motivation hierfür kann die Erschließung eines neuen, wachsenden Marktes sein, gepaart mit der Überzeugung, Land und Tier mitweltfreundlicher und regenerativer zu bewirtschaften.[19]

Traditionelle und ökologische Betriebe können aufgrund der extensiven und arbeitsintensiven Bewirtschaftung mit einem geringen Grad an Spezialisierung in Hinsicht auf die Produktionsmenge mit den industriell betriebenen Unternehmen nicht mithalten. Doch das SDG 2 bezieht sich mit seinem Ziel „kein Hunger" nicht nur auf das Quantitative, sondern mindestens ebenso stark auf die Qualität der Produktionsprozesse. Gerade die kleineren Betriebe in bäuerlichen Strukturen schonen ihre Böden durch Fruchtfolgewechsel, den Einsatz von (organischen) Düngern und Nützlingen, und einer weniger intensiven Bewässerung wodurch die Bodenfruchtbarkeit und auch die Biodiversität weitgehend erhalten bleibt und somit auch für künftige Generationen zur Lebensmittel-Produktion zur Verfügung stehen (vgl. SDGs 6, 13 und 15).[20] Eine Förderung dieser landwirtschaftlichen Betriebe findet auf staatlicher Ebene bislang jedoch noch nicht entsprechend ihrer Bedeutung zur ganzheitlichen Zielerreichung möglichst vieler SDGs zugleich statt.[21]

Bei der Einnahme einer sozial-ökonomischen Perspektive fallen die vergleichsweise hohen Produktionskosten auf. Sie resultieren einerseits aus der arbeitsintensiven Bewirtschaftung, dem geringen Grad der Spezialisierung sowie der Einhaltung der Fruchtfolgen, zu der auch regenerative Brachzeiten gehören. Doch in Lebensmitteln aus dem Ökolandbau sind die anfallenden Umweltkosten weitestgehend in den Verkaufspreis eingerechnet. Das macht die Produktion damit auch im Sinne des SDG 12 nachhaltig. Gerade industriell-agrarwirtschaftliche Betriebe externalisieren Umwelt- und soziale Kosten, sodass sie an anderer Stelle gesamtgesellschaftlich durch Steuern oder Abgaben, z. B. an die Wasserwirtschaft

---

19 Vgl. https://www.aid.de/inhalt/umstellen-auf-oekologische-landwirtschaft-2380.html. – Ökolandbau: https://www.oekolandbau.de/erzeuger/umstellung/.
20 Vgl. Beste: Intensivfeldbau, S. 18 f.
21 Vgl. NABU: Deutsche wollen neue Förderpolitik in der Landwirtschaft, in: https://www.nabu.de/news/2017/01/21862.html.

zur Klärung der agrarisch belasteten Gewässer aufgefangen werden müssen. Vor diesem Hintergrund ist eine weitere politisch-ökonomische Stützung von industriellen und konventionellen (Groß-)Betrieben durchaus ethisch fraglich.[22]

4 Konsumethische Überlegungen

Die vom Naturschutzbund Deutschland (NABU) beauftragte forsa-Umfrage zur Förderung der Landwirtschaft der EU zeigt deutlich, dass der Bundesbürger eine klare Meinung zur landwirtschaftliche Produktion und den Lebensmitteln hat: „Die überwiegende Mehrheit […] ist der Ansicht, dass Landwirte für Maßnahmen, die eine möglichst umweltfreundliche Produktion (93%) sowie eine möglichst tierfreundliche Viehhaltung (91%) gewährleisten, auf jeden Fall bzw. eher finanzielle Unterstützung erhalten sollten".[23] 78% sprechen sich für eine Koppelung der durch Steuern finanzierten Fördergelder an den gesellschaftlichen Beitrag der Landwirte. Hierzu zählt beispielsweise der Umweltschutz.[24] Ist „bio" oder der ökologische Landbau also in der Mitte der Gesellschaft angekommen?

Die Nachfrage beim Lebensmittel-Einkauf bestätigt diese Zahlen nicht in dem obengenannten Umfang, auch wenn „vielerorts die Nachfrage nach Bio das Angebot" übersteigt.[25]

Die Ursache für die Spaltung zwischen Einstellung und Kaufentscheidung kann auf zwei Ebenen rekonstruiert werden: Zunächst sind die systemimmanenten Hürden für die Änderung der Verbrauchergewohnheiten trotz Handlungsbereitschaft sehr hoch. Gerade beim Lebensmittel-Einkauf sind kurz- bis mittelfristige Nutzen finanzieller und sensorischer Natur entscheidend – ethische Überzeugungen und Wissen rücken im Entscheidungsmoment oft in den Hintergrund.[26] Hierzu trägt u. a. auch die Werbung und das Marketing der Hersteller bei, die auf das Unterbewusstsein einwirken. Darüber hinaus kann die Fülle an Siegeln, Auszeichnungen, Label und Produkten selbst zu einer Überforderung bei

---

22 Robert Constanza/John Cumberland/Herman Daly/Robert Goodland/Richard Norgaard (Hrsg.): Einführung in die Ökologische Ökonomik, Stuttgart 2001.
23 Vgl. NABU: Meinungen zur finanziellen Unterstützung der Landwirtschaft (forsa-Umfrage), in: https://www.nabu.de/downloads/170120-nabu-forsa-umfrage-landwirtschaft.pdf, S. 1.
24 Vgl. ebd.
25 Vgl. Andrea Beste: Öko-Landbau. Der lange Kampf für bessere Böden, in: HBS et al.: Bodenatlas 2015, S. 34.
26 Vgl. Gerhard de Haan/Udo Kuckartz (Hrsg.): Umweltbewusstsein. Denken und Handeln in Umweltkrisen, Opladen 1996.

Einkaufsentscheidungen und bei der Auswahl führen, ebenso wie das fehlende Vertrauen gegenüber den Herstellern.[27]

Es kann daraus geschlossen werden, dass die in Kapitel 2 genannten Ziele der SDGs zur Beendigung von „Hunger und allen Formen von Fehlernährung" (SDG 2), zur Umstellung der Konsumgewohnheiten und Produktionstechniken (SDG 12), zum Schutz von und der nachhaltigen Nutzung der Böden, Landflächen und Wälder (SDG 15) sowie zur Sicherstellung der „Verfügbarkeit und nachhaltige Bewirtschaftung von Wasser" (SDG 6) und zur „Bekämpfung des Klimawandels und seiner Auswirkungen" (SDG 13) vielen Bürgern zwar der Sache nach bekannt sind und von ihnen mitgetragen werden. Dennoch verhalten sie sich abweichend dazu, da der reale Aufwand einer Umstellung im Alltagsverhalten zu hoch ist. Dies ist mitweltethisch gesehen ein Fehlverhalten.

Zusammenfassend lässt sich festhalten, dass für die nachhaltige sozial-ökologische Weiterentwicklung der Landwirtschaft insbesondere die Anerkennung der besonderen Leistung für eine nachhaltige Zukunft neu gedacht und organisiert werden muss: Anerkennung und respektvoller Umgang mit unseren Mitmenschen, insbesondere den in der Landwirtschaft tätigen, inklusive der zukünftigen Generationen, Anerkennung der natürlichen Bedürfnisse der Nutztiere und Anerkennung des Bestandsschutzes an überlebenswichtigen Ressourcen und Ökosystemen.[28] Ein Weg dorthin kann die „Liebe zur Natur" sein, die Wiederentdeckung und das Wahrnehmen der Schutz- und Pflegebedürftigkeit der Natur, sowohl von Konsumenten als auch in der (landwirtschaftlichen) Produktion.[29] Ein Umdenken der Einzelnen, das sich in einer vermehrten Nachfrage nach Bio-Produkten manifestiert, lässt sich sowohl in Umfragen, neuen Projekten und *(Urban) Food Governance* Strukturen beobachten. Er weist in die ethisch vernünftige und zu präferierende Richtung. Der technologische Fortschritt konnte zwar bislang den Hunger reduzieren, das sozial-ökologische Tuning zwischen einer nachhaltigen und ressourcenschonenden Landwirtschaft und Technik für heutige und künftige Generationen steht jedoch noch aus. Hier ist der Gesetzgeber gefordert, Rahmenbedingungen für effiziente marktliche und soziale Zukunftspfade der Landwirtschaft zu gestalten und durchzusetzen.

---

27 Vgl. Franz-Theo Gottwald/Nora Klopp: Schwein gehabt? Produktions- und Konsumethische Aspekte des Umgangs mit Schweinen, Baden-Baden, im Druck.
28 Vgl. Axel Honneth: Kampf um Anerkennung. Zur moralischen Grammatik sozialer Konflikte. 8. Auflage, Frankfurt a. M. 2014.
29 Vgl. Gottwald: Liebe zur Natur.

Normung – Gesellschaftsinstrument zur Konkretisierung ökologischer Zielstellungen

Albert Hövel

1 DIN Deutsches Institut für Normung e. V.

DIN ist ein eingetragener gemeinnütziger Verein, wird privatwirtschaftlich getragen und wurde 1917 in Berlin gegründet (Bild 1). DIN ist laut eines Vertrages mit der Bundesrepublik Deutschland von 1975 die zuständige deutsche Normungsorganisation für die europäischen und internationalen Normungsaktivitäten.

Mit dem Normenvertrag erkennt die Bundesregierung DIN als einzige nationale Normungsorganisation an und schafft eine wichtige Basis für die starke Position Deutschlands in der übernationalen Normung. DIN vertritt die deutschen Interessen im europäischen und internationalen Normungsgeschehen. Heute werden mehr als 85 % der Normungsthemen europäisch oder international erarbeitet.

Bild 1  DIN Gebäude in Berlin

Quelle: DIN

Durch den Vertrag zwischen der Bundesregierung und DIN ist Normung in Deutschland eine Aufgabe der Selbstverwaltung der Wirtschaft. Die Wirtschaft hat diese Aufgabe stets ausgefüllt und somit eine Säule der Exportnation Deutschland geschaffen.

Gleichzeitig verpflichtet der Normenvertrag von 1975 DIN, auch solche Normungsarbeiten durchzuführen, die dem öffentlichen Interesse dienen. Verbraucherschutz, Umweltschutz, Sicherheit am Arbeitsplatz sind daher sowohl in Normen berücksichtigt als auch in eigenen Normenwerken technisch definiert und geregelt. Bund und Länder verweisen in Rechtsvorschriften aktuell auf rund 8 000 freiwillige Normen, die somit die technischen Lösungen für Vorschriften liefern.

Im Normenvertrag wird weiterhin die Absicht der Bundesregierung festgelegt, sich bei Ausschreibungen und Beschaffungen der öffentlichen Hand, der DIN-Normen zu bedienen. Dies erleichtert die Arbeit der Verwaltungen und bietet Unternehmen eine geeignete Grundlage für die Erstellung ihrer Angebote.

Die Partnerschaft zwischen Normungsinstitut und Regierung, die in Deutschland schon vor Vertragsunterzeichnung gelebt worden ist, hat sich auch in Europa und anderen Ländern durchgesetzt. Man kam zu einer sinnvollen Aufteilung zwischen öffentlich-rechtlichen Festlegungen in Form von Gesetzen oder Verordnungen und der Ausfüllung durch privatrechtliche Festlegungen in Form der Normen. Das bekannteste Beispiel ist die Neue Konzeption (New Approach), die seit über 30 Jahren unter anderem als Basis für die Entwicklung des Europäischen Binnenmarktes dient.

Tabelle 1 DIN e.V. – Das Zahlenwerk

	2015	2016
DIN-Normen (Gesamtbestand)	33 877	33 884
DIN-Normen neu erschienen	2 028	2 329
DIN-Norm-Entwürfe	4 471	4 308
Experten der interessierten Kreise	32 199	32 767
Normenausschüsse/Kommissionen	70/3	69/3
Arbeitsausschüsse	3 534	3 575
Mitglieder	2 108	2 151
Angestellte	413	433
Erträge der DIN e.V. (in Mill. €)	81,4	76,6

Quelle: DIN

DIN ist ein Dienstleistungsunternehmen

- DIN fungiert als „runder Tisch" – natürlich auch über elektronische Plattformen – an dem Vertreter der interessierten Kreise konsensbasierte Normen markt und zeitgerecht erarbeiten.
- Die DIN-Mitarbeiter organisieren den gesamten Prozess der Normung auf nationaler Ebene und die deutsche Beteiligung auf europäischer und internationaler Ebene.

2 Was bedeutet Normung?

Durch die Normung wird eine planmäßige, durch die interessierten Kreise gemeinschaftlich durchgeführte Vereinheitlichung von materiellen und immateriellen Gegenständen zum Nutzen der Allgemeinheit erreicht. Sie darf nicht zu einem wirtschaftlichen Sondervorteil Einzelner führen.

Sie fördert die Rationalisierung und Qualitätssicherung in Wirtschaft, Technik, Wissenschaft und Verwaltung. Sie dient der Sicherheit von Menschen und Sachen sowie der Qualitätssicherung in allen Lebensbereichen (DIN 820-1:2014-06 „Normungsarbeit – Teil 1: Grundsätze").

2.1 Gemeinschaftsaufgabe Normung

In Deutschland ist die Normung eine Selbstverwaltungsaufgabe der Wirtschaft. Um diese Aufgabe wahrzunehmen bilden ca. 2 150 (Stand Dezember 2016) „juristische Personen" den gemeinnützigen Verein DIN Deutsches Institut für Normung e. V. Der Zweck des Vereins ist in der Satzung (§ 1) wie folgt beschrieben:

> „Das DIN verfolgt ... gemeinnützige Zwecke ... indem es durch Gemeinschaftsarbeit der interessierten Kreise, zum Nutzen der Allgemeinheit Deutsche Normen ... aufstellt, sie veröffentlicht und ihre Anwendung fördert."

Getragen vom Gedanken der „demokratischen Legitimation" des Normungsprozesses sind in der Satzung von DIN und der Norm DIN 820 (Normungsarbeit, Grundsätze) folgende Verfahrensschritte vorgesehen:

- Normungsanträge kann jedermann stellen
- öffentliche Information über den Beginn jedes neuen Normungsvorhabens
- Teilnahme aller interessierten Kreise (siehe Bild 2)

Bild 2 Zusammenstellung der interessierten Kreise in der Normung

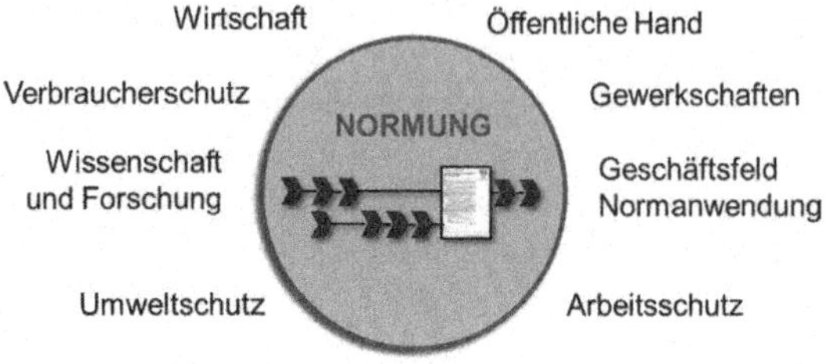

- Wirtschaft
- Öffentliche Hand
- Verbraucherschutz
- Gewerkschaften
- Wissenschaft und Forschung
- Geschäftsfeld Normanwendung
- Umweltschutz
- Arbeitsschutz

(NORMUNG)

Quelle: DIN

2.2 Wie entsteht eine Norm?

Jeder kann einen Antrag auf Normung stellen. Organe bei DIN prüfen jeden Antrag. Der Öffentlichkeit wird die Möglichkeit gegeben, sich über die Normungsarbeit bei DIN zu orientieren. Z. B. wird jedes neue Normungsvorhaben öffentlich bekannt gemacht mit dem Ziel einer breiten Beteiligung.

Erarbeitet wird die Norm durch die interessierten Kreise. Damit sind z. B. Hersteller, Verbraucher, der Handel, die Wissenschaft, der Staat und die Prüfinstitute gemeint. Diese entsenden ihre Experten in die 3 500 DIN-Arbeitsausschüsse, die in fast 70 Normenausschüssen nach Fachgebieten organisiert sind. Die DIN-Mitarbeiter koordinieren die Prozessabläufe und verantworten das Projektmanagement.

Normen entstehen im Konsens, das heißt, die Experten verständigen sich über die Inhalte mit dem Ziel, eine gemeinsame Auffassung zu erreichen. Konsens bedeutet nicht notwendigerweise Einstimmigkeit, sondern „allgemeine Zustimmung, die durch das Fehlen aufrechterhaltenen Widerspruchs [...] gekennzeichnet ist [...]".[1]

Die Experten berücksichtigen dabei den Stand der Technik, die Wirtschaftlichkeit und die internationale Harmonisierung. Wenn ein Norm-Projekt einen stabilen Beratungsstand erreicht hat, wird das Ergebnis als Norm-Entwurf öffentlich im Norm-Entwurfs-Portal zur Diskussion gestellt.[2] Auch Interessierte, die nicht persönlich an Normungsvorhaben teilgenommen haben, können Einsprüche einreichen. Sie sind persönlich einzuladen und zu hören. Erst nach Beratung der Stellungnahmen kann eine Norm verabschiedet und veröffentlicht werden.

---

1 DIN EN 45020 Normung und damit zusammenhängende Tätigkeiten – Allgemeine Begriffe (ISO/IEC Guide 2:2004); Dreisprachige Fassung EN 45020:2006
2 http://www.din.de/de/mitwirken/entwuerfe

Um das Normenwerk aktuell zu halten, werden die DIN-Normen spätestens alle fünf Jahre überprüft.

2.3 Arten von Normen

DIN-Normen:
- Nationale Normen   DIN 4711
- Europäische Normen   DIN EN 4711
- Internationale Normen   DIN EN ISO 4711 oder DIN ISO 4711

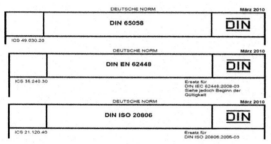

Quelle: DIN

Zusätzlich sind die Arten von Normen auch im Forschungs- und Innovationsprozess darstellbar.

Bild 3   Arten von Normen und Spezifikationen im Forschungs- und Innovationsprozess

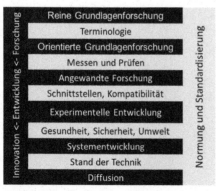

Quelle: in Anlehnung an Blind und Gauch 2009

Auch in dem weiteren Prozess des Lebenszyklus von Produkten und Dienstleistungen erleichtern Normen an vielen Stellen im Einkauf, Logistik, Betrieb, Verkauf, Anwendung und Entsorgung die Handhabung.

3 Normung und ökologische Zielstellungen

3.1 Gesellschaftlicher Nutzen von Normen

In folgenden Bereichen ist der gesellschaftliche Nutzen von Normen erlebbar:

- Verbraucherschutz – Kinderspielzeug
- Gebrauchstauglichkeit – Schulranzen
- Sicherheit – Freizeit-Schutzkleidung sowie IT-Sicherheit
- Arbeitsschutz – Lärmschutz, persönliche Schutzausrüstungen
- Umweltschutz – Umweltschutzmanagement
- Nachhaltigkeit – Nachhaltigkeit von Bauwerken und Maschinen

Damit der Stand der Technik und Wissenschaft beschrieben werden kann sind viele Experten aus allen Bereichen aktiv in den Gremien bei DIN und erarbeiten hierfür Normen und Spezifikationen. Einige Beispiele von Normen sollen dies veranschaulichen.

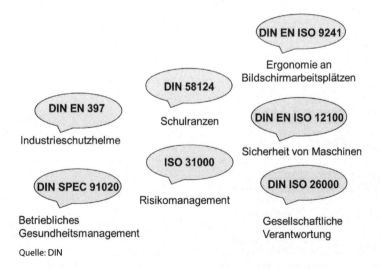

Quelle: DIN

3.2 Gremien bei DIN

Die Koordinierungsstelle Umweltschutz (KU) wurde 1983 gegründet und im Jahr 1992 durch eine Vereinbarung zwischen Umweltministerium und DIN verankert. Durch die koordinierenden Aktivitäten der KU unterstützt sie seit mehr als 20 Jahren die DIN-Gremien bei der Einbeziehung von Umweltgesichtspunkten in nationale, europäische und internationale Normen. In der Vereinbarung sind die Aufgaben der KU allgemein festgeschrieben. Die KU wird vom Bundesministerium für Umwelt, Naturschutz, Bau und Reaktorsicherheit (BMUB) (fachliche Begleitung und Umsetzung beim Umweltbundesamt (UBA)) sowie von DIN selbst finanziell gefördert.

Die Aufgaben der KU werden von der KU-Geschäftsstelle und dem KU-Fachbeirat gemeinsam wahrgenommen. Im KU-Fachbeirat sind alle interessierten Kreise wie Wirtschaft, Umweltbehörden, Umweltverbände, Verbraucher, Wissenschaft und Gewerkschaften vertreten. Der Auftrag an die KU lautet dabei:

1) Unterstützung der inhaltlichen Verbesserung von Normen aus Umweltsicht
2) Unterstützung der DIN-Normungsgremien (Hilfe zur Selbsthilfe und Bewusstseinsbildung)

Eine Unterstützung für DIN-Gremien bei Behandlung von Umweltgesichtspunkten im Rahmen ihrer Arbeit erfolgt durch:

- Erarbeitung von *Hilfestellungen* für DIN-Gremien;
- Vermittlung von *Umweltexperten* in die Normungsgremien;
- Planung und Durchführung von hausinternen *Umweltschulungen;*
- enge *Kooperation* mit strategischen Umweltgremien bei der Europäischen Normungsorganisation CEN.

Ihre zwei grundlegenden Aufgaben sind:

- Regelmäßige Umweltinformationen für die Öffentlichkeit als KUAktuell
- Inhaltliche Verbesserung von Normen

Zur Begleitung von Themenschwerpunkten wurden Expertenkreisen eingerichtet. Auch hier erfolgt eine Mitwirkung von Umweltexperten, z. B. von Umweltbehörden, Umweltverbänden, Wissenschaft, Wirtschaft und anderen interessierten Kreisen. Die Arbeiten erfolgen in enger Zusammenarbeit mit betroffenen Normungsgremien.

Die Themenschwerpunkte sind momentan:

- Ressourcenschutz
- Anpassung an den Klimawandel
- Nachhaltige Produktgestaltung/Abfallvermeidung

Grundlage für den Themenschwerpunkt „Nachhaltige Produktgestaltung/Abfallvermeidung" war als Anknüpfungspunkt das Deutsche Abfallvermeidungsprogramm. Mit der Zusammenführung von beteiligten Akteuren soll das Ziel der besseren Berücksichtigung der Aspekte nachhaltiger Produktgestaltung und Abfallvermeidung in Normen erreicht werden.

Der Expertenkreis tagt seit Februar 2015. Themen bei ISO/IEC ist ein Leitfaden zu „Environmental Conscious Design" und bei CEN/CENELEC der Mandatsentwurf „Materialeffizienz" im Rahmen der Ökodesign-Richtlinie.

In der Abfallvermeidung sind folgende zukünftige Projekte geplant:

- Leitfaden zur Einbeziehung von Umweltgesichtspunkten in Produktnormen (DIN SPEC 59) als Hilfestellung, um Umweltaspekte und Umweltwirkungen eines Produkts zu erkennen sowie ein Beiblatt bezüglich Ressourcenschutz
- weitere Hilfestellungen wie die Erarbeitung einer Sammlung von Best-Practice-Beispielen zur umweltgerechten Produktgestaltung, ein Leitfaden zu spezifischen Themen wie Reparierbarkeit sowie ein „Bewertungstool" für langlebiges und reparaturfreundliches Produktdesign

Der DIN-Normenausschuss Grundlagen des Umweltschutzes (NAGUS) ist das zuständige Arbeitsgremium für die fachübergreifende Grundlagennormung im Bereich des Umweltschutzes auf nationaler, europäischer und internationaler Ebene. Der NAGUS erarbeitet Normen und Spezifikationen auf dem Gebiet der Umweltmanagementsysteme und der Instrumente des Umweltmanagements. Zu den Hauptarbeitsgebieten gehört die Beschreibung von Umweltaspekten in den Bereichen von Organisationen und ihrer Prozesse:

- Umweltmanagement/Umweltaudit,
- Umweltleistungsbewertung,
- Umweltkommunikation,
- Treibhausgasemissionen,
- Energieeffizienz und Energiemanagement,
- nachhaltige Entwicklung in Kommunen,

sowie für Produkte:

- Produktentwicklung,
- Ökobilanzen,
- umweltbezogene Kennzeichnungssysteme,
- Nachhaltigkeitskriterien für Biomasse
- als auch biobasierte Produkte.

3.3 Normung in den Gremien

Die Normungsarbeit von DIN ist dezentral nach Sektoren mit eigenen Arbeitsprogrammen und eigenem Haushalt gegliedert. Die Arbeitsprogramme der Normenausschüsse werden durch die interessierten Kreise festgelegt. Die nationale Interessenvertretung wird für die europäische und internationale Normung in den nationalen Gremien bei DIN erarbeitet (Bild 4).

Ein Normenausschuss (NA) ist grundsätzlich für die Normungsarbeit seines Fach- und Wissensgebietes auf allen drei Ebenen, also national, europäisch und

Bild 4 Vertretungen für die europäische und internationale Normung aus den nationalen Gremien bei DIN

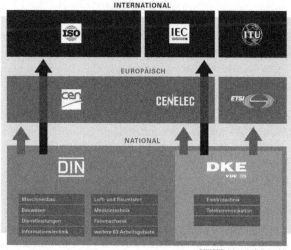

Quelle: DIN

Bild 5 Prinzipielle Organisation der Normenausschüsse

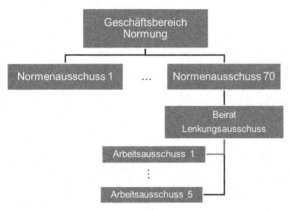

Quelle: DIN

international zuständig. Er setzt sich für die Einführung der deutschen Normen seines Arbeitsgebietes in den davon berührten Bereichen ein.

Organe eines NA sind der Vorsitzende, der Beirat (oder Lenkungsausschuss), die Förderer aus den beteiligten Kreisen (z. B. Wirtschaft, öffentliche Hand, Berufsgenossenschaften, Verbände) und die Arbeitsausschüsse (Bild 5).

Jeder NA wird von einem hauptamtlichen Geschäftsführer (in der Regel ein hauptamtlicher Mitarbeiter von DIN) betreut.

Der Beirat hat die Aufgabe das Arbeitsprogramm eines NA systematisch unter Berücksichtigung der Wirtschaftlichkeit, des Standes der Technik, der Erkenntnisse der Wissenschaft und der Rechtsentwicklung, der europäischen und internationalen Harmonisierung technischer Regeln sowie der finanziellen Rahmenbedingungen aufzustellen, für dessen Bearbeitung Prioritäten und Zeitpläne festzulegen und den Arbeitsfortschritt zu kontrollieren. Dabei sollte die Facharbeit gesteuert und ihre Koordinierung innerhalb des NA sowie mit anderen NA vorgenommen werden – dazu gehört auch die Entscheidung über unterschiedliche Auffassungen von Arbeitsgremien des NA zu einer Sache.

Durch die Förderer wird eine projektbezogene Finanzierung des NA sichergestellt. Hierbei kann ein Projekt sowohl einzelne Norm-Projekte bzw. das ganze Arbeitsprogramm eines NA sein.

Ein Arbeitsausschuss stellt sein Arbeitsprogramm einschließlich Prioritätensetzung und Zeitplanung auf, beteiligt sich rechtzeitig aktiv an der einschlägigen europäischen und internationalen Normungsarbeit, entwickelt insbesondere Vorschläge für die europäische und internationale Normungsarbeit, die deutsche

Bild 6 Mitarbeit in europäischen und internationalen Normungsgremien

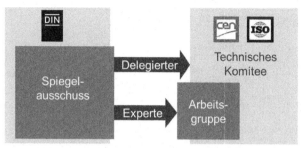

Quelle: DIN

Stellungnahme zu europäischen und internationalen Norm-Entwürfen und gegebenenfalls zu weiteren normativen Dokumenten. Er überwacht, dass zu erarbeitende und bereits vorhandene Normen, für die er innerhalb des NA zuständig ist, in Einklang mit dem Stand der Technik, den Erkenntnissen der Wissenschaft sowie mit anderen Deutschen Normen stehen. Zusätzlich erläutert er Normen, für die er innerhalb des NA zuständig ist, und unterstützt den Geschäftsführer bei seiner Öffentlichkeitsarbeit, z. B. in der Fachpresse oder im Internet.

Die Normungsarbeit wird von den interessierten Kreisen (siehe 2.1) in Arbeitsausschüssen übernommen. Dies erfolgt auch durch Mitarbeit in europäischen und internationalen Normungsgremien (Bild 6).

3.4 Normung als Instrument der Klimapolitik

Die Normung im Bereich der Anpassung an den Klimawandel erfolgt auf allen drei Normungsebenen (Bild 7). National erfolgt die in dem Arbeitskreis 4 *Anpassung an den Klimawandel* in der Koordinierungsstelle Umweltschutz (KU-AK 4). In diesem Arbeitskreis werden die europäischen und internationalen Aktivitäten national begleitet. Innerhalb der betroffenen Normenausschüssen wurde eine Umfrage zu den Auswirkungen aus dem Klimawandel auf die derzeitigen Norminhalte durchgeführt. Es erfolgt die Einbringung in europäische und internationale Gremien und Projekte und deren nationale Umsetzung wird durch Leitfäden unterstützt.

Bild 7 Aktivitäten zur Anpassung der Norminhalte an den Klimawandel

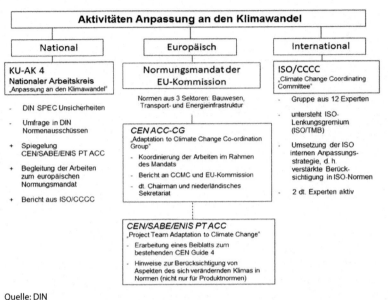

Quelle: DIN

Allgemeine Grundsätze und Anleitung für die Messung und Verifizierung der energiebezogenen Leistung von Organisationen wurden international veröffentlicht[3] und werden auch in nationale Normen überführt. Diese Internationale Norm kann auch unabhängig von anderen Regelwerken verwendet und auf alle Arten von Energie angewandt werden.

Auch im Rahmen des Normungsbereiches Smart Cities[4] sind die Fragen der Energieeffizienz und somit Anpassung an den Klimawandel mitentscheidend.

3.5 Neue Konzeption = New Approach

Am 7. Mai 1985 hat der Europäische Rat der EU ein neues Konzept auf dem Gebiet der technischen Harmonisierung und Normung verabschiedet. Europäische Re-

---

3 ISO 50015:2014-12 Energiemanagementsysteme – Messung und Verifizierung der energiebezogenen Leistung von Organisationen – Allgemeine Grundsätze und Anleitung
4 http://www.din.de/de/forschung-und-innovation/smart-cities; Norm-Entwurf DIN ISO 50015; Ausgabe 2017-08.

gelungen enthalten nur noch grundlegende Anforderungen für einen bestimmten Sektor (vorher: Technische Regelsetzung „im Detail" durch EU).

Europäische Normen konkretisieren diese grundlegenden Anforderungen und beschreiben Leistungsanforderungen und Schnittstellen im Detail.

Drei Schritte für die Umsetzung Europäischer Anforderungen, die in nationale Gesetze und in nationale Normen einfließen, d. h. Europäische Richtlinien werden zu nationalen Gesetzen bzw. Europäische Verordnungen treten direkt national als Gesetz in Kraft. Die darin enthaltenen grundlegenden Anforderungen werden in Europäischen Normen (EN) konkretisiert. Nach Veröffentlichung der Titel im EU-Amtsblatt gelten diese EN als harmonisierte Normen und sind nach den Vereinbarungen mit den europäischen Normenorganisationen (CEN und CENELEC) in nationalen Normen zu überführen (DIN EN).

Für die Zulassung auf dem europäischen Binnenmarkt müssen Produkte dafür rechtliche Vorgaben erfüllen. Anzuwenden sind dabei die relevanten EU-Richtlinien oder -Verordnungen.

Für seine Konformitätsvermutung kann der Hersteller davon ausgehen, dass bei korrekter Anwendung harmonisierter Europäischer Normen die grundlegenden Anforderungen der entsprechenden EU-Richtlinie bzw. -Verordnung erfüllt sind.

L 285/10 [DE] L844E14 Amtsblatt der Europäischen Union 45618316 31.10.2009

RICHTLINIEN

RICHTLINIE 2009/125/EG DES EUROPÄISCHEN PARLAMENTS UND DES RATES
vom 21. Oktober 2009
zur Schaffung eines Rahmens für die Festlegung von Anforderungen an die umweltgerechte Gestaltung energieverbrauchsrelevanter Produkte
(Neufassung)

Quelle: DIN

Ein Umsetzungsbeispiel ist die Ökodesign-Richtlinie (2009/125/EG) mit dem Titel: „Zur Schaffung eines Rahmens für die Festlegung von Anforderungen an die umweltgerechte Gestaltung energieverbrauchsrelevanter Produkte".

Ziele der Ökodesign-Richtlinie sind die Verbesserung der Umweltauswirkungen energiebetriebener Produkte, der Klimaschutz und eine harmonisierte Gesetzgebung europaweit, d. h. Produkte müssen für die Zulassung in der EU Umweltnormen erfüllen.

Die nationale Konkretisierung in Normen wird durch den „Gemeinschaftsarbeitsausschuss NAGUS/DKE, Ökodesign, insbesondere Materialeffizienz von energieverbrauchsrelevanten Produkten" (NA 172-00-14 GA) bearbeitet.

Quelle: DIN

Das aktuelle Mandat (Auftrag der EU-Kommission an die europäischen Normungsorganisationen) läuft momentan.

Basierend auf DIN EN 15502-1 „Heizkessel für gasförmige Brennstoffe" beinhaltet die entsprechende Umsetzung z. B. Labels für die Effizienz.

International gibt es keinen vergleichbaren Rechtsrahmen, dies erfolgt mit internationalen Managementsystem-Normen. Über die Herstellerselbsterklärung oder Zertifizierung wurde somit vergleichbares umgesetzt.

3.6 Managementsystem-Normen und Zertifizierung

Was ist eine Managementsystemnorm?

Ein Managementsystem ist ein Satz zusammenhängender und sich gegenseitig beeinflussender Elemente einer Organisation, um Politiken, Ziele und Prozesse zum Erreichen dieser Ziele festzulegen.

Folgende Anmerkungen sind hierbei zur Begriffsdefinition zu ergänzen: Ein Managementsystem kann eine oder mehrere Disziplinen behandeln. Die Elemente des Systems beinhalten die Struktur der Organisation, Rollen und Verantwortlichkeiten, Planung sowie Betrieb. Der Anwendungsbereich eines Managementsystems kann die ganze Organisation, bestimmte Funktionen der Organisation, bestimmte Bereiche der Organisation oder eine oder mehrere Funktionen über eine Gruppe von Organisationen hinweg umfassen.[5]

Bekannte (und nicht so bekannte) Beispiele von Managementsystemnormen sind:

- DIN EN ISO 9001 – Qualitätsmanagementsysteme – Anforderungen
- DIN EN ISO 14001 – Umweltmanagementsysteme Anforderungen mit Anleitung zur Anwendung
- DIN ISO/IEC 27001 – Informationstechnik – IT-Sicherheitsverfahren – Informationssicherheits-Managementsysteme – Anforderungen
- ISO 37001 – Anti-Korruptions-Managementsysteme

Als Beispiel für ein integriertes Managementsystem sei hier die Emscher Genossenschaft erwähnt. Der DIN-Preis „Best Practice" wurde an Frau Dr. Heike Goebel von Emschergenossenschaft/Lippeverband (EG/LV), Essen, vergeben, einer der größten wasserwirtschaftlichen Verbände in Deutschland. Für EG/LV geben die drei bedeutenden Managementnormen DIN EN ISO 9001 (Qualitätsmanagement), die Umweltmanagementnorm DIN EN ISO 14001 und die Arbeitsschutznorm OHSAS 18001 den Rahmen für die Entwicklung des Integrierten Management Systems (IMS), das der Unternehmenssteuerung dient. Die Revision der DIN EN ISO 9001, die vor kurzem veröffentlicht wurde, war zugleich der Anlass, das bestehende IMS anzupassen und zu aktualisieren. Damit wurde der „Best Practice"-Preis zum ersten Mal nicht an ein Unternehmen, sondern an eine Körperschaft des öffentlichen Rechts verliehen.

Anforderungen an Organisationen werden immer komplexer. Dies gilt insbesondere im Rahmen der Globalisierung. Anforderungen aus Gesetzen und

---

[5] DIN SPEC 36601:2014 Grundstruktur, einheitlicher Basistext, gemeinsame Benennungen und Basisdefinitionen für den Gebrauch in Managementsystemnormen

Verträgen müssen schneller identifiziert werden als früher und beteiligte Unternehmen sind Treiber und Getriebene. Mit einem ganzheitlichen IMS können die zentralen Prozesse und Instrumente auf „einfache" Weise miteinander in Beziehung gesetzt werden. Die neue Prozess- und Instrumentenkarte von EG/LV bietet hierfür einen Lösungsansatz.

Die wesentlichen Entscheidungswege und Abläufe wurden für alle Beteiligten auf einen Blick visualisiert. Das System führte zu einem Abbau von Bürokratie, zu einer Optimierung von Abläufen und Schnittstellen und damit zu einer Verschlankung des gesamten Integrierten Managementsystems bei EG/LV. Damit bot das System beste Voraussetzungen, um flexibel auf veränderte Anforderungen reagieren zu können.

Ein globales Gesellschaftsinstrument der Normung ist die Veröffentlichung der ISO 26000 *Guidance on social responsibility* im November 2010 und deren nationale Implementierung in deutscher Sprache als DIN ISO 26000 im Januar 2011 als *Leitfaden zur gesellschaftlichen Verantwortung*.

Die Rahmenbedingungen der Norm sind:

- ISO 26000 ist eine Norm mit Leitfadencharakter und enthält keine konkreten Anforderungen
- anwendbar für alle Arten von Organisationen
- kein Ersatz für Gesetzgebung/staatliche Aktivitäten
- Norm beschreibt kein neues Managementsystem und ist nicht als Grundlage für Drittzertifizierung geeignet

Aber: Auf Grundlage der ISO 26000 sind nationale Normen entstanden, nach denen sich ein Unternehmen zertifizieren lassen kann.

Ein Beispiel ist die Firma Harting Technologiegruppe. Sie ließ ihr Managementsystem als erstes Unternehmen nach der spanischen Norm (RS 10) und der österreichischen Norm (ONR 192500:2011-11-01 *Gesellschaftliche Verantwortung von Organisationen (CSR)*) bzgl. der gesellschaftlichen Verantwortung eines Unternehmens zertifizieren.

Zertifizierung bedeutet den Nachweis der Einhaltung bestimmter Anforderungen und ist ein Teilprozess der Konformitätsbewertung. Personen, Produkte und Systeme können zertifiziert werden (z. B. auch Studiengänge).

CSR steht für viele Unternehmen im Mittelpunkt (z. B. als Punkt Nachhaltigkeit auf der Startseite vieler Internetseiten (z. B. bei BASF und Siemens).

Ausgangspunkt für die Erfassung des Inhaltes der ISO 26000 ist die Definition des Begriffs „Gesellschaftliche Verantwortung".[6]

---

6   DIN ISO 26000:2011-01 Leitfaden zur gesellschaftlichen Verantwortung (ISO 26000:2010)

Die gesellschaftliche Verantwortung bedeutet Verantwortung einer Organisation für die Auswirkungen ihrer Entscheidungen und Aktivitäten auf die Gesellschaft und die Umwelt durch transparentes und ethisches Verhalten, das

- zur nachhaltigen Entwicklung, Gesundheit und Gemeinwohl eingeschlossen, beiträgt,
- die Erwartungen der Anspruchsgruppen berücksichtigt,
- anwendbares Recht einhält und im Einklang mit internationalen Verhaltensstandards steht und
- in der gesamten Organisation integriert ist und in ihren Beziehungen gelebt wird.

Die Aktivitäten umfassen Produkte, Dienstleistungen und Prozesse. Beziehungen sind solche, die im Zusammenhang mit den Aktivitäten der Organisation innerhalb ihres Einflussbereichs entstehen.

Sie betrifft alle Arten von Organisationen, schließt sowohl soziale als auch ökologische Aspekte ein und hat keinen negativen Einfluss auf spätere Entwicklungen. Nachhaltigen Entwicklung bedeutet für eine Organisation, Verantwortung für die Folgen ihres Handels und ihrer Entscheidungen zu übernehmen. Die Einhaltung gesetzlicher Vorschriften und internationaler Vereinbarungen gelten als Basis.

Weitere Beispiele für *Nicht-Technische* Normen sind im Bereich des Personalmanagements die ISO 30400 *Personalmanagement-Vokabular* und die ISO 30409 *Personalmanagement-Personalplanung* veröffentlicht 2016-09.

Auch im Bereich der Compliance helfen Empfehlungen für die Einrichtung und Implementierung von Compliance Management Systemen eine Kultur der Integrität und Regelkonformität zu erreichen. Dies gelang durch die ISO 19600 Compliance Management Systems, die als DIN ISO 19600 2016-12 veröffentlicht wurde.

4 Fazit

Normen und Spezifikationen tragen zu einer nachhaltigen Entwicklung bei. Sie berücksichtigen die Belange der Verbraucher und legen darüber hinaus Anforderungen an den Gesundheits-, Arbeits- und Umweltschutz fest.

Normen basieren auf von Experten erarbeiteten Lösungen zu technischen, aber auch sozialen Fragen des Umweltschutzes. Sie entlasten Rechtsvorschriften von technischen Detailregelungen, indem sie eine einheitliche Terminologie schaffen, materielle Anforderungen und Grenzwerte definieren oder Messverfahren standardisieren. Denn erst durch standardisierte Messverfahren werden Aussagen über Umweltqualität möglich.

Die Grundlagennorm DIN EN ISO 14001 legt Anforderungen für die Einführung eines Umweltmanagementsystem in Unternehmen fest. Weitere relevante DIN EN ISO-Normen setzen sich mit Umweltkennzeichnungen und -deklarationen, der Erstellung von Ökobilanzen und Umweltberichten bis hin zur Gestaltung von Umweltkommunikation auseinander. Als Resultat der Anwendung von Normen und Spezifikationen minimieren Unternehmen den Einsatz von Ressourcen, verringern die Belastung der Umwelt und erfüllen so Anforderungen von Mitarbeitern, Kunden und Stakeholdern.[7]

---

7 Weitere Informationen über die Grundlagen von Normung und Standardisierung finden sich bei Bernd Hartlieb/Norbert Müller/Albert Hövel: Normung und Standardisierung – Grundlagen, 2. Auflage, Berlin 2016.

Generationengerechtigkeit –
auf die Jugend kommt es an

Stefan Brüggemann

Zentral für die Idee der Ökosozialen Marktwirtschaft ist der Gedanke der Nachhaltigkeit. Das wirtschaftliche Handeln soll demnach sowohl in ökologischer wie sozialer Hinsicht auch und besonders nachfolgenden Generationen gute Zukunftsperspektiven ermöglichen. Dabei stellt sich die Frage, von welcher Qualität diese Perspektiven sein müssen. Soll die Folgegeneration gleiche oder gar bessere Perspektiven vorfinden? Worauf beziehen sich die Perspektiven: Geht es um ökologische Integrität und natürliche Ressourcen oder um wirtschaftliche und finanzielle Prosperität? Auch wie es um die innere und äußere Sicherheit bestellt ist, kann als ein wesentliches Element der Chancengleichheit zwischen den Generationen betrachtet werden. Vor diesem Hintergrund ist kein Politikfeld davon befreit, im Interesse zukünftiger Generationen betrachtet zu werden. Naheliegende Themenbereiche sind Kinder-, Jugend- und Familienpolitik, Rente, Bildung, Finanzen sowie Sozial- und Arbeitspolitik. Jedoch sind vorausschauend betrachtet umwelt-, infrastruktur-, entwicklungs-, außen- und sicherheitspolitische Themen keineswegs davon ausgenommen. Was auf den ersten Blick als triviale Feststellung erscheint, ist deshalb von Bedeutung, weil es impliziert, dass kein Themen- und kein Politikfeld losgelöst vom jeweils anderen zu betrachten ist, wenn es darum geht abzuwägen, was der Folgegeneration die beste Perspektive bietet.

Am besten sichtbar wird dies im globalen Kontext. Während sich wohlhabende und hochentwickelte Staaten zunehmend um den Schutz des Klimas und der Umwelt sorgen, stehen für jene Länder, die jetzt das Zeitalter der Industrialisierung erleben, wirtschaftliches Wachstum im Vordergrund.[1] Beide Seiten begründen ihr Verhalten mit den besten Absichten für jene Generation, die nachwächst.

---

1   Vgl. Dieter Birnbacher/Christian Schicha: Vorsorge statt Nachhaltigkeit. Ethische Grundlagen der Zukunftsverantwortung, in: Dieter Birnbacher/Gerd Brudermüller: Zukunftsverantwortung und Solidarität, Würzburg 2001, S. 17–34.

Die Frage der Generationengerechtigkeit ist nachhaltigem Handeln zwar immanent, aber im Lichte des demografischen Wandels entfaltet sie sich in besonderer Aktualität, Dringlichkeit und Komplexität – gerade in Deutschland und Europa.

1 Demografische Herausforderung

Die deutsche Bevölkerung schrumpft und sie wird älter. Zwar ist jüngst die Geburtenziffer pro Frau in Deutschland wieder auf 1,5 Kinder pro Frau angestiegen, was in erster Linie an der hohen Zahl von Zuwanderung nach Deutschland liegt.[2] Jedoch kann auch diese Entwicklung den dauerhaften Trend nicht abwenden oder gar umkehren: Die Bevölkerung wird deutlich älter. Das zeigt sich besonders bei den Hochbetagten. Im Jahr 2013 machten die über 80-Jährigen mit 4,4 Millionen Menschen einen Bevölkerungsanteil von 5,4 Prozent aus.[3] Im Jahr 2050 wird ihre Zahl beinahe 10 Millionen sein, sodass in etwa 50 Jahren fast 13 Prozent der Bevölkerung 80 Jahre und älter sind.[4]

Die geburtenstarken Jahrgänge stehen einer immer kleiner werden Nachfolgegeneration gegenüber. Dies bedeutet in direkter Linie Konsequenzen für das derzeitige Rentenmodell, das darauf basiert, dass Arbeitnehmer mit ihren Beiträgen die Renten von heute versorgen. Das Ungleichgewicht von immer weniger Arbeitnehmern, die für immer mehr Rentenempfänger aufkommen müssen, stellt das System vor sichtbare Herausforderungen. Lösungsansätze und Rezepte gegen diese Entwicklung sind mannigfaltig. Rentenkürzung, Anhebung des Renteneintrittsalters, Erhöhung der Rentenbeiträge und private Altersvorsorge bilden die Pole nahezu aller Gegenmaßnahmen, die sich je nach Perspektive in der Schwerpunktsetzung unterscheiden. Allerdings kommt zu diesem rentensystemischen Ungleichgewicht eine politische Unwucht hinzu: Demokratie stützt sich auf Mehrheiten und die immer größer werdende Mehrheit ist (in mittelfristiger Zukunft) dem Renteneintritt näher als dem Berufseintritt. Folglich haben politische Entscheidungsträger ein größeres Interesse daran, die Wünschen und Interessen der älteren Generation zu berücksichtigen als die von jüngeren Geburtsjahrgängen – obschon diese die Leistungsträger von heute sind. Ob es sich dabei um ein „Strukturdefizit der Demokratie"[5] handelt, ist indes fraglich. Unbestritten

---

2 Vgl. Statistisches Bundesamt: Pressemitteilung Nr. 373 vom 17. Oktober 2016.
3 Vgl. Statistisches Bundesamt: Bevölkerung Deutschlands bis 2060, 13. koordinierte Bevölkerungsvorausberechnung, Wiesbaden 2015, S. 6.
4 Vgl. ebd.
5 Andrea Heubach: Generationengerechtigkeit. Herausforderung für die zeitgenössische Ethik, Göttingen 2008, S. 206.

ist, dass nicht wenige in diesem Konflikt Sprengstoff für den sozialen Frieden zwischen den Generationen sehen.[6] Neben wissenschaftlichen Analysten gibt es auch „Zukunftsaktivisten"[7], die sich engagiert in den Dienst der jüngeren Generation stellen wollen. Der Bedarf von „Generationengerechtigkeit" wird reklamiert, die wiederum sogar eine „neue Wertebasis"[8] erfordere. Dies macht deutlich: Nachhaltige Politik im Sinne einer Ausgewogenheit von ökologischer und sozialer Gerechtigkeit befindet sich auch in einem Spannungsfeld der widerstreitenden Interessen der Generationen. Während die Älteren sich um ihre Rentenbezüge und die Unverrückbarkeit des Eintrittsalters hierzu sorgen, bangt die jüngere Generation um steigende Beiträge und steigende finanzielle Abzüge für private Altersvorsorgen. Beides muss die Ökosoziale Marktwirtschaft im Blick behalten, ohne dabei demokratische Grundprinzipien zu verletzen. Dabei lohnt es sich jenseits der Hauptargumentationslinien genauer hinzuschauen – auch hinsichtlich einer Bringschuld der Jüngeren.

2 Chancen der Jugend

Die Abstimmung über den sogenannten „Brexit", also den Austritt Großbritanniens aus der Europäischen Union, versinnbildlicht eindrucksvoll das Verhältnis zwischen den Generationen im demokratischen Spannungsfeld. Zwar waren es mehrheitlich die Älteren, die für den Austritt ihres Landes aus der EU stimmten und die damit der jüngeren Generation eine folgenschwere Entscheidung auferlegten, deren Tragweite sich in ihrem eigenen Leben kaum mehr bemerkbar machen würde – ungeachtet dessen, wie der „Brexit" inhaltlich zu bewerten sei. Die Analyse des Abstimmungsverhaltens der Briten offenbarte aber zugleich, dass die Jüngeren sich zwar mehrheitlich für einen Verbleib in der Union aussprachen, sie zugleich jedoch ihr Recht, an der Abstimmung teilzunehmen, nur unterdurchschnittlich wahrnehmen.[9]

---

6 So stellten auch die Kuratoriumsmitglieder der Stiftung für die Rechte zukünftiger Generationen (Rolf Kreibich, Ernst von Weizsäcker, Ortwin Renn, Franz-Josef Radermacher, Jürgen Borchert und Martin Thunert) einmütig fest, dass es „Kassandrarufen" in dieser Hinsicht nicht mangeln würde. Vgl. Stiftung für die Rechte zukünftiger Generationen (Hrsg.): Handbuch Generationengerechtigkeit, 2. Aufl., München 2003, S. 10.
7 Wolfgang Gründinger: Alte Säcke Politik. Wie wir unsere Zukunft verspielen, Gütersloh 2016, S. 7.
8 Heubach: Generationengerechtigkeit, S. 218.
9 Vgl. Oliver Georgi/Timo Steppat: Die Alten wählten den Brexit – die Analyse, in: http://www.faz.net/aktuell/wirtschaft/brexit/wahl-analyse-die-alten-waehlten-den-brexit-14301861.html.

Auch in Deutschland ist das politisch-institutionelle Engagement der Jüngeren nicht proportional zu ihrem Anteil in der Bevölkerung. Sie sind durchgehend unterrepräsentiert[10] und engagieren sich erheblich weniger in Parteien als ältere Menschen. Dem wird gelegentlich entgegen gehalten, dass die heutige Jugend keineswegs unpolitischer als vorherige Generationen geworden sei.[11] Vielmehr bringe sie sich nicht parteipolitisch, sondern vornehmlich in alternativen Aktionsbündnissen ein. Doch auch hier fällt das Engagement in jenen Organisationen, die im politischen oder vorpolitischen Raum – und sei es nur bei der politischen Willensbildung – zu verorten sind, eher gering aus.[12] Dass gerade aber in Sportvereinen und Projektgruppen nicht Entscheidungen getroffen werden, die erstens in ein Gesetz münden, wodurch staatliche Verbindlichkeit entsteht, und zweitens kaum von langer Dauer sind, sollte dabei nicht übersehen werden. Vom aktiven Engagement innerhalb politischer Parteien oder Vereinigungen einmal abgesehen, ist auch die Beteiligung an der Wahlurne gering ausgeprägt.

In keiner Altersgruppe war die Wahlbeteiligung bei Bundestagswahlen von 1953 bis 2013 geringer als in jener der 21- bis unter 25-Jährigen.[13] Angesichts dieser Ausgangslage mag es nicht verkehrt sein, auch darüber nachzudenken, wie politisches Engagement für Jüngere attraktiver gemacht werden kann, jedoch darf dies nicht darüber hinwegtäuschen, dass für sie die gleichen Möglichkeiten bestehen wie für die ältere Generation. Die Jugend macht unterdurchschnittlich Gebrauch von ihrem aktiven und passiven Wahlrecht. So lange dies so bleibt, bedeuten Ge-

---

10 Allein bei Bündnis90/Die Grünen ist die Zahl der bis 30 Jahre alten Mitglieder in etwa proportional zu ihrer Altersgruppe in der Gesamtbevölkerung. Allerdings existiert diese Partei auch erst seit 1980 und hat dementsprechend weniger ältere, langjährige Mitglieder. Vgl. hierzu Oskar Niedermayer: Parteimitglieder in Deutschland, Arbeitshefte a. d. Otto-Stammer-Zentrum, Nr. 26, FU-Berlin 2016, S. 21 f.
11 Vgl. Ulrich Schneekloth: Jugend und Politik. Zwischen positivem Gesellschaftsbild und anhaltender Politikverdrossenheit, in: Shell Deutschland Holding: Jugend 2015. Eine pragmatische Generation im Aufbruch, Frankfurt a. M. 2015, S. 153–200.
12 Hinzu kommt, dass das Engagement in diesen Bereichen auch noch rückläufig ist. In der Altersgruppe der 12- bis 25-Jährigen haben sich im Jahr 2015 nur neun Prozent in Jugendorganisationen, jeweils fünf Prozent bei der Feuerwehr oder Greenpeace, jeweils drei Prozent bei Gewerkschaften oder Bürgerinitiativen und gerade einmal 2 Prozent bei Parteien eingebracht. Vgl. Ulrich Schneekloth: Jugend und Politik: Zwischen positivem Gesellschaftsbild und anhaltender Politikverdrossenheit, in: Shell Deutschland Holding, Jugend 2015. Eine pragmatische Generation im Aufbruch, Frankfurt a. M. 2015, S. 196.
13 Vgl. o. V.: Wahlbeteiligung nach Altersgruppen 2013, Bundeszentrale für Politische Bildung, in: http://www.bpb.de/nachschlagen/zahlen-und-fakten/bundestagswahlen/205686/wahlbeteiligung-nach-altersgruppen.

dankenexperimente, wonach das Gewicht von Wählerstimmen an die Lebenszeit gekoppelt wird,[14] den zweiten Schritt vor dem ersten zu machen. Gemessen an der Eigeninitiative der jüngeren Generation bei politischen Prozessen, werden ihre Anliegen disproportional gut vertreten. Dabei bringen sie ein beachtliches Bildungsfundament mit, das sie dazu befähigen könnte.

Selbst wenn PISA-Rankings und andere Evaluationen gelegentlich kein exzellentes Licht auf die „Bildungsrepublik" Deutschland werfen, so muss doch konzediert werden, dass sich die Möglichkeiten für Bildung und Ausbildung stetig verbessert haben. Der Jugend von heute stehen in dieser Hinsicht mehr Aus- und Weiterbildungsmöglichkeiten offen als ihrer Elterngeneration. Das liegt auch und nicht zuletzt an technischen Errungenschaften, die zugleich Ausdruck des gestiegenen Wohlstands sind. Nie zuvor waren Informationen so frei und universell verfügbar wie in Zeiten des Internets. Aber auch die direkte Förderung in Form von Stipendien wurde stetig angehoben und ausgebaut, sodass in diesem Bereich das Bundesministerium für Bildung und Forschung für das Jahr 2015 einen neuen Höchststand von Stipendiatinnen und Stipendiaten feststellen konnte.[15] Die hohen Zahlen der Studierenden an deutschen Hochschulen, die letztlich auf eine höhere Zahl von Abiturienten zurückzuführen ist, scheint eine ähnliche Sprache zu sprechen.[16] Wenngleich diese Zahlen mit Vorsicht zu betrachten sind. Denn immerhin sind nicht nur die Zahlen derjenigen, die das Abitur erlangen, sondern auch die derjenigen, die Bestnoten im Abschluss erzielen, sprunghaft angestiegen.[17] Ob es sich hierbei um tatsächliche Leistungssteigerungen des Bildungssystems oder um eine „Noteninflation" handelt, kann zumindest hinterfragt werden.[18] Denn am Ende kommt es allein auf die tatsächliche Studierfähigkeit und die Ausbildungsreife der Absolventen an. So scheint die erhöhte „Bildungsbetei-

---

14 So schlägt Wolfgang Gründinger vor, dass Stimmen jüngerer Menschen stärker gewichtet werden als jene von Älteren, da diese nur noch eine geringere Lebenszeit vor sich hätten. Vgl. Gründinger: Alte Säcke Politik, S. 166.
15 Bundesministerium für Bildung und Forschung, Pressemitteilung 054/2016, Berlin 30. Mai 2016.
16 Statistisches Bundesamt, Mikrozensus 2015, in: https://www.destatis.de/DE/ZahlenFakten/ GesellschaftStaat/BildungForschungKultur/Bildungsstand/Tabellen/Bildungsabschluss.html.
17 Die Abiturnoten im Ländervergleich seit dem Jahr 2006 sind im Internet auf der Präsenz der Kultusminister Konferenz abrufbar unter: https://www.kmk.org/dokumentation-und-statistik/statistik/schulstatistik/abiturnoten.html.
18 Vgl. Wolfgang Schimpf: Nötig wäre eine systematische Begabungsförderung. Wie Niedersachsen das Leistungsprinzip aushebelt und die Gymnasien langsam aber sicher von innen heraus zerstört, Frankfurter Allgemeine Zeitung vom 6. April 2017, S. 7.

ligung" nicht immer mit der Verbreitung von für die Universitäten erforderlichen Grundlagenkompetenzen zu korrelieren.[19]

Mit Einführung des Bachelor-Abschlusses ist es nun auch möglich, nach sechs Semestern einen berufsbefähigenden, akademischen Abschluss zu erlangen, was wiederum zu einer höheren Zahl von ausgebildeten Akademikern führt. Dass diese Tendenz der Gleichsetzung von Bildung mit Akademisierung mittelfristig zu Attraktivitätseinbußen bei Lehr- und Ausbildungsberufen führt, scheint unausweichlich.[20] Wenngleich sich über die Kausalität streiten lässt, ist der Mangel an Bewerbern für Ausbildungsberufe eine Tatsache,[21] der nun auch politisch begegnet wird. Kampagnen des deutschen Handwerks und auch der Bundesregierung bemühen sich darum, für Berufe jenseits des akademischen Bildungsweges zu werben.[22] Hier liegen Chancen für die jüngere Generation, die verknüpft mit einer entsprechenden Unterstützung für gründungswillige Unternehmer durch die Politik, eine Stärkung des Mittelstandes zur Folge haben können. Hier wird es auch auf Eigeninitiative und Entrepreneurship der jungen Generation ankommen. Sie ist es, die mit der Digitalisierung groß geworden ist und daher am besten vermag, neue Innovationen mit klassischen Branchen zu verbinden.[23]

Die junge Generation ist mobiler und flexibler. Sie hat ein breites Angebot von Fernstudiengängen, sodass sie durch zahlreiche Kurse, die als Online-Seminare angeboten werden, die Möglichkeit hat, ein Hochschulstudium zu absolvieren ohne dafür vor Ort präsent sein zu müssen. Auch bei klassischen Studiengängen an Universitäten ist Anwesenheit längst keine Pflicht mehr. So hat das Land Nordrhein-Westfalen im Hochschulzukunftsgesetz geregelt, dass die Teilnahme an den Lehrveranstaltungen grundsätzlich keine Voraussetzung mehr für die Zulassung zu Prüfungen darstellt.[24] Das kann beklagt oder begrüßt werden – in jedem Fall ermöglicht es den Studierenden mehr Freiraum. Den genießen die jüngeren Jahrgänge zudem durch die Aussetzung der allgemeinen Wehrpflicht, die auch eine Aussetzung von Ersatzdiensten, wie beispielsweise dem Zivildienst, mit sich brachte. Seit dem Jahr 2011 können Schülerinnen und Schüler direkt nach

---

19 Vgl. Henry-Huthmacher, Christine/Elisabeth Hoffmann: Wie ausbildungs- und studierfähig ist unsere Jugend?, in: Dies. (Hrsg.): Ausbildungsreise und Studierfähigkeit, Konrad-Adenauer-Stiftung, Sankt Augustin/Berlin 2016, S. 5–10.
20 Vgl. Julian Nida-Rümelin/Birgit Schnell: Je mehr Akademiker, desto besser? Contra, in: Jörg Tremmel (Hrsg.), Generationengerechte und nachhaltige Bildungspolitik, Wiesbaden 2014, S. 27–46.
21 Daniel Eckert: Gier aufs Studium forciert den Azubi-Mangel, in: https://www.welt.de/wirtschaft/article158552835/Gier-aufs-Studium-forciert-den-Azubi-Mangel.html.
22 Hierfür hat die Bundesregierung zusammen mit Vertretern der Wirtschaft und der Gewerkschaften die „Allianz für Aus- und Weiterbildung" initiiert.
23 Vgl. hierzu den Beitrag in diesem Sammelband von Karl-Heinz Land.
24 Vgl. hierzu § 64 Absatz 2a des Hochschulgesetzes NRW.

dem Abschluss eine Ausbildung oder ein Studium beginnen. Sind sie im Berufsleben angekommen, ergeben sich – nicht immer und nicht bei jedem Arbeitgeber, aber immer häufiger – die Chance auf Arbeit im home-office, flexible Arbeitszeitgestaltung oder gar die Möglichkeit für ein komplettes Sabbatical-Jahr. Die Vereinbarkeit von Familie und Beruf ist weiterhin ein Schwerpunktthema für politische Entscheidungsträger.

Hier gilt in gleicher Weise, dass je nach Standpunkt und eigener Auffassung nach wie vor Handlungsspielraum besteht oder bereits genug geleistet wurde. Verglichen mit jungen Eltern aus den 1970er Jahren hat die junge Generation aber auch in dieser Hinsicht erheblichen Spielraum dazu gewonnen. Gleiches gilt für die Pflege von Angehörigen. Hier wurden flexible Modelle geschaffen, die sowohl die Möglichkeit bieten sollen, sich selbst um pflegebedürftige Angehörige oder Eltern zu kümmern oder dies in fremde Hände zu geben.[25]

Wenngleich zu Beginn mit dem „Brexit" eine historische Zäsur mit Blick auf die Europäische Einigung angesprochen wurde, so gilt doch für die in der Union verbliebenen Staaten, dass sich die Menschen hier frei bewegen, einen Beruf wählen, sich niederlassen und in den meisten Fällen sogar mit derselben Währung bezahlen können. Eine Freiheit, die so selbstverständlich erschien, dass sie bei vielen erst durch den Austritt Großbritanniens ins Bewusstsein zurückkehrte. Das freie Reisen ist auch praktischer und günstiger geworden. Mit zahlreichen „Billig-Airlines" lassen sich für die Jugend Ziele in und außerhalb Europas an einem Wochenende erkunden. Generationen davor mussten hier anders planen und sparen. Portale wie „Airbnb" ermöglichen günstige Übernachtungen und mit alten oder neu gewonnenen Bekanntschaften kann dank sozialer Medien über große Distanzen der Kontakt gehalten werden – ohne teure Auslandsgespräche oder Portogebühren.

Die Jugend hat auch ökonomische Macht: Sie kann sich – finanzielle Potenz oder entsprechende Priorisierung vorausgesetzt – entscheiden, ob sie fair gehandelte Produkte oder Produkte aus biologischem Anbau jenen konventioneller Provenienz vorziehen möchte. Freilich lässt sich einwenden, dass diese Produkte tendenziell teurer sind. Zudem kann im Einzelfall hinterfragt werden, ob mit ihrem Kauf auch tatsächlich eine „moralisch bessere" Entscheidung verbunden ist. Dennoch kann kaum bestritten werden, dass auch der Einkauf in diesem Sinne politischer geworden ist und dem Endkunden Spielräume eröffnet, im Sinne einer ökosozialen Marktwirtschaft zu handeln, die in der Vergangenheit nicht existierten.

---

25 Vgl. hierzu das Pflegestärkungsgesetz I bis III.

3 Pflicht der älteren Generation: Unterstützen

Wesensmerkmal des nachhaltigen Handelns ist es heute das „Morgen" im Blick zu haben. Das bedeutet in erster Linie den eigenen Kindern und nachfolgenden Generationen Chancen offen zu halten und neue Chancen zu ermöglichen. Wenn die ältere Generation feststellt, dass sich die Jugend kaum oder zu wenig in den politischen Prozess einbringt und institutionell gegebenenfalls unterrepräsentiert ist, ist sie ebenfalls in der Verpflichtung zu Handeln. Das politische Engagement auch für jüngere Menschen attraktiv zu machen bedeutet weniger die tägliche Parteiarbeit an die Gepflogenheiten der Jugend zu assimilieren, als vielmehr der nächsten Generation Vertrauen entgegenzubringen. Die Jugend ihrerseits muss sich dann beweisen. Sie muss sich einbringen, sie muss überzeugen und letztlich muss sie auch klaren Führungswillen gegenüber den Älteren erkennbar werden lassen. Denn das ist ein zentraler Punkt: Die bloße Klage, übergangen zu werden, reicht – auch und besonders im politischen Streit – nicht aus. Es braucht Willen zur Führung und zur Durchsetzung. Dabei hat die gegenwärtige politische Kultur in dieser Hinsicht ein Defizit. Der Konsens wird als alleiniges Ziel definiert. Streit wird abgelehnt.[26] Dass ein großer Teil der jüngeren Gesellschaft so denkt, ist auch der Fehler der vorangegangenen Generation, die eine kultivierte Debatten- und Streitkultur zu wenig gepflegt hat. Dabei geht es gerade in der Politik und im Wirtschaftsleben um Interessenvertretung – und letztlich auch um Leidenschaft. Nicht zuletzt vor diesem Hintergrund fordert die Soziologin Chantal Mouffe mehr Agonistik.[27]

Es stimmt, dass die Jugend keine „Lobby" hat, aber das hat die Ökologie und das Klima ebenso wenig. Dennoch gründeten in Deutschland im Jahr 1980 junge Menschen eine Partei, die den Umweltschutz zu ihrem Kernanliegen erklärte und die sich in bewusster Abgrenzung von den bisher existierenden Parteien definierte.

Die Älteren haben aber durchaus die Jüngeren im Blick. Noch im Jahr 2006 mahnte der damals 76-jährige Kurt Biedenkopf an, dass die steigende Staatsverschuldung einer Kündigung des Generationenvertrages gleich käme.[28] Seit dem Jahr 2014 erreicht die Bundesregierung einen ausgeglichenen Haushalt ohne Nettokreditaufnahmen – die Eckwerte für den Bundeshaushalt 2018 sind ebenfalls frei von neuen Schulden.[29] Erreicht wurde dies übrigens vom ältesten Mit-

---

26 Vgl. Simon Urban: Ein Volk der Beleidigten, in: http://www.zeit.de/kultur/2016-07/deutschland-beleidigtsein-debattenkultur-empfindlichkeit-polemik.
27 Vgl. Chantal Mouffe: Agonistik. Die Welt politisch denken, Bonn 2015, S. 133 ff.
28 Vgl. Kurt Biedenkopf: Die Ausbeutung der Enkel. Plädoyer für die Rückkehr zur Vernunft, Berlin 2006, S. 217.
29 Vgl. Bundesministerium der Finanzen: Pressemitteilung Nr. 10 vom 15. März 2017.

glied der Bundesregierung und einem der ältesten Parlamentarier des Deutschen Bundestages, dem Finanzminister Wolfgang Schäuble. Dass die junge Generation nicht von der älteren berücksichtigt wird, ist also mitnichten der Fall. Gewiss kann hier eingewandt werden, dass der Verzicht auf neue Schulden auch den Investitionen gegenübergestellt werden muss. Jedoch ist es keineswegs so, dass keine Gelder für Investitionen bereitgestellt würden. Über die Verwendungszwecke zu diskutieren, ist Aufgabe der Parlamente. Doch auch hier gilt, dass der nachfolgenden Generation am besten gedacht wird, wenn sie schließlich selbst entscheidet, für welche Zwecke sie das Geld ausgeben möchte.

Auch mit Blick auf die Rentenproblematik ist die von der älteren Generation dominierte Politik nicht blind für zukünftige Generationen. Zwar ist eine Lösung der grundsätzlichen Schieflage von weniger Beitragszahlen gegenüber steigenden Zahlen von Rentenempfängern noch nicht in Sicht, allerdings sind die Stellschrauben identifiziert. Auch hier verlaufen die Trennlinien nicht per se zwischen den Generationen. Bei älteren Arbeitnehmern durchaus umstrittene Vorschläge zur Erhöhung des Renteneintrittsalters werden ebenso von jüngeren wie von älteren Politikern vorgetragen. Über Umwege und in zähen Verhandlungen bahnen sich sukzessive Teillösungen an: Im „Rentenpaket" der Bundesregierung wurde zwar für langjährige Versicherte die Möglichkeit geschaffen, sogar schon mit 63 Jahren einen Anspruch auf eine abschlagsfreie Rente zu erhalten, obwohl bisher die Regelaltersgrenze erst mit 65 Jahren erreicht war, allerdings wird diese für die Jahrgänge 1947 und jünger seit 2012 von 65 auf 67 Jahre angehoben. Zudem ermöglicht die „Flexi-Rente" Arbeitnehmern, die länger arbeiten wollen, einen späteren Renteneintritt,[30] was ebenfalls zukünftige Beitragszahler entlasten soll.

Die Älteren können die Jungen aber auch ganz konkret unterstützen. Sie können ihnen Chancen bieten, die über die Schonung und den Erhalt von Ressourcen hinausgehen. Durch Erziehung und Bildung ermöglichen sie ihnen Zukunftschancen. Das beginnt schon im Schulalter. Die Schulbildung bildet das Fundament für den Erfolg oder Misserfolg nachfolgender Generationen. In sie zu investieren ist Voraussetzung für alles, was danach kommt. Die schulische Ausbildung zu verbessern hat aber nicht immer und nicht alleine etwas mit Lehrplänen und finanzieller Ausstattung zu tun. Hier kann eine Generation unmittelbar auf die nächste einwirken – ohne, dass dies eine Frage des Geldes ist. So hat eine aktuelle OECD-Studie den Zusammenhang zwischen elterlicher Fürsorge sowie gemeinsamen Gesprächen mit den Kindern über den Alltag und besseren Leistungen in der Schule nachgewiesen.[31] Dabei sei hier eben nicht nur ein Fachgespräch oder die kom-

---

30 Vgl. Bundesregierung: Selbstbestimmter in den Ruhestand, in: https://www.bundesregierung.de/Content/DE/Artikel/2016/09/2016-09-14-flexirente.html.
31 Vgl. OECD: PISA 2015 Results (Volume III): Students' Well-Being, PISA, Paris 2017, S. 155 ff.

petente Kontrolle der Hausaufgaben maßgeblich. Vielmehr reiche ein Austausch als Signal des Interesses am Kind, das weder ein hohes Maß an Zeit noch an Qualifikation erfordere.[32] Auch ehrliche und konstruktive Kritik, kann den Kindern helfen ihre Leistungen zu verbessern. Sogar das „Erleben des Scheiterns" kann dem Aufbau des eigenen Selbstbewusstseins dienlich sein.[33] Nicht ohne Grund wird auch für Start-Ups und junge Unternehmensgründer die Beförderung einer „Kultur des Scheiterns" gefordert.[34] Damit ist nicht beabsichtigt, gründungswillige Unternehmer in den Misserfolg zu treiben, sondern mit einer bewussten Fehlerkultur Mut für Unternehmergeist zuzusprechen. Auch hier kann eine Generation die nachfolgende unterstützen.

Gleiches gilt für Angestellte in Unternehmen. Mitnichten sind die Älteren eine Bürde für jüngere Arbeitnehmer. Vielmehr können Sie im Austausch der Generationen ihre Erfahrungen aus vielen Berufsjahren weitergeben – hierdurch entsteht gemeinsame Produktivität.[35] So können bei einem späteren Renteneintritt das Unternehmen und die Rentenkasse gewinnen. Auch hier leistet die ältere Generation bereits mehr als gelegentlich angenommen wird: Immer mehr Ruheständler arbeiten. Seit dem Jahr 2011 hat sich die Zahl derer, die sich im Rentenalter befinden und dennoch einer sozialversicherungspflichtigen Tätigkeit nachgehen um 52 Prozent gesteigert.[36] Grund hierfür ist nicht etwa die Sorge vor Altersarmut, das zeigt zum einen die finanzielle Situation der Rentner von heute, zum anderen engagiert sich diese Altersklasse auch ehrenamtlich – also ohne Bezahlung – häufiger als in zurückliegenden Jahren.[37] Diese Entwicklung positiv zu begleiten und über eine Anhebung des Renteneintrittsalters nachzudenken, könnte zukünftige Rentenprobleme entspannen. In der Europäischen Union haben bereits zehn Länder den regulären Rentenbeginn weit über den 67. Geburtstag hinaus angehoben. Ab 2050 können Arbeitnehmer in Dänemark sogar erst mit 72 Jahren in Rente ge-

---

32 Vgl. Swantje Unterberg: PISA-Studie zum Wohlbefinden. Wie ein Abendessen am Familientisch die Leistung der Schüler verbessern kann, in: http://www.spiegel.de/lebenundlernen/schule/pisa-studie-zum-wohlbefinden-pruefungsangst-unabhaengig-von-testhaeufigkeit-a-1143674.html.
33 Vgl. Gerhard Wolf: Bremsversagen oder: Mit dem Abitur in die Schreibberatung. Ursachen und Folgen einer nachlassenden Studierfähigkeit heutiger Jugendlicher, in: Henry-Huthmacher/Hoffmann (Hrsg.): Ausbildungsreise und Studierfähigkeit, Konrad-Adenauer-Stiftung, Sankt Augustin/Berlin 2016, S. 10–18.
34 Vgl. o. V.: Firmenpleite: Startup-Verband fordert „Kultur der zweiten Chance, Wirtschaftswoche, in: http://gruender.wiwo.de/firmenpleiten-start-up-verband-fordert-kultur-der-zweiten-chance/.
35 Vgl. Axel Börsch-Supan/Ismail Düzgün/Matthias Weiss: Alter und Arbeitsproduktivität. Stand der Forschung und Ausblick, Discussion Paper 073-05, Mannheim 2005, S. 3–15.
36 Vgl. o. V.: Immer mehr Ruheständler gehen arbeiten, in: Frankfurter Allgemeine Zeitung vom 9. Januar 2017, S. 15.
37 Vgl. ebd.

hen. In vielen anderen Ländern wurde das Renteneintrittsalter zwischen dem 69. und 70. Lebensjahr festgelegt.[38]

Aber natürlich geht es im Letzten stets auch um Geld. Die Staatsfinanzen ordentlich zu halten und auch zukünftig eine solide Finanzierung zu gewährleisten, ist die Obligation, die auf höchster staatlicher Ebene zu erfüllen ist. Deutschland ist ein wohlhabendes, ökonomisch stabiles Land.[39] Im Rahmen der Sozialen Marktwirtschaft gilt es dabei, auch die Balance zwischen wohlhabenden und ärmeren Mitgliedern der Gesellschaft zu wahren. Nachhaltigkeit zwischen den Generationen ist aber zugleich auch ein ganz konkretes, ein familiäres Thema. Denn große Vermögen gehen in Deutschland zu zwei Dritteln aus Eigenleistung und zu einem Drittel aus Erbschaften hervor.[40] Dass ohnehin vermögende Personen häufig öfter und in größerem Umfang durch Erbschaften begünstigt werden, kann vor diesem Hintergrund ein sozialpolitisches Problem darstellen.

4 Ein Ausblick: die gemeinsame Chance von Jung und Alt

Für jede Erbschaft gilt zugleich, dass sie das Resultat einer Leistung vorangegangener Generationen ist. Besonders großes Vermögen kommt in Deutschland jedoch häufig aus einer Kombination von Erbschaften und Unternehmertum vor.[41] Viele Faktoren bestimmen den Erfolg einer Unternehmensgründung. Nicht alle von ihnen sind ausschließlich ökonomischer Natur. Für Unternehmer in Deutschland konstatiert der Armutsbericht in Deutschland zum Beispiel besondere Persönlichkeitsmerkmale – wie eine erhöhte berufliche Risikobereitschaft.[42] Die Gründenden haben offensichtlich weniger Angst vor dem Scheitern als andere. Jungen Absolventen in dieser Hinsicht Mut zu machen und gemeinsam – trotz aller Herausforderungen der Zukunft – eine positive Prognose zu wagen, ohne Neid-Debatten zu führen, kann ebenfalls ein Beitrag zur Generationengerechtigkeit der älteren Generation sein. Andere Gesellschaften, wie die israelische, machen es vor und legen schon in der Erziehung der Kinder einen der Grundsteine für späteren

---

38 Vgl. o. V.: Bekloppte Finnen, Dänen, Niederländer?, in: Frankfurter Allgemeine Zeitung vom 22. August 2016, S. 19.
39 Vgl. Bundesregierung: Lebenslagen in Deutschland. Der Fünfte Armuts- und Reichtumsbericht der Bundesregierung, Berlin 2017, S. I.
40 Vgl. ebd., S. 123.
41 Vgl. Miriam Ströing/Markus M. Grabka/Wolfgang Lauterbach: Hochvermögende in Deutschland unterscheiden sich nicht nur anhand ihres Vermögens von anderen Bevölkerungsgruppen, DIW Wochenbericht 42/2016, S. 999–1006.
42 Vgl. Fünfter Armuts- und Reichtumsbericht, S. 141.

„Unternehmergeist".[43] Nicht nur in ökonomischer Hinsicht, sondern auch politisch können die Älteren Zuversicht geben. In Zeiten, in denen zum Beispiel Angst vor Terrorismus eine der maßgeblichen Sorgen der deutschen Bevölkerung darstellt,[44] könnten jene, die aktiv den „Kalten Krieg" aber auch die Zeit der „RAF" erlebt haben, Zuversicht schenken und Mut zur Entschlossenheit verbreiten.

Es ist zudem die ältere Generation, die der jüngeren eindrucksvoll die Wertschätzung des Erreichten vor Augen führen kann. Nicht von ungefähr wird in politisch stürmischen Zeiten[45] erstens daran erinnert, dass die Europäische Union auch ein Friedensprojekt war und zweitens daran, welchen Wohlstand, diese – trotz aller Kritik – generiert hat. Bemerkenswert ist auch in dieser Hinsicht, dass die Initiative, die allsonntäglich für den Erhalt und die positive Gestaltung von Europa in vielen deutschen Städten demonstriert, nicht von engagierten Jugendlichen oder Studenten, sondern von einem 44 Jahre alten Anwalt gegründet wurde.[46] Auch in politischer Hinsicht macht die Jugend nicht durch Entrepreneurship auf sich aufmerksam. Obwohl politische Initiativen wie „Pulse of Europe" dazu geeignet sein könnten, den Austausch zwischen den Generationen zu fördern – zumal das Format in einer Mischung aus Kontinuität und Unverbindlichkeit zumindest organisatorisch geringe Anforderungen stellt.

Die Aufgabe der älteren Generation muss nicht immer direkt im Appell oder gar in der politischen Mahnung liegen. Chancen aufzuzeigen und eine konstruktive Fehlerkultur zu befördern gelingt nicht selten beim Erzählen des eigenen Lebensweges. Anstatt mit undefinierten Gerechtigkeitsbegriffen in die politische Debatte zu gehen und zukünftige Generationen zu verunsichern, könnten verdiente Spitzenpolitiker auf ihren eigenen Lebensweg verweisen, der gelegentlich mit einem abgebrochenen Studium oder ohne Abitur in höchste Staatsämter geführt hat. Beispiele hierfür sind auch in der Wirtschaft und in den Medien zu finden.[47] Daraus muss kein Plädoyer für abgebrochene Bildungswege entstehen, aber es zeigt doch auf, dass Erfolg nicht immer eine Frage der Ausbildung oder gar der

---

43 IW Consult: Unternehmertum, Schlüssel zum Wohlstand von morgen. Gutachten im Auftrag des Gemeinschaftsausschusses der Deutschen Gewerblichen Wirtschaft, Köln 2016.
44 Vgl. R+V Versicherung: Pressemitteilung zur „Ängstestudie 2016" vom 12. Juli 2016, in: https://www.ruv.de/static-files/ruvde/downloads/presse/aengste-der-deutschen-2016/ruv-aengste-2016-ergebnisse.pdf.
45 Hierbei stellen die Wahlerfolge populistischer Parteien in vielen europäischen Ländern, der Austritt Großbritanniens aus der EU, das Referendum in der Türkei zur Einführung eines Präsidialsystems, die anhaltende Krise in der Ukraine und auch der Bürgerkrieg in Syrien nur einige Schlaglichter dar.
46 Vgl. Friederike Haupt: Sie gehen für Europa auf die Straße, in: http://www.faz.net/aktuell/politik/inland/pulse-of-europe-sie-gehen-fuer-europa-auf-die-strasse-14845135.html.
47 Beispielhaft hierfür sind die Karrieren des ehemaligen Vorstandsvorsitzenden der Telekom René Obermann oder des früheren Chef-Redakteurs der BILD-Zeitung, Kai Diekmann.

Herkunft ist. Ob das eine oder das andere als gerecht zu bewerten ist – und wer diese Bewertung vornehmen soll und kann – bleibt offen.

Dass es den Zusammenhalt der Generationen braucht, um ein gedeihliches Miteinander und vor allem eine lebenswerte Zukunft für die Kindeskinder zu schaffen, scheint evident zu sein. Die ältere Generation muss darauf achten, dass sie nicht Ressourcen in dem Maße verbraucht, dass es ihren Kindern nach eigenem Ermessen nicht mehr möglich ist ein vergleichbares Leben zu führen. Hierfür muss der Jugend Raum zur Gestaltung der eigenen Zukunft gewährt werden: politisch, wirtschaftlich und gesellschaftlich. An der Jugend ist es ihrerseits, die Zukunft zu gestalten. Nur sie und nicht die Generation der Eltern oder Großeltern kann beantworten, wie die Zukunft aussehen soll, in der sie leben möchten. Dafür muss der Jugend zugehört werden, aber sie muss sich auch Gehör verschaffen. Sie muss sich ihren Freiraum genauso erkämpfen, wie dies die vorangegangenen Generationen getan haben – aber vor allem muss sie diesen nachhaltig nutzen.

Die (In-)Kompatibilität von Hochleistung und (sozialer) Verantwortung: Der Ehrliche ist der ...?!

Claus Dethloff

Wenn auch in der Wirtschaft Hochleistung, sei es aus Spaß an der Arbeit, aus unternehmerischen Zwängen oder gar Zielen heraus, nicht selten ein Postulat darstellt, so wird der Begriff Hochleistung doch zunächst und allgemein eher mit dem Sport assoziiert: Hochleistungssport.[1] Ein Sport, der mit dem Ziel betrieben wird, bei Wettkämpfen Höchstleistungen zu erzielen. Grundsätzlich wird aber von Hochleistung schon gesprochen, wenn Personen oder Personengruppen weit überdurchschnittliche Leistungen erzielen. Hier setzen beispielsweise auch neuere Definitionen und Modelle der Hochbegabung an. Diese möchten erklären, wie Hochbegabung in Hochleistung überführt werden kann. Denn Hochbegabung geht nicht unbedingt mit Hochleistung einher. Ein intellektuell hochbegabter Student wird nicht zwangsläufig sehr gute Noten erzielen und eine Managerin mit einem Intelligenzquotienten von 130 nicht automatisch erfolgreich führen oder wirtschaftlichen Erfolg garantieren. Und umgekehrt muss nicht jeder Hochleister hochbegabt sein. Aus der Expertiseforschung ist bekannt, dass viele Hochleister oft „nur" überdurchschnittlich intelligent sind. Eine zukünftige Hochleistung wird also dann wahrscheinlich, wenn die intellektuelle Begabung ausreichend ausgeprägt ist und zusätzlich geeignete Persönlichkeitsmerkmale und Umweltfaktoren günstig ineinandergreifen.

Ein Persönlichkeitsmerkmal ist beispielsweise das Pflichtbewusstsein, und Umweltfaktoren können auch gesellschaftliche Praxis und Wertesystem sein. Im Verbund mit normativen Ansprüchen oder auch ethischen Handlungsgrundsätzen gelangen wir dann schnell zum Begriff der Verantwortung. Und die hier aufgeworfene Fragestellung ist: Fördert oder hindert die Verantwortung im Sinne einer Verpflichtung, für eigene Handlungen einzustehen und ihre Folgen zu tragen, einzelne Personen, ihr Potenzial zu entfalten, und fördert oder hindert die Verantwortung

---

[1] Der Text ist aus der Erinnerung aufgeschrieben, es gilt das gesprochene Wort.

im Sinne einer sozialen, gesellschaftlichen Verpflichtung, insbesondere den eigenen Kunden gegenüber, Unternehmen, ihren ökonomischen Nutzen zu steigern?

2005 brachte der ehemalige TV-Moderator und ARD-Auslandskorrespondent Ulrich Wickert sein Buch „Der Ehrliche ist der Dumme" heraus. Er berichtet darin von politischen Betrügereien und der Ausbeutung der Bürger durch den Staat. Doch auch an den Ausgebeuteten reibt sich der Moralist. Darunter gäbe es zu viele jener, die ohne Skrupel und ohne jedes schlechte Gewissen lügen und betrügen und damit die Gesellschaft prägen würden. Damit einher ginge der Verlust von traditionellen Werten in unserer modernen Gesellschaft.

In der Tat machen Lügen einen großen Bestandteil unserer Konversation aus. In etwa 20 Prozent aller sozialen Interaktionen wird gelogen oder getäuscht. Und die Prozentzahl steigt auf 60, wenn wir mit fremden Personen interagieren. So lügen auch laut einer repräsentativen Umfrage des Instituts my-Marktforschung vom Februar 2016 58 Prozent der Deutschen täglich. Das alles scheint für Wickert zu sprechen: Diejenigen, die meist ehrlich sind, sind die Dummen. Der Volksmund sagt allerdings etwas Anderes: „Lügen haben kurze Beine" oder auch „Ehrlich währt am längsten".

Lügen können beispielsweise darin unterschieden werden, wer von ihnen profitiert, ob eine Lüge also selbst- oder fremddienlich ist. Selbstdienliche Lügen werden aus egoistischen Motiven erzählt, seien die Gründe nun materiell oder psychologisch. Fremddienliche Lügen sind hingegen oftmals altruistisch. Und außerdem: Gegenstand einer Lüge ist zwar oftmals die Vertuschung und Verheimlichung, die meisten Lügen beziehen sich allerdings auf die Gefühle von Personen. Sollte alles, was gesagt wird, auch wirklich immer wahr sein oder kann es unter Umständen nicht auch manchmal besser und sinnvoller sein zu lügen? Prosoziale Lügen können auch das Vertrauen in einer Beziehung stärken, zumal wenn die Wahrheit dem anderen schadet und keine egoistischen Motive zugrunde liegen. Und bei der Selbstlüge belügen sich die Menschen selbst, ohne es oftmals zu bemerken, ganz selbstverständlich und unbewusst. Doch beim Streben nach einem positiven Selbstbild, nach Anerkennung, Kompetenz und Kontrolle oder auch nach Zugehörigkeit wird vor allem und bewusst die Geltungslüge oder gar die antisoziale Lüge bemüht. Erstere schadet andere weniger, denn das Ziel ist in erster Linie, über Techniken des Lügens und Täuschens bei dem Gegenüber einen positiven Eindruck zu hinterlassen. Schwerwiegender sind Lügen, die anderen schaden, um sich dann daraus einen Vorteil zu verschaffen. Ist dieses Lügenverhalten krankhaft, so zählt es zum Symptom zahlreicher Persönlichkeitsstörungen. Am stärksten sind Lug und Betrug mit der so genannten antisozialen Persönlichkeitsstörung verbunden. Egoistisch motiviertes, manipulatives und täuschendes Verhalten, das mit Lügen einhergeht, ist auch oft bei Narzissten auszumachen. Und nebenbei bemerkt: Es ist bekannt, kein Vorurteil, dass sich im Top-Management von Unternehmen eine überproportionale Anzahl von Personen mit ausgeprägten narzisstischen Zügen finden lässt.

Nun werden Lügen aber nicht immer erkannt und darüber hinaus besitzen gute Lügner auch häufig positive Eigenschaften. Routinierte Lügner sind oftmals beruflich erfolgreich, weil sie beispielsweise auch intelligent sind, und selbst, wenn sie lügen, werden sie tendenziell als glaubwürdig eingeschätzt. Doch wird eine Lüge erkannt, so kommt es schnell zu einem allgemeinen Sympathie- und Glaubwürdigkeitsverlust. Situativ kann die Entdeckung allerdings auch dazu führen, dass die Belogenen ihrerseits den Betrüger im gleichen Maß belügen.

In einer Dienstleistungsgesellschaft wie Deutschland liegt es nahe, Themen der Glaubwürdigkeit und Ehrlichkeit auch auf die Beziehung zwischen Kunde und Händler zu übertragen. Sind wir also auch als Verbraucher und Kunde dumm, wenn wir Betrügereien der Händler tolerieren? Und sind umgekehrt Händler dumm, wenn sie Tricksereien der Kunden erdulden? Anders gefragt: Ist es klug, wechselseitig mit immer neuen Tricks und Schummeleien aufeinander zu reagieren, weil man sonst stets der vermeintlich Dumme bleibt?

1 Ehrliche Händler – aus Sicht der Philosophen

Seit es Handelsgüter gibt, ist die Beziehung zwischen Kunde und Händler ein aktuelles Thema – auch für die Philosophie. Nutzen und Ehre, Ehrlichkeit und Gewinn beschäftigen die Menschheit schon seit Langem. Ursprüngliche Erörterungen zum ehrlichen Handel finden sich in den Schriften des römischen Denkers Cicero (gest. 43 v. Chr.), des italienischen Mathematikers und Franziskaners Luca Pacioli (gest. 1514) oder bei Immanuel Kant (gest. 1804). Bei Cicero („De Officiis", 44 v. Chr.) etwa ist nachzulesen, dass dem, der ehrlich handelt, die anderen Menschen mit Respekt begegnen. Die Ehrlichkeit, so der Philosoph, zahle sich durch solide zukünftige Geschäftsbeziehungen und somit auch durch langfristig gesicherte Geldeinnahmen aus. Nutzen und Ehre sind so untrennbar verbunden. Im Umkehrschluss führen Lügen und Betrug zu Misstrauen und vergiften die Beziehungen zwischen Käufer und Händler bis hin zu Boykott und Bankrott, war Cicero sich sicher. Dieses Grundgesetz konnten auch die im Mittelalter und in der Neuzeit weltweit expandierenden Handelsbeziehungen zwischen immer mehr Menschen nicht außer Kraft setzen. Bereits im 14. Jahrhundert begründete der Kaufmann Pegolotti mit seinem Lehrbuch für Händler und Kaufleute eine ehrbare Wirtschaftskultur. Der Kaufmann, der Ansehen genießen wolle, müsse immer gerecht handeln, große Weitsichtigkeit besitzen und immer seine Versprechen einhalten, war der Venezianer überzeugt. Auf ihn geht die Bewegung des „Ehrbaren Kaufmanns" zurück, deren bekanntester deutscher Vertreter bis heute die 1517 gegründete „Versammlung eines Ehrbaren Kaufmanns zu Hamburg e. V." ist. Kurz zuvor hatte der italienische Mathematiker und Franziskaner Luca Pacioli einen Kaufmannsschwur formuliert: „Es gilt nichts höher als das Wort des guten Kaufmanns und so bekräftigen sie ihre Eide, indem sie sagen: Bei der Ehre des wahren Kaufmanns." Nicht zuletzt Immanuel Kant, deutscher Philosoph der Moral und Vernunft, widmete sich Ende des 18. Jahrhunderts der Ethik von Ehrlichkeit und Lüge. Sein kategorischer Satz dazu: „Ehrlosigkeit begleitet den Lügner wie sein Schatten." Mit Blick auf das 21. Jahrhundert lässt sich feststellen, dass es einerseits der ehrbare Kaufmann angesichts von Auswüchsen der Freien Marktwirtschaft – von Turbo-Gewinnmaximierung bis hin zu unlauterem Kredithandel – nicht leicht hat. Doch andererseits wäre es ohne Vertrauen und Ehrlichkeit niemals zu den jüngsten Phänomenen moderner Handelskultur gekommen. Digitale Plattformen wie Ebay etwa fußen auf dem ehrlichen Umgang zwischen Anbieter und Käufer. Jener vertraut diesem, indem er beim Kauf Vorkasse leistet und auf Treu und Glauben davon ausgeht, im Gegenzug auch seine Ware zu erhalten.

Eine Quintessenz ist demzufolge: Wer ehrlich handelt, dem wird mit Respekt begegnet und er wird als langfristiger Geschäftspartner geschätzt. Wer unehrlich agiert, erntet Misstrauen und verliert auf längere Sicht seine Kundschaft.

Die Wirtschaftspsychologie verknüpft diese Kausalität mit dem Konzept der „Misserfolgsmeidung". Bedrängende Kaufberatung und unlautere Versprechungen, versteckte Kosten, unvollständige Lieferung oder abgelehnte Reklamationen könnten demnach auch niedere Motive zur Vermeidung eines möglichen geschäftlichen Misserfolgs sein. Dem stehen verlässliche Aussagen, Preistransparenz oder Kulanz als Motive der Suche nach dem ehrlichen geschäftlichen Erfolg gegenüber. Im modernen Handelsleben geht es längst nicht mehr allein um die „harte" Ware. Alleinstellungsmerkmale von Produkt und Preis sind rar. So wird die Beziehung zwischen Kunde und Händler zum wichtigen Differenzierungsmerkmal, für das diverse „weiche" Faktoren ausschlaggebend sind. Denn in einer Konsumlandschaft, die nicht selten von überbordender Produktauswahl, verbunden mit wachsender Unübersichtlichkeit geprägt wird, verlangt der Kunde logischerweise plastische Entscheidungs- und Orientierungshilfen. Aber noch wichtiger ist ihm das Vertrauen in den Händler und seine Mitarbeiter, sei es ein Verkäufer, eine Kundenbetreuerin oder eine Servicekraft. Dieses Vertrauen ist keine statische Größe. Es ist einer hohen Dynamik unterworfen und ruht auf umso stärkeren Stützpfeilern, je öfter die Erwartung des Kunden erfüllt wird. Das wissen mittlerweile auch immer mehr Händler. Ihr Bewusstsein für Fairness, Transparenz, Zuverlässigkeit, Nachhaltigkeit und Verantwortung, um nur einige vertrauensbildende Aspekte zu nennen, wächst zunehmend. Und die Ehrlichkeit, das hat das Statistische Bundesamt schon im Jahr 2011 herausgefunden, gilt den modernen Menschen – ob nun als Kunde oder als Händler – sogar als wichtigste Tugend überhaupt. Weit vor der

Treue, der Bescheidenheit und dem Fleiß. Offenheit und Ehrlichkeit sind also in jeder geschäftlichen Beziehung die Basis für glaubwürdiges und kluges Handeln. Und das zahlt sich über kurz oder lang in jeder Hinsicht aus.

2 Ehrliche Händler – aus Sicht der Kunden

Die Kölner Analysegesellschaft ServiceValue hat das Thema „ehrliche Händler" aufgegriffen und lässt kontinuierlich in Deutschland ansässige Händler (stationärer Handel) über unabhängige, von den Unternehmen nicht beeinflussbare Kundenbefragungen auf ihre Ehrlichkeit hin bewerten. Für den Nachweis als „Ehrliche Händler" sind also nicht Leitbilder, Richtlinien, Geschäftsberichte oder der Ehrenkodex eines Unternehmens ausschlaggebend. Wenngleich diese sicherlich die Kundenbeziehung positiv beeinflussen. Vielmehr sind es die eigenen Erfahrungswerte der Kunden, die den Referenzrahmen bilden. Auch wenn der Kunde zu Beginn einer Geschäftsbeziehung beispielsweise den Versprechen und Aussagen eines Händlers lediglich „vertrauen" kann, so hat er doch im Laufe der Kundenbeziehung hinreichend Möglichkeit, das Eintreffen festzustellen. Darüber hinaus wird er während der Kundenbeziehung in sozialen Netzwerken oder auch medial über Hintergründe und „Wahrheiten", die er selbst nicht erfahren konnte, informiert.

Den Kunden aber allein zu befragen, ob ein Händler ehrlich ist, greift zu kurz. Zusätzlich sollten konkrete, verhaltensbezogene Kriterien herangezogen werden. Deshalb wurden über explorative Vorstudien zehn Verhaltensregeln operationalisiert und einer Messung zugänglich gemacht. Anschließend wurde der empirische Zusammenhang mit der zuvor getroffenen (subjektiven) Antwort auf die Frage: „Ist [Name des Händlers] aus Ihrer persönlichen Sicht ein ehrlicher Händler?", analysiert:

	Verhaltensregel	Quadrierte Korrelation in %
1	Fehler und Irrtümer werden eingestanden.	52
2	Getroffene Aussagen sind verlässlich.	47
3	Versprochene Leistungen werden eingehalten.	44
4	Informationen sind vollständig.	41
5	Preise und Kosten sind transparent.	38
6	Produkte und Leistungen sind verständlich beschrieben.	35
7	Angemessenes Preis-Leistungs-Verhältnis.	32
8	Preiserhöhungen und -nachlässe werden rechtzeitig angekündigt.	30
9	Angepriesene Produkte sind sofort verfügbar.	29
10	Produkt- und Preisvergleiche werden angeboten.	29

Für die „Kurzskala zum ehrlichen Verhalten" (KEV) wurden nun die fünf wichtigsten, im Sinne der höchsten Korrelation mit der Ehrlichkeitszuschreibung, normativen Verhaltensregeln ausgewählt. Diese fünf Kriterien beziehen sich auf Kritikfähigkeit, Zuverlässigkeit, Glaubwürdigkeit, Informationsumfang und Preistransparenz:

Verhaltensregel 1: Fehler und Irrtümer werden eingestanden. Niemand ist perfekt, im Handel und Service gibt es keine Null-Fehler-Quote. Wer bereit ist, eigene Fehler und Irrtümer einzugestehen, ist selbstkritisch und signalisiert, stets dazu lernen zu wollen, um den Kundennutzen zu erhöhen.

Verhaltensregel 2: Getroffene Aussagen sind verlässlich. Wer Aussagen verlässlich trifft, hat sich im Vorfeld Gedanken gemacht, was er seinen Kunden auf welche Art mitteilt. Er hat seine Kommunikation auf ihre Konsequenzen hin überprüft und zugleich den Grad ihrer Aussagekraft realistisch gehalten.

Verhaltensregel 3: Versprochene Leistungen werden eingehalten. Wer nur Leistungen verspricht, die er auch einhalten kann, vermeidet enttäuschte Erwartungen. Er ist sich seiner Leistungsfähigkeit bewusst und relativiert zum Wohle der Kunden Anspruch und Wirklichkeit.

Verhaltensregel 4: Informationen sind vollständig. Wer seine Kunden vollständig informiert, mutet ihnen nicht mehr als nötig zu, bietet aber immer noch so viel wie nötig, um die Handelsware an sich verstehen zu können. Die Kunden erfahren weder eine Informationsüberflutung noch einen Informationsmangel.

Verhaltensregel 5: Preise und Kosten sind transparent. Wer Preise und Kosten transparent hält, lockt nicht mit vermeintlich günstigen Angeboten, die versteckte Kosten beinhalten, sondern schafft die Möglichkeit zu einem leichten Preisvergleich und verheimlicht oder verschweigt nicht den echten Geldwert seiner Ware.

Basis für die Auswertung und Nennung als „ehrliche Händler" bildet das statistische Vertrauensintervall. Um den Einfluss unterschiedlicher Stichprobengrößen in den Kundenbefragungen zu eliminieren, wird als Mindestkriterium bei der Frage „Ist [Händler] aus Ihrer Sicht ein ehrlicher Händler?" die untere Grenze des Intervalls herangezogen, und zwar mit einer Irrtumswahrscheinlichkeit von lediglich einem Prozent. Diese untere Grenze wird in der Untersuchung auf 85 Prozent Zustimmung festgelegt. Darüber hinaus muss zugleich die durchschnittliche Zustimmung über die fünf normativen Verhaltensregeln ebenfalls bei über 85 Prozent liegen. Die Verhaltensregeln können somit auch als K.O.-Kriterien aufgefasst werden, falls der Händler zwar mit einer Wahrscheinlichkeit von 99 Prozent in der Grundgesamtheit (d. h. bei allen seiner Kunden) mindestens zu 85 Prozent als ehrlich eingestuft wird, aber die fünf konkreten Verhaltensregeln eben nicht in gleichem Maße Zustimmung finden. Folglich gilt nur als „ehrlicher Händler", wer aus Kundensicht alle Mindestwerte erfüllen kann.

Ohne auf die Ergebnisse einzelner Händler näher einzugehen, sei nur kurz erwähnt, dass beispielsweise dm-drogerie markt, Basic Bio-Lebensmittel, Thalia stationäre Händler in Deutschland mit überdurchschnittlichen Zustimmungswerten sind. Für unsere Fragestellung interessanter ist vielmehr die relativ hohe Zustimmung aus Verbrauchersicht bezüglich der Ehrlichkeit aller Unternehmen. Nicht nur die vorgenannten Händler, sondern auch ganze Handelssegmente weisen absolute Prozentzahlen von deutlich über 80 auf:

Handelssegment	Zustimmung in % für Ehrlichkeit
Lebensmittel und Getränke	91,11 %
Freizeit und Sport	91,03 %
Mode und Schuhe	90,08 %
Haus und Garten	89,21 %
Körper und Gesundheit	88,80 %
Auto und Zweirad	86,04 %
Elektro und Computer	84,87 %

Der mittlere prozentuale Anteil über alle untersuchten Handelssegmente liegt bei 88,73. Selbst die Schlusslichter (einzelne Händler) innerhalb der einzelnen Segmente weisen noch absolute Werte von 64 Prozent aufwärts auf. Ehrlichkeit wird also verbraucherseitig stets mehrheitlich attestiert. Und bei den durchschnittlichen Zustimmungswerten hinsichtlich der fünf normativen, konkret abgefragten Verhaltensregeln sieht es nicht anders aus, wenngleich die Reihenfolge der Segmente etwas variiert und die Werte insgesamt etwas niedriger ausfallen:

Handelssegment	Zustimmung in % bei normativen Verhaltensregeln
Mode und Schuhe	88,66 %
Lebensmittel und Getränke	88,44 %
Freizeit und Sport	88,14 %
Haus und Garten	85,24 %
Körper und Gesundheit	84,28 %
Auto und Zweirad	83,67 %
Elektro und Computer	80,57 %

Der mittlere prozentuale Anteil über alle untersuchten Handelssegmente liegt bei 85,57, also lediglich 3,16 Prozentpunkte unter dem Durchschnittswert für die „Ehrlichkeit".

Nicht überrascht hätte vermutlich auch ein Ergebnis, welches Zustimmungswerte deutlich unterhalb von 50 Prozent aufzeigen würde. Dies stünde einfach betrachtet nämlich eher im Konsens mit dem „unehrlichen" Verhalten des Einzelnen, welches in Form des Lügens ja mehrheitlich, zumindest situativ, anzutreffen ist. Doch ein solch negatives Antwortverhalten in Zuschreibungsprozessen wäre, falls es denn überhaupt der Wahrheit entspräche, auch weder sozial erwünscht noch selbstwertdienlich. Ohne auf psychologischen Modelle und Konzepte zur möglichen Erklärung der hohen Zustimmungswerte näher einzugehen, sei in diesem Zusammenhang kurz die Balancetheorie von Fritz Heider erwähnt. Demnach haben Menschen das Bedürfnis, eine Balance in ihren Beziehungen herzustellen, da sie sich ansonsten unwohl fühlen. Dies kann auf der kognitiven oder auf der affektiven Ebene stattfinden. Und als Kunde steht der Mensch stets in einer gewissen Beziehung zum Händler. Und erleben dann noch viele andere Kunden eine vermeintlich positive Beziehung zum Händler, denn sonst wären sie dort nicht mehr Kunde, wird der einzelne, wenn er denn dort auch weiterhin Kunde bleibt, selbst ein erlebtes Unwohlsein in eine gefühlt positive Beziehung umwandeln, um die eigene Balance zu halten. Komplizierter wird es, wenn das Unwohlsein sich auf die eigene Unehrlichkeit bezieht. Wiederum einfacher, wenn Letzteres gar kein Unwohlsein erzeugt. Dies ginge quasi einher mit dem Sprichwort „Jeder ist sich selbst der Nächste", aus Sicht von Thomas Hobbes mit dem Primat des eigenen Interesses bzw. aus Sicht rationaler Verhaltensmodelle mit dem Homo oeconomicus.

In der Untersuchung wird des Weiteren gefragt, inwieweit bei den Händlern aus Sicht der Verbraucher faire Produktionsbedingungen vorliegen oder beachtet werden:

Handelssegment	Zustimmung in % bei fairen Produktionsbedingungen
Lebensmittel und Getränke	75,23 %
Körper und Gesundheit	74,03 %
Haus und Garten	72,00 %
Freizeit und Sport	70,99 %
Auto und Zweirad	69,00 %
Mode und Schuhe	68,43 %
Elektro und Computer	66,07 %

Der mittlere prozentuale Zustimmungswert fällt hierbei über die untersuchten Handelssegmente ebenfalls recht hoch aus, er liegt aber im Verhältnis zu den oben genannten Durchschnittswerten nur noch bei 70,82. Und die Schlusslichter in der Untersuchung weisen im Einzelnen sogar absolute Zustimmungswerte von unter 30 Prozent auf. Bei der Zuschreibung von fairen Produktionsbedingungen liegt der durchschnittliche Zustimmungswert also nicht nur deutlich unterhalb dessen, was noch bei Ehrlichkeit und normativen Verhaltensregeln festzustellen ist, auch die Spannweite zwischen den „besten" und „schlechtesten" Händlern ist enorm.

Diese Tendenz zur Abwertung wird gegebenenfalls dadurch bewirkt, dass die Produktionsbedingungen als vorgelagert zum sozialen Austauschprozess zwischen Händler und Kunden vor Ort in der Filiale betrachtet werden können, insbesondere vom Kunden aus. Damit verliert die Bewertung an Relevanz und Einflussnahme, zum Beispiel auch auf die eigene Balance im oben genannten Sinne. Weiterhin treue Kundschaft und weniger Fairness „am Rande" schließen sich nicht aus, sind also auch kompatibel.

Eine weitere Untersuchung der ServiceValue GmbH zum Thema „Nachhaltiges Engagement" sei genannt. Diese Studie liefert einen aktuellen Überblick, wie die Verbraucherinnen und Verbraucher in Deutschland das nachhaltige Engagement von rund 1 400 Unternehmen bewerten. Die konkrete Fragestellung lautet: „Unternehmen/Marken bemühen sich zunehmend, den Verbrauchern gegenüber sichtbar nachhaltig ökonomisch, ökologisch und/oder sozial verantwortlich zu handeln. Inwieweit trifft die folgende Aussage auf Sie persönlich zu: Ich habe in den letzten 12 Monaten als Verbraucher erfahren, dass sich Unternehmen/Marke […] nachhaltig engagiert?"

Über alle untersuchten Unternehmen liegt der Mittelwert der 445 227 ausgewerteten Kundenstimmen auf einer 4-stufigen und voll verbalisierten Antwort-Skala (1 = „trifft zu", 2 = „trifft eher zu", 3 = „trifft eher nicht zu", 4 = „trifft nicht zu") bei 2,51. Die statistische Mitte liegt auf dieser Skala bei 2,50 zwischen „trifft eher zu" und „trifft eher nicht zu", die empirische Mitte weicht demnach lediglich um 0,01 davon ab. Dies entspricht auf einer Ja/Nein Antwortskala einem Zustimmungswert von knapp unter 50 Prozent.

3 Über die Ehrlichkeit zum Erfolg und zur Verantwortung

Doch fassen wir die Ergebnisse aus der empirischen Untersuchung zum „ehrlichen Händler" zusammen, so ist festzuhalten, dass der Kunde insgesamt hohe Zustimmungswerte verteilt und insbesondere die am Markt erfolgreichen Unternehmen im Ranking ganz oben stehen. Gerade der Handel zeichnet sich durch ein klassisches Austauschprinzip aus, der Kunde ist weder Bittsteller noch König, er agiert auf „Augenhöhe". In der Interpretation der hohen Zustimmungswerte greift die Annahme des Homo oeconomicus zu kurz, auf beiden Seiten. Vielmehr ist eine Kooperation der Parteien, Kunde und Händler, anzunehmen. Diese Kooperation nimmt zu, wenn sich die Situation des Tauschgeschäftes mehrmals wiederholt, die Beziehung zwischen Kunde und Händler also eine langfristige ist. Wer sich in wiederholenden Situationen nämlich eigennützig, das heißt auch egoistisch, unfair und unehrlich, verhält, dem gereicht es nicht zum Vorteil. Dies zeigen auch Erkenntnisse aus der experimentellen Wirtschaftsforschung. Die Frage, ob es klug sei, wechselseitig mit immer neuen Tricks und Schummeleien aufeinander zu reagieren, weil man sonst stets der vermeintlich Dumme bleibt, sollte also klar verneint werden. Erfolg versprechend und erfolgreich, sowohl für Personen, wie beispielsweise Privatkunden, oder Personengruppen, wie beispielsweise Organisationen und Unternehmen, sind Denk- und Verhaltensstrategien im Sinne einer Reziprozitätsnorm oder einfacher im Sinne von „Eine Hand wäscht die andere" und „Was du nicht willst, was man dir tu, das füg auch keinem anderen zu". Dies setzt allerdings voraus, dass die Handelnden erkennen, dass sie sich in einem sozialen oder wirtschaftlichen Austauschverhältnis befinden. Dann können sie auch aktiv Einfluss nehmen auf die Kooperation aller Beteiligten. „Tit for Tat" oder „Quid pro Quo" sind quasi hilfreiche Strategien zur Absicherung der Kooperationsbereitschaft, zumal sie mit Kooperation beginnen und sich gegen Nichtkooperation wehren. Letztlich ist eine Nachhaltigkeit im Geben und Nehmen aber nicht zu antizipieren. Bei Vorliegen bestimmter Persönlichkeitsmerkmale, externer Zwänge oder auch nur kurzer Beziehungen kann stets eine egoistische Nutzenmaximierung dominieren. Umso wichtiger, wenn Vertrauen nicht wachsen kann, ist die Verantwortung. Die Verantwortung, dafür einzutreten, dass Reziprozität und Fairness gelten. Dies gilt für einzelne Personen ebenso wir für ganze Organisationen oder Unternehmen. Denn nur über Kooperation lässt sich dauerhaft der Nutzen, gleich welcher Art, steigern und damit auch Hochleistung erzielen.

Automatisierung und Digitalisierung in einer „ökosozialen" Marktwirtschaft[1]

Ulf Posé

Der soziale Teil der ökosozialen Marktwirtschaft ist mein Thema. Hier spielt die Digitalisierung und Automatisierung eine Rolle. Wie gehen wir damit um, damit Führung sozial-verantwortlich handelt?

Die Digitalisierung hat enorme Auswirkungen, keine Frage. Von einer neuen Führung ist die Rede. Nichts bleibt so, wie es war. Was aber ist die neue, zukünftige Führung, wohin wird sich die Führungskräfteentwicklung bewegen müssen? Was ändert sich, was bleibt gleich?

Führungskompetenz bedeutet für viele Menschen heute, sich anders zu verhalten, zu entscheiden, noch agiler zu werden. Aber ist dem so?

Worauf kommt es an?

Wir erleben derzeit eine zunehmende Entpersonalisierung von Menschen durch die Digitalisierung (Kontakte nur noch durch e-mails, Telko, Skypen, SMS, Intranet, kaum noch disziplinarische Führung, ständige Abwesenheit durch Entfernung oder Mitarbeit in Projekten). So kommt es mehr denn je darauf an, wie gut geführt wird. Das ist zunehmend eine soziale, weniger eine fachliche Frage. Soziale Kompetenz wird zunehmend über die Qualität der Führung entscheiden.

Unternehmen hatten und haben zwei Ziele:

1. Ziel: mit einem Minimum an Aufwand die wirtschaftlichen Ziele im Unternehmen sicherstellen können.
2. Ziel: ein sozial verträgliches Miteinander generieren, in dem Menschen miteinander sorgsam umgehen.[2]

---

[1] Bei diesem Beitrag handelt es sich um eine Mitschrift des am 8. Dezembers 2017 an der Universität Bonn gehaltenen Vortrags von Ulf Posé.
[2] Rupert Lay: Ethik für Manager, Düsseldorf 1989, S. 138.

Führungspersönlichkeiten halten diese Ziele verträglich, Führungskräfte lassen diese Ziele konkurrieren.

1 Merkmale zukünftiger Führung

1.1 Wir müssen mehr miteinander reden, nicht schreiben

Die Computerisierung, Automatisierung, Roboterisierung und Globalisierung führen dazu, dass die an Projekten arbeitenden Menschen nicht immer am gleichen Ort zusammenkommen. Sie sind verteilt über Deutschland, Europa, die ganze Welt. Und auch das Home-Office gewinnt an Attraktivität.

Was bedeutet das für Führung der Zukunft? Eigentlich nur zweierlei:

1) Der Führende trifft seine Mitarbeiter nur noch selten persönlich.
2) Die Attraktivität der Arbeit gerät immer stärker in den Focus.

In den ‚good old days' hatte die Führungskraft nahezu täglich Kontakt zum Mitarbeiter. Mindestens 30 bis 50 persönliche Gespräche pro Jahr. Wenn eines oder gar zwei dieser Gespräche schief gingen, war das nicht so schlimm. Beim nächsten Gespräch konnte dies korrigiert werden. In der Welt 4.0 hat der Führende vielleicht nur noch 3–5 Mal ein persönliches Gespräch pro Jahr mit dem Mitarbeiter. Das bedeutet, wenn jetzt eines oder gar zwei Gespräche schieflaufen, dauert es recht lange, bis es ein nächstes persönliches Gespräch gibt. Eine Korrektur liegt somit in weiter Ferne. Bis dahin können durch Phantasie oder Verdrängen die Fehler der Kommunikation entweder verstärkt werden, indem Gespräche schlimmer als sie waren in Erinnerung bleiben oder werden vergessen nach dem Motto: „War doch nicht so schlimm." Wehe, wenn der Mitarbeiter derjenige ist, dessen Phantasie das Gespräch schlimmer als es war, deutet, und wehe, wenn der Chef derjenige ist, der das schlechte Gespräch durch Vergessen verniedlicht.

Es kommt zukünftig also zunächst auf die Qualität der Gespräche an. Wer führt, muss über hervorragende soziale Kompetenz verfügen, allein schon deswegen, weil er zukünftig den Mitarbeiter viel seltener persönlich trifft. Es ist wie beim Fußball. Einen Elfmeter gibt es sehr selten. Wenn ich in einem Spiel 20 Elfmeter schießen darf, kann auch schon einmal einer daneben gehen. Ist nicht so schlimm. Habe ich nur einen Elfmeter, und den vielleicht sogar erst in der 90. Minute, dann muss der sitzen.

1.2 Wir müssen aufhören, Menschen zu ökonomisieren

Bisher haben nicht nur Unternehmen alles ökonomisiert. Alle Werte wurden und werden immer noch ökonomisiert. Politische, soziale, moralische, ethische, kulturelle Werte wurden und werden ökonomisiert. Der Mensch wird schon viel zu lange ausschließlich nach seinem ökonomischen Nutzen beurteilt. Das werden sich Mitarbeiter, vornehmlich aus der jüngeren Generation zukünftig nicht mehr gefallen lassen.

Führungskräfte sind gefordert, Mitarbeiter im Bereich ihrer Werte, Erwartungen, Interessen und Bedürfnisse noch viel stärker wahrzunehmen als bisher. Die jahrelange Funktionalisierung von Mitarbeitern wird in der zukünftigen Führungskräfteentwicklung keine Rolle mehr spielen. Heute schon haben sehr viele Unternehmen große Probleme, fachlich versierte Mitarbeiter auf dem Arbeitsmarkt zu finden. Es sind nicht genügend auf dem Arbeitsmarkt vorhanden. Ich kenne Unternehmen, die kaufen ganze Ingenieurgesellschaften nur deswegen auf, weil sie auf dem Arbeitsmarkt keine Ingenieure finden.

So werden Ethik und Respekt stärker, noch stärker einfließen müssen in zukünftige Führung. Ethik legt schützenswerte Güter fest, die das soziale Miteinander optimieren helfen. Im Unternehmen kommt es darauf an, ob solche ethischen Werte nicht nur formuliert werden in einem Führungsleitbild oder Ethik-Kodex, sondern ob dieser Kodex dann auch gelebt wird, und ob er verträglich gehalten wird zwischen konkurrierenden Interessen.

Werte der Kindwelt
Gerade die Form des Miteinander-Umgehens wird von Werten begleitet. Solche Werte entstehen in der Kindheit und werden mit dem Erwachsen-Werden entweder durch neue Werte ersetzt oder es gelingt, die Werte der Kindwelt in die Welt der Erwachsenen hinüber zu retten. Kinder leben ganz selbstverständlich Werte wie:

- Dankbarkeit,
- Wohlwollen,
- Verzeihen-Können und
- im-Kleinen-Glücklich sein.

Die Welt der Erwachsenen ist geprägt durch Werte wie

- Erfolg,
- Reichtum
- Macht und
- Leistung.

Für Kinder spielen diese Werte noch keine Rolle. Wenn ich allein an den Wert des Wohlwollens oder Verzeihen-Könnens denke, könnte mancher Unternehmer davon etwas lernen. Werden nun die Werte der Kindwelt durch Werte der Erwachsenen ausgetauscht, also ersetzt, dann entsteht das Problem, dass Menschen, wenn sie ohnmächtig sind, Minderleister sind, misserfolgreich sind, arm sind, nichts mehr wert sind. Wer jedoch die Werte der Kinder in die Welt der Erwachsenen hinüber rettet, der findet Formen des Miteinander Umgehens, die nicht nur ökonomisch, sondern auch sozial sinnstiftend sind.

Diese Werte in die Welt der Erwachsenen hinüber zu retten, scheint mir eine der wichtigsten Aufgaben unserer Kultur zu sein, mit der Digitalisierung sinnvoll umzugehen, damit menschliches Überleben nicht nur in den Unternehmen, sondern auch außerhalb gesichert wird. Denn die Alternative wäre ja, wie soeben ausgeführt, dass der Mensch, der nicht leistet, misserfolgreich, arm und ohnmächtig ist, nichts mehr wert wäre.

Die Generation Y macht auf mich den Eindruck, dass sie die Werte der Kindwelt in die Welt der Erwachsenen hinüberretten will. Darauf sollten wir achten. Technisch lässt sich soziale Performance nicht sicherstellen. Allenfalls kann Vorhandenes vertieft und verstärkt werden. Aber wo keine soziale Performance vorhanden ist, kann sie nicht künstlich erzeugt werden. Daran wird auch die Digitalisierung nichts ändern.

Es geht um Respekt
Respekt ist für mich die soziale, innere Verpflichtung, einen Menschen in seinen Werten, Bedürfnissen, Interessen und Erwartungen zu achten und das tägliche Miteinander sozial verträglich zu gestalten. *Respectes* meint Zurückschauen, Rücksicht, Berücksichtigung. Die Frage bei Respekt ist nun, worauf ich schaue. Letztlich auf den gewordenen Menschen, auf das, was ihn ausmacht, seine Eigenheiten, Ansichten, Meinungen, meine Toleranz für das anders sein. Ich schaue auf seine Würde, durch, Achtung, Höflichkeit, Rücksichtnahme. Entwürdigungen finden im alltäglichen Miteinander-Umgehen statt. Zum Beispiel dadurch, dass ich Menschen nicht ernst nehme. Bei einem Anruf wird Ihnen angeboten: „Sie wollen doch auch Ihre Flatrate halbieren." Oder: „Das ist doch wohl nicht Ihr Ernst?" Die Antwort ist schon vorgegeben. Darin liegt die Respektlosigkeit. An der ehrlichen Meinung ist niemand interessiert.

Oder es kommt zur Verniedlichung von Problemen: „Das ist doch nicht so schlimm..., ach, das schaffst Du schon..., das geht wieder vorbei..., mach Dir keinen Kopf."

Dann gibt noch die Empörung als Instrument des Kleiner Machens: „Das könnte ich nicht..., das würde ich mir nie gefallen lassen..., das wäre nix für mich."

Respektlosigkeit äußert sich auch, wenn eine Meinung nicht ernst genommen wird: „Das siehst Du falsch..., das musst du anders machen." Die Aussage dahinter lautet: „Du bist unfähig."

Es geht also um Respekt und damit um Würde. Die große Frage ist, werden wir bei der Digitalisierung und Automatisierung Respekt und Würde des Einzelnen erhalten?

Immanuel Kant hat uns mit seinem Zweiten Kategorischen Imperativ Würde definiert und die Basis unseres Grundgesetzes hinterlassen.

Würde ist wahrscheinlich der wichtigste Urbegriff, weil die Biophilie (Lebensmehrung) die Mutter aller Ethiken ist. Dazu gehören: Freiheit, Gerechtigkeit, Moral, Ethik, Toleranz, Gewissen. Es geht um die Würde der Person.

Würde ist die Einmaligkeit des Menschen (Person-Sein). Sie beginnt mit dem Auftreten des Selbstbewusstseins. Würde gründet in der Einzigartigkeit der von mir konstruierten Welt. Mit Würde erklären wir zunächst die Einzigartigkeit des Menschen. Würde äußert sich in dem menschlichen Bedürfnis, seine Selbstachtung zu bewahren. Für mich ist Würde der einzige Grund für Toleranz, und Toleranz hat die Aufgabe, Würde zu realisieren.

Daraus folgten ein paar Fragen: Zum Beispiel.

- Wie kann Ökonomie gestaltet werden, ohne Würde zu vernichten?
- Wie muss ein Unternehmen aufgebaut sein, um Würde zu sichern?
- Wie kann ich Würde realisieren bei der Konkurrenz von Arbeit, Kapital und Kunden?

Würde ist kein ökonomischer Wert, jedoch ist die Entwürdigung ein ökonomischer Wert. Entwürdigung kostet Geld.

Dazu benötigt man Führungspersönlichkeiten, keine Führungskräfte.

Wir wissen, die Computerisierung und Automatisierung ersetzt immer mehr menschliche Arbeit. Okay. Die Generation Y arbeitet heute schon anders. Die junge Generation interessiert sich für Projekte, will interessante Aufgaben. Die Bleibebereitschaft hat nachgelassen. Die Generation Y bindet sich an ihr Netzwerk, interessante Projekte, will eine echte work-life-balance. Wenn die Arbeit langweilig ist, suchen sich junge Leute einen neuen Arbeitgeber mit interessanteren Projekten. Da spielt die Reputation des Unternehmens oder das Gehalt eine untergeordnete Rolle. Junge Arbeitnehmer suchen die Herausforderung, Sinn in der Arbeit. Hat das Unternehmen das nicht zu bieten, sind sie weg.

1.3 Wir müssen die Generation Y verstehen

Momentan ist die Beschäftigung mit der Generation Y das Thema für Führung. Klar, scheint sinnvoll zu sein. Die Generation Y tickt halt anders. Ja, jedoch nur zum Teil. Frau Nahles, unsere Bundesministerin für Arbeit und Soziales hat sich in einer sehr groß angelegten Studie „Wertewelten 4.0" mit der Generation Y befasst. Das Ergebnis korrigiert so manche Annahme über diese Generation Y. Sicher ist, dass die Generation stärker gesellschaftsorientiert ist als frühere Generationen. Das heißt jedoch nicht, dass frühere Generationen sich um Gesellschaftsorientierung den Teufel gescheert haben. Auch die Karriereorientierung hat sich ein wenig verändert. Die Bleibebereitschaft ist geringer und Netzwerke sind wichtiger geworden. Ja okay, aber sonst? Das BMAS fand heraus, dass sich wandelnde Orientierungen derzeit bei allen Generationen stattfinden. Dazu gehört, dass sieben Wertewelten die Menschen bestimmen. Im Kern geht es allen, nicht nur der Generation Y darum, weitreichende Verantwortung zu leben, sein eigenes Berufsbild kreativ gestalten zu können, Partizipation auf Basis mündiger Individuen, Ideale in der Arbeitswelt zu verwirklichen und alle individuellen Ansprüche zu verwirklichen. Worum geht es also uns allen? Im Kern: Gestaltungsspielraum und Selbstentfaltung

Ergebnisse der BMAS Studie 2016 „Wertewelten 4.0":
- Die Wertewelten sind kulturabhängig, nicht generationsabhängig.
- Im Norden Selbstentfaltung.,
- im Süden Stabilität.
- im Osten Gemeinwohl,
- im Westen Leistung.
- im Nord-Westen Sinnstiftung,
- im Süd-Osten Wohlstand.
- im Süd-Westen Solidarität,
- im Nord-Osten Gestaltungschancen.

Höchster Attraktor im Westen: ‚frei von Druck und Sorgen leben können'. Höchster Attraktor im Osten: ‚Geschwindigkeit und Effizienz erhöhen'.
    Zwei Attraktoren im Süd-Osten ‚auf wirtschaftlichen Erfolg konzentrieren', und ‚erarbeitete Privilegien genießen'.[3]

---

3 Vgl. Bundesministerium für Arbeit und Soziales, „Wertewelten 4.0", in: http://www.bmas.de/DE/Service/Medien/Publikationen/Forschungsberichte/Forschungsberichte-Arbeitsmarkt/fb-studie-wertewelten-a40.htm.

Tja, muss sich dafür Führung neu erfinden? Nein. Sie muss nur darauf angemessen reagieren. Und das hat sie schon immer tun müssen. Wer erinnert sich nicht an die 68er Generation? Die war auch so anders. Aber gute Führung musste sich damals wie heute darum kümmern. Da gibt es nichts wirklich Neues, denn das Blöde ist, jede junge Generation hatte andere Vorstellungen als die Generation zuvor. Immer schon musste sich Führung auf Veränderungen im Generationsverhalten einlassen. Je besser dies geschah, desto erfolgreicher lief der Führungsprozess. Was daran ist nun wirklich neu?

1.4 Wir müssen Teamarbeit kompetent beherrschen

Kürzlich stand ein großer Artikel über der Wert und Nutzen von Teamwork in der Welt am Sonntag. Teamarbeit hat in der Führung schon immer eine Rolle gespielt. Das ist doch nichts Neues. Neu ist, dass Teamwork heute zum Dogma geworden ist. Ohne Teamwork geht nix mehr. In dem Artikel beschwerte sich die Vertriebsmanagerin N. Rodegra von Microsoft darüber, dass all die von Microsoft eingerichteten Think Tanks (immerhin besteht der Gebäudekomplex von Microsoft Deutschland zu 50 Prozent der Fläche aus Meetingräumen) so sehr ablenken, dass sie nicht mehr zum Arbeiten komme. Das könne sie konzentriert nur, wenn sie einen home office Tag einlege. Wieso? Es liegt daran, dass heute eine Art Teamdogma besteht. Alles muss im Team gelöst werden. Teamarbeit über alles. Bis hin zu 4D-Teams, also rund um den Globus. Es wird jedoch nicht sauber geklärt, was denn nun ein gutes Team von einem schlechten unterscheidet und welche Unterschiede es zu einer Gruppe gibt. Nicht so wichtig. Solch ein unreflektiertes Denken führt zu Problemen. Teamwork ist alles. So ein Blödsinn. Darf nur keiner sagen. Denn es geht ja um Schwarmintelligenz. Leider ist die vielbeschworene Schwarmintelligenz oft nur Herdentrieb. Für Alles und Jedes wird ein Projekt geschaffen, und ein Projektteam soll es richten. Teamwork wurde zur Religion. Was sagen seriöse Untersuchungen zur Teamarbeit? Ist nicht wirklich witzig. Im Durchschnitt sitzen Manager rund 8 von 10 Stunden Ihrer Zeit in Meetings. Das sind 50 Prozent mehr als vor rund 10 Jahren. Das Dumme ist, diese intensive Teamarbeit führt zu weitaus schlechteren Ergebnissen als vor noch 10 Jahren. Forscher der Wharton School an der Universität von Pennsylvania haben es mehrere Jahre intensiv untersucht. Ihr Ergebnis: Teamwork reduziert die Effektivität und Effizienz von Mitarbeitern, da sie den größten Teil ihrer Zeit in Meetings, Telefonkonferenzen, mit e-mails, sogenannten Kooperationsarbeiten verbringen. Es wird also unheimlich viel geredet, nur nicht mehr gearbeitet. So sinkt die Effizienz, Ideen werden nicht mehr konsequent zu Ende gedacht. In diesen Meetings haben kritische Stimmen kaum noch eine Chance, denn die Kommunikation muss reibungslos sein. Wissenschaftler der University of British Columbia haben herausgefunden, dass Teams im Unterschied zur Einzelperson, sich viel schneller auf eine erfolglose, ja, Sie haben richtig gelesen, auf eine erfolglose Handlungsweise verständigen. Im Kern bedeutet es für die viel gerühmte Teamarbeit: nicht die beste Idee gewinnt, sondern die mächtigste. Und ganz aktuell gibt es noch eine Erkenntnis über die heutige Teamarbeit. Menschen in einem Team brechen viel eher und leichter Normen und Regeln, auch rechtliche Regeln: Stammt nicht von mir, hat Dan Ariely herausgefunden. Er ist Professor an der Duke-Universität in North Carolina.[4]

Was ist die Lösung?

Sie wissen:

1) Wir müssen mehr miteinander persönlich kommunizieren mit Respekt und würdevollem Umgang.
2) Wir müssen aufhören, Menschen auf ihre Funktion zu reduzieren und aufhören, Menschen ausschließlich nach ihrem ökonomischen Wert zu bewerten.
3) Wir müssen wieder lernen, wie gute Teamarbeit funktioniert. Dazu ist dialektisches Denken und Diskurstechnik als Methode erforderlich.
4) Wir müssen lernen, Team von Gruppe zu unterscheiden.

Die Kennzeichen einer Gruppe

In einer Gruppe wird erst einmal ermittelt, wer das Sagen hat. Kommt ein neues Mitglied in die Gruppe, dann wird äußerst aufwendig geregelt, wie die zukünftige Hackordnung auszusehen hat. Der Konferenzstil geht über Beziehungen: wer kann mit wem, wer setzt sich durch.

Eine Gruppe zeichnet sich also aus durch: Einflussfragen, Hierarchiegeplänkel, Freundschaften oder Feindschaften, Konferenzrituale, es gibt immer Sieger und Besiegte.

Die Kennzeichen eines Teams

In einem Team spielt die optimale Problemlösung die entscheidende Rolle. Ein Team wird über gemeinsamen Erkenntnisfortschritt ein Problem lösen wollen. Dabei können in einem Team immer nur alle gewinnen, wenn das Problem gelöst wird oder alle verlieren, wenn das Problem nicht gelöst wird.

---

4   Vgl. Inga Michler: Wie der Teamwahnsinn echte Arbeit verhindert, in: https://www.welt.de/wirtschaft/article158407272/Wie-der-Teamwahnsinn-echte-Arbeit-verhindert.html.

Ein Team zeichnet sich also aus durch: Diskursfähigkeit, Problemlösung, Hierarchiefreiheit, Zielorientierung und eine gute Kameradschaft, es gibt nur Gewinner oder Verlierer.[5]

1.5 Wir müssen ein Vertrauensklima erzeugen. Dazu ist soziale Kompetenz erforderlich

Soziale Kompetenz meint die innere Einstellung des Menschen zu Menschen. Die Art, wie Konflikte gelöst werden, die Fähigkeit, Führung auch ethisch auszufüllen und rechtfertigen zu können. Hier liegt die mögliche Beweiskraft der sozialen Performance, nicht das Lippenbekenntnis. Soziale Performance zeigen bedeutet, Widerstände gegen Anordnungen, gegen Führungskräfte, auch Widerstände gegen Industrie 4.0 oder Web 2.0 abzubauen. Es geht darum, ein Vertrauensklima zu erzeugen.

Der sozial Kompetente ist sehr wohl auch fähig, anderen Menschen Vertrauen zu schenken. Diese Fähigkeit schließt ein, anderen Menschen auch das Gefühl von Vertrauen zu vermitteln, ohne Vertrauen beteuern zu müssen.

Dazu benötigt man Persönlichkeiten, keine Manager, denn nur Persönlichkeiten erzeugen eine Vertrauenskultur. Niklas Luhmann hat Vertrauen als einen Mechanismus der Reduktion sozialer Komplexität beschrieben. Das meint letztlich, Vertrauen ist eine riskante Vorleistung an die Zukunft.

Warum ist Vertrauen so wichtig?
Es ist das Erste, was wir der Welt bei unserer Geburt schenken: bedingungsloses Vertrauen. Es ist die erste Erfahrung nach unserer Geburt und bestimmt unser Leben. Das Kind schreit, weil es etwas benötigt. Es schreit, weil es Hunger hat, weil ihm langweilig ist, weil die Windel voll ist. Und nun ist die große Frage, kommt Mama und hilft oder kommt sie nicht? Wenn sie kommt, macht das Kind eine tolle Erfahrung: 1. Mama kommt, ich kann mich also auf sie verlassen. Und 2. Ich scheine in der Familie wichtig zu sein. Kommt Mama nicht, dann habe ich ebenfalls zwei Erfahrungen: 1. Ich kann mich auf Mama nicht verlassen und 2. Ich bin hier die Nullnummer in der Familie. Kein Schwein ruft mich an, keine Sau interessiert sich für mich.

So entsteht Vertrauen.

Wenn Sie feststellen wollen, ob Menschen Ihnen vertrauen, dann benötigen Sie nur eine einzige Frage, um das herauszufinden: Kann mein Mitarbeiter/Kol-

---

5 Vgl. Ulf Posé: Von der Führungskraft zur Führungspersönlichkeit, Wiesbaden 2016, S. 187 ff.

lege/Kind/Kunde/Lieferant ohne Angst mit mir über sein Versagen sprechen oder muss ich forschen?[6]

1.6 Wir müssen Personen entdecken, nicht nur Funktionen

Die alte Arbeitswelt ging mit Mitarbeitern anders um, als es die Zukunft erfordert. Die hohe Bereitschaft, sich ständig zu qualifizieren, zu lernen, erfordert, dass sich gute Führung genau darum kümmert. Ein Unternehmen, das heute wachsen will, innovativ sein will, ist zunehmend vom Wissen der Mitarbeiter abhängig. Kreativität ist keine Sache von Automaten. In der EU gab es in den 90er Jahren knapp 20 Prozent, die einen Hochschulabschluss besaßen. Heute sind es schon 31 Prozent. Und der Trend hat noch nicht aufgehört.[7]

Nicht nur durch intensive Ausbildung, auch durch die von Eltern gebotenen Möglichkeiten ist das Anspruchsdenken der Genration Y hoch, sehr hoch. Die Helicoptereltern hinterlassen Ihre Spuren. Work life Balance, Home Office, ein toller Job und guter Verdienst sind für die Generation Y eher selbstverständlich. Die Generation Y will um ihre Meinung gebeten werden. Der frühere Gehorsam wird nicht mehr akzeptiert. Es geht um Selbständigkeit, Autonomie, auch im Beruf. Darauf wird sich Führung einstellen müssen. Der Generation Y ist wichtiger, ein selbstbestimmtes Leben zu führen, als im Leben nur Spaß zu haben. Im Unternehmen erwartet die junge Generation, dass auf ihre Perspektive Rücksicht genommen wird. Die Individualität wird gelebt. Das bedeutet für Führung, dass auch individuelle Maßnahmen, Seminare etc. den Mitarbeitern angeboten werden müssen. Diese Angebote müssen immer wieder gemacht werden, denn die Generation Y will sich kontinuierlich weiterbilden, verbessern.

1.7 Weg von der Stellenbeschreibung hin zur Funktionsbeschreibung

Junge Leute interessieren sich nicht unbedingt für Tätigkeiten. Sie prüfen, ob das Projekt, an dem Sie arbeiten, attraktiv ist und auch für die Gesellschaft zu guten Ergebnissen führt. Damit steht in der Führungskräfteentwicklung die Stellenbeschreibung auf dem Prüfstand. Oder um es deutlich zu sagen: Stellenbeschreibungen kann ein Unternehmen in die Tonne hauen. Die Generation Y fragt nicht,

---

6 Vgl. ebd., S. 137 ff.
7 Vgl. EUROSTAT: Statistiken über Hochschulbildung 2015, in: http://ec.europa.eu/eurostat/statistics-explained/index.php/Tertiary_education_statistics/de.

was sie tun soll, sondern sie fragt, ob sie an einem attraktiven Projekt mitarbeiten kann. Da die Ergebnisorientierung hoch ist, wird die Führungskräfteentwicklung mit einer Funktionsbeschreibung antworten müssen. Darin sind die von einer Stelle zu erbringenden Ergebnisse definiert, nicht die Tätigkeiten. Das Elend der Vergangenheit, als Mitarbeiter fehlende Ergebnisse mit ausgeführten Tätigkeiten entschuldigt haben, ist für die Generation Y vorbei.

1.8 Wir müssen Verantwortung an Entscheidungsbefugnisse koppeln

Die Generation Y will handeln, sich verantwortlich zeigen. Dazu fordert sie Entscheidungsbefugnisse. Die Idee, der Chef entscheidet, der Mitarbeiter verantwortet ist passé. Führung wird berücksichtigen müssen, dass Verantwortung und Entscheidung in eine Hand gehören, nicht in zwei. Die Generation Y akzeptiert das nicht mehr. Erfüllungsgehilfen gibt es kaum noch unter der Generation Y. Sie will Verantwortung und Entscheidungsbefugnisse in einer Hand. Die Frage: „Was soll ich tun", wird dem Chef nicht mehr gestellt, sondern die Frage: „Wofür bin ich verantwortlich, und was darf ich allein entscheiden, ohne jemanden fragen zu müssen, um das gewünschte Ergebnis zu erreichen."

Da die junge Generation eine an der Hierarchie orientierte Kommunikation nicht akzeptiert, wird die zukünftige Führung eine Kommunikation fördern müssen, die auf ‚Augenhöhe' stattfindet. Dazu gehört, Respekt vor der Person zu haben, bereit zu sein, Entscheidungen auch vor dem Mitarbeiter zu begründen, allenfalls primus inter pares zu sein und einen Dialog beherrschen, der sich an Personen richtet, nicht nur an Funktionen.

Eines sollte zukünftige Führung dabei immer bedenken. Die Generation Y will die Welt ein wenig besser werden lassen, daran mitarbeiten. Das interessiert sie mehr, als sich alles leisten zu können.

Anthropologische Grundlagen und Bestimmungen der Ökosozialen Marktwirtschaft

Ein Streifzug durch die politische Theorie- und Ideengeschichte

Manuel Becker

Die Ökosoziale Marktwirtschaft[1] als ebenso logische wie notwendige Fortentwicklung der klassischen Sozialen Marktwirtschaft ist eingelassen in das mannigfaltige Bezugsgeflecht von Politik und Ökonomie. Für den politischen Beobachter stellt es im Grunde eine Binsenweisheit dar, dass politische und wirtschaftliche Zusammenhänge auf das Engste miteinander verflochten und verwoben sind. Ein kursorischer Blick auf wichtige politische Großereignisse, Krisen und Kontroversen der vergangenen Jahre von der „Eurokrise" über die „Energiewende" bis hin zur „Flüchtlingsherausforderung" – um nur ein paar assoziationsreiche Schlagworte zu nennen – bestätigt diese Annahme. Klassische sozialpolitische Politikfelder von der Rentenpolitik über die Familienpolitik bis hin zur Bildungspolitik sind ohne das Ineinandergreifen politischer und wirtschaftlicher Problemhorizonte nicht denkbar. Und dennoch: Die Politikwissenschaft insgesamt hat unübersehbar Nachholbedarf, was den ökonomischen Sachverstand zur adäquaten Bearbeitung politischer Herausforderungen angeht.

Den vorliegenden Ausführungen geht es weniger darum, in politikinhaltlicher Perspektive aktuelle politische Herausforderungen aus den beiden genannten Perspektiven zu analysieren. Es sollen auch nicht primär volkswirtschaftliche Aspekte, sondern vielmehr anthropologische und wirtschaftsethische Gesichtspunkte in den Mittelpunkt der Überlegungen gerückt werden. Bei der politikwissenschaftlichen Analyse lohnt es sich stets, nicht nur Symptome zu beschreiben und heilende Mittel für diese im Sinne von Lösungsvorschlägen zu verordnen, sondern auch auf die tiefer liegenden Ursachen hinter den Symptomen zu schauen – wie es jeder gute Arzt bei der Behandlung eines Patienten auch tun würde. Die Politische

---

1 Vgl. statt vieler Franz-Josef Radermacher: Balance und Zerstörung. Ökosoziale Marktwirtschaft als Schlüssel zu einer weltweiten nachhaltigen Entwicklung, Wien 2004.

Theorie und Ideengeschichte als Teildisziplin der Politikwissenschaft stellt deren „Archiv und Laboratorium" dar, wie Herfried Münkler es einmal in eine eindrückliche Metapher gekleidet hat.[2] Von diesem Bild lassen sich die folgenden Überlegungen leiten, die bewusst essayistisch in der Form eines knappen Streifzugs durch die Ideengeschichte angelegt sind: Im Archiv des politischen Denkens soll nachgeforscht werden, welche wesentlichen anthropologischen und wirtschaftsethischen Überlegungen von namhaften politischen Denkern über die Zeitläufte hinweg angestellt wurden. Darüber hinaus soll unter Laborbedingungen zumindest ansatzweise überprüft und angedacht werden, welche Aspekte dieser Überlegungen für aktuelle Fragestellungen der Ökosozialen Marktwirtschaft von Bedeutung sein und gegenwärtige Debatten befruchten können.

1 Aristoteles: Politik, Ökonomie und Lebensglück

Das Beziehungsgeflecht von Politik und Wirtschaft wurde nicht erst von politischen Denkern der Neuzeit thematisiert, sondern stellt eine überzeitliche Grundkonstante menschlichen Nachdenkens über und Reflektierens von Politik dar. Bereits das antike politische Denken hat sich damit auseinandergesetzt. Als einer der wichtigsten Vertreter kann der antike Philosoph Aristoteles (384–322 v. Chr.) gelten. Die grundsätzlichen Überlegungen, die er anstellt, und die konkreten begrifflichen Bestimmungen, die er vornimmt, erinnern dabei interessanterweise frappierend an moderne kapitalismuskritische Einlassungen:

Im achten Kapitel seiner Schrift „Politik" erläutert Aristoteles die Lehre vom Besitz und Erwerb und im neunten Kapitel die Lehre von der Erwerbskunst. Er arbeitet darin die Entwicklung des Wirtschaftswesens aus den ursprünglichen Strukturen des menschlichen Zusammenlebens heraus: Für ihn gibt es natürliche Formen von Erwerb und solche, die ein Produkt einer gewissen Erfahrung und Kunst darstellen. Jedem Besitzstück werden vor diesem Hintergrund zwei verschiedene Eigenschaften zugesprochen: eine ihm eigentümliche und eine ihm nicht eigentümliche. Dies wird am Beispiel des Schuhs erläutert: Dieser sei einerseits ein konkretes Kleidungsstück, das man anziehen könne; gleichzeitig finde der Schuh aber auch eine Verwendung als Tauschobjekt, wenn der Hersteller des Schuhs für ihn Geld oder Lebensmittel erhält. Somit erhalten alle Gegenstände unter den Bedingungen des Wirtschaftens eine zusätzliche, von ihrer ursprünglichen Eigenbedeutung her verschiedene Zusatzbedeutung. Damit wird ein Gegenstand zum austauschbaren Mittel zum Zweck und verliert insofern ein Stück weit seine ur-

---

2 Vgl. Herfried Münkler: Politische Ideengeschichte, in: Herfried Münkler (Hrsg.): Politikwissenschaft. Ein Grundkurs, Reinbek bei Hamburg 2003, S. 103–131, S. 103.

sprüngliche, ihm eigentümliche Bedeutung. Aus Notwendigkeiten, die sich ergaben, als die menschlichen Gemeinschaften größer wurden, kam es mit diesen zu Tauschobjekten umfunktionierten Gegenständen Aristoteles zufolge vermehrt zum allgemeinen Tauschhandel. Da gewisse Naturalien irgendwann nicht mehr logistisch transportierbar wurden, sei irgendwann das Geld als eine Art Generalnenner des Tauschhandels hinzugetreten. Als Folge davon wiederum habe sich die neue Erwerbsart des Händler- und Krämergewerbes entwickelt.[3]

Im ersten Buch der „Nikomachischen Ethik", dem zweiten politiktheoretischen Hauptwerk des Aristoteles, entwickelt er seine berühmte Güterlehre, die an spezifische Lebensformen gekoppelt ist. Er stellt zunächst einmal fest, dass es so etwas wie eine Hierarchie verschiedener Güter gebe, was ganz logisch die Frage nach dem höchsten Gut aufwerfe. Dieses allein müsse sich durch Selbstgenügsamkeit und absolute Finalität auszeichnen, wie später im Text noch ausgeführt wird. Verschiedene Lebensformen, die auf eines der gängigen Güter gerichtet sind, stellt Aristoteles im dritten Kapitel des ersten Buches vor: Die auf das Erlangen von Lust gerichtete Lebensform könne nicht die höchststehende sein, da dieses Verlangen auch tierisch und insofern nicht spezifisch menschlich sei. Die auf den Erwerb von Ehre und Tugend gerichtete Lebensform hält der Philosoph für zu oberflächlich, um die wichtigste zu sein. Die Lebensform der Kontemplation, auf die es später hinauslaufen wird, wird nur kurz angerissen. Für den hier interessierenden Zusammenhang ist wichtig, dass auch die auf den Gelderwerb gerichtete Lebensform thematisiert wird. Das auf Gelderwerb gerichtete Leben habe etwas Unnatürliches und Gezwungenes an sich, denn der Reichtum selbst könne unmöglich das eigentlich erstrebte Gut des Lebens sein. Reichtum sei schließlich für die Verwendung da, er sei daher Mittel zu einem anderen, von ihm selbst verschiedenen Zweck. Insofern erfüllten das Gut des Reichtums und die darauf gerichtete Lebensform nicht die von Aristoteles aufgestellten Kriterien: Sie sind erstens nicht selbstgenügsam, da der Reichtum allein und für sich genommen das Leben nicht begehrenswert macht. Zweitens ist der Reichtum nicht absolut final, das heißt er wird nicht um seiner selbst willen erstrebt, sondern für etwas, das über ihn selbst hinausweist. Der Erwerb von Geld und das allein auf ihn gerichtete Leben sind, wenn man sie auf ihre reine Funktionalität reduziert, nach Aristoteles aus prinzipiellen Gründen nicht mit dem Streben nach erfüllendem Lebensglück vereinbar.[4]

---

3   Aristoteles: Politik, 1256a–1258a. – Hinweis: Die Aristoteles-Zitate folgen der Zählung nach Immanuel Bekker (Hg.): Aristotelis opera, 2. Bde., Berlin 1831 ff. Die arabischen Ziffern bezeichnen dabei die Seiten, die kleinen Buchstaben die jeweilige Spalte.
4   Aristoteles: Nikomachische Ethik, 1095b–1096a, 1097a–1098a.

Selbst wenn man die Bestimmungen und Schlussfolgerungen von Aristoteles nicht teilt, so lassen sich aus den hier referierten Passagen doch mindestens zwei bedenkenswerte Ansatzpunkte ziehen: Erstens wird die natürliche Beziehung des Menschen zu den Objekten durch wirtschaftliche Zusammenhänge mit einer weiteren Tausch- und Erwerbsbedeutung versehen, wodurch die ursprünglich natürliche Verbindung ein Stück weit aufgelöst wird. Dies muss nicht notwendigerweise problematisch sein, dennoch gibt diese grundlegende Überlegung den Blick frei für Ursachen des modernen Ressourcenver- und -missbrauchs. Wenn die Gegenstände nicht mehr in ihrem Eigenwert geschätzt und gewürdigt werden und auf einen bloß noch zweckrationalen Tauschwert reduziert werden, so ist hiermit durchaus ein Keim für Verzweckung und Missbrauch gelegt. Zweitens bürgt der Erwerb oder Besitz von Geld allein für sich genommen noch nicht für ein glückliches oder zufriedenstellendes Leben bzw. stellt noch keinen Wert an sich dar, sondern es kommt vielmehr darauf an, wie man mit diesem Besitz umgeht oder was man daraus macht.

2 Thomas Hobbes: Die Rastlosigkeit des modernen Menschen

Thomas Hobbes' (1588–1679) Hauptwerk Leviathan (1651) markiert eine Epochenzäsur hin zur politischen Theorie der Neuzeit. Der englische Philosoph und politische Denker entwarf eine Theorie des Hochabsolutismus, die sich jedoch gleichzeitig als frühliberaler Entwurf lesen lässt, da sie den Bürger als Individuum in den Mittelpunkt ihrer Staatsbegründung stellt und sich somit von typisch mittelalterlichen theologischen Staatslegitimationsideen unterscheidet. Die von Hobbes entwickelte Vertragstheorie mit ihrer Kerntrias aus Naturzustand, Staatsbegründung und Herrschaftszustand ebnete den Weg für alle weiteren neuzeitlichen Kontraktualismen und damit letztendlich auch für die Durchsetzung des freiheitlichen und säkularen Rechtsstaats, wie wir ihn heute kennen.

Ein großer Teil des Epochenwerks „Leviathan" besteht aus der Definition von Begrifflichkeiten. Und so nimmt Hobbes auch den Zusammenhang zwischen Glücksstreben und wirtschaftlichem Erfolg unter die Lupe, der bei ihm auf eine Aristoteles diametral entgegen gesetzte Pointe hinausläuft. Hobbes beschäftigt sich in einem Kapitel des ersten Teils seines Hauptwerks mit den Zusammenhängen von Macht, Wert, Würde, Ehre und Würdigkeit. Für ihn bemessen sich die Geltung und der Wert eines Menschen wie bei allen anderen sachlichen Gegenständen in seinem Preis. Dieser Preis bestehe darin, wieviel man für die Benutzung seiner Macht bezahlen würde oder nicht. Dies sei wiederum vom aktuellen

Bedarf abhängig. Der Preis eines Heerführers liege in Kriegszeiten höher als in Friedenszeiten. Der öffentliche Wert eines Menschen sei seine „Würde".[5]
Es ist also in erster Linie ein in Zweck/Mittel-Kategorien und von Kausalitäts- und Finalitätserwägungen bestimmtes Menschenbild, das hier entwickelt wird. Der Mensch wird gewissermaßen unter ökonomischen Bestimmungsgrößen betrachtet und auch daran gemessen. Ferner argumentiert Hobbes – ebenfalls im Gegensatz zu Aristoteles –, dass es kein ultimatives Gut, kein höchstes und letztes Ziel gebe, sondern dass die Glückseligkeit des Menschen in dessen ständigem Fortschreiten vom einen zum nächsten Verlangen bestehe. Gerade in dieser Rastlosigkeit drücke sich das menschliche Glücksstreben aus, das erst mit dem Tod an ein Ende komme.[6] Auch hierin zeigt sich das typisch Neuzeitliche der hobbesianischen Philosophie. Hobbes beschreibt geradezu paradigmatisch einen wesentlichen Zug des modernen Menschen, der Auswirkungen auf dessen Wirtschaften hat. Positiv gewendet könnte man das permanente Streben nach Höherem als Vorzug betrachten, denn erst so wurden viele technische und medizinische Entwicklungen möglich. Auch den modernen Wohlfahrtsstaat, der im globalen Maßstab zwar noch immer Ungerechtigkeiten produziert, historisch betrachtet allerdings bis dato ungekannte Ausmaße von Wohlstand für eine hohe Zahl von Menschen bedeutet, hat diese Grundhaltung erst hervorgebracht. Auf der anderen Seite stehen jedoch auch negative Kehrseiten dieser Rast- und Ruhelosigkeit: Sie fordern Ressourcenmissbrauch und individuelle Erschöpfung geradezu heraus. Beide Perspektiven, die Vorzüge und Nachteile des rastlosen Voranschreitens sind gerade in ihrer wechselseitigen Widersprüchlichkeit wesentliche Grundelemente, die das moderne Wirtschaften kennzeichnen und damit auch die Grundbedingungen von Konzepten der ökosozialen Marktwirtschaft markieren.

3 Immanuel Kant: Menschenwürde und visionäre Globalisierungsbeschreibung

Eine wiederum gänzlich anders gelagerte Vorstellung vom Menschen und seinem Bezug zur Ökonomie als diejenige, die bei Hobbes entfaltet wird, findet sich in den Aufklärungstexten von Immanuel Kant (1724–1804). Während Hobbes eine einseitig fokusierte, gleichsam funktionalistische Perspektive auf den Menschen konstruiert, entwickelt Kant eine zweidimensionale Perspektive auf den Menschen. Laut Kant sind die Menschen gewissermaßen Bürger zweier Welten: Auf

---

5 Vgl. Thomas Hobbes: Leviathan. Erster und Zweiter Teil, Nachwort von Malte Disselhorst, Stuttgart 1970, S. 79–82.
6 Ebd., S. 90.

der einen Seite gibt es die Kausalitätswelt, die unter dem Imperativ des Müssens steht und in welcher der Mensch in der Tat heteronom von außen bestimmt wird. Auf der anderen Seite gibt es aber auch die Freiheitswelt. Hier regiert der Imperativ des Sollens und der Mensch ist nicht nur zum autonomen Handeln befähigt, sondern auch verpflichtet. Der Mensch zeichnet sich aus durch seine innere Freiheit, die auf der inneren Unabhängigkeit des Menschen von der Nötigung der Antriebe seiner Sinnlichkeit gründet (Willensfreiheit) und durch seine äußere Freiheit, die durch das Handeln in und das Gestalten der Welt bestimmt ist (Handlungsfreiheit). In der Interpretation der Rechtsregeln des Ulpian kommt Kant zu der Erkenntnis, dass die Freiheit das einzige angeborene Recht des Menschen ist. Und eben wegen dieser angeborenen, naturgegebenen Freiheitlichkeit des Menschen kommt ihm eine Würde zu: „Im Reich der Zwecke hat alles entweder einen Preis oder eine Würde. Wer einen Preis hat, an dessen Stelle kann etwas anderes gesetzt werden; was dagegen über allen Preis erhaben ist, mithin kein Äquivalent verstattet, das hat eine Würde."[7] So die berühmte Formulierung, auf die sich der Artikel 1 des Grundgesetzes heute beruft. Diese im Vergleich zur hobbesianischen Zweck/Mittel-Bestimmung des Menschen gänzlich anders gelagerte anthropologische Prämisse hat Konsequenzen für den Menschen in seinem Verhältnis zur Wirtschaft.

Es wäre nun allerdings verfehlt, wenn man aus dieser wirkmächtigen Ausformulierung der Menschenrechtsidee den Schluss ziehen würde, der Mensch dürfe im modernen Wirtschaftssystem nicht als Mittel zum Zweck von Profitorientierung und Gewinnstreben eingesetzt werden. Damit würde man Kants Überlegungen gleichsam eindimensional verkürzen. Der Mensch ist nach dem großen Königsberger Denker eben ein „Bürger zweier Welten". Wird die grundsätzliche Idee der unveräußerlichen und unantastbaren Menschenwürde respektiert, so ist es auf der anderen Seite nicht verwerflich, den Menschen für instrumentelle Zwecke einzusetzen. Das eine schließt das andere nicht aus. Der Mensch darf durchaus aus Notwendigkeitserwägungen in Unternehmen und Betrieben für Versorgungsinteressen und Profitmaximierung eingesetzt werden; es ist allerdings essentiell, dass dabei die aus seiner Freiheitlichkeit erwachsende Menschenwürde nicht angetastet oder geopfert wird. Zweck- und Gewinnorientierung sind in Bezug auf das Verhältnis zwischen Mensch und Wirtschaft nach Kant durchaus legitim, solange dies die Voraussetzungen und Bedingungen der Menschenwürde nicht verletzt.

---

7   Immanuel Kant: Grundlegung zur Metaphysik der Sitten (1785), AA IV, S. 434. – Hinweis: Die Kant-Zitate werden im Folgenden in Kurzfassung nach der klassischen Akademieausgabe der Königlich Preußischen Akademie der Wissenschaften (Berlin 1900 ff.) von Immanuel Kants Gesammelte Werken zitiert.

Noch an einer anderen Stelle, in dem Traktat „Zum Ewigen Frieden" von 1795, ist Kants Werk für die Zusammenhänge von Mensch und Wirtschaft interessant. Im Kontext mit der in dieser Schrift formulierten Forderung nach einem Weltbürgerrecht übt Kant Kritik am Verhalten der Kolonialländer gegenüber ihren Kolonien, deren Verhalten nicht nur moralisch verfehlt sei, sondern die auch keinen wirtschaftlichen Nutzen geltend machen könnten. Diese Länder hielten sich für Auserwählte, in Wahrheit tränken sie das Unrecht wie Wasser. Die Welt habe mittlerweile einen Zustand erreicht, an dem das Unrecht an einem Platz der Erde überall auf der Welt gefühlt werden könne. Aus diesem Grund sei das Weltbürgerrecht eine notwendige Ergänzung des ungeschriebenen Kodexes öffentlichen Menschenrechts.[8] Weniger die systematische Bedeutung dieser dritten von drei Forderungen oder ihre Konsequenzen sind in diesem Zusammenhang von Bedeutung, sondern vielmehr die für das Jahr 1795 geradezu visionäre Beschreibung einer Entwicklung, die man heute Globalisierung nennt: Die Welt habe mittlerweile einen Zustand erreicht, an dem das Unrecht an einem Platz der Erde überall auf der Welt gefühlt werden könne. Der internationalen wirtschaftlichen Verflechtung wird dabei eine widersprüchliche Rolle zugeschrieben: Einerseits ist die Ökonomie in Kants Perspektive eine ganz wesentliche Triebfeder für die Verfehlungen der Kolonialisierung, auf der anderen Seite wird dem Handelsgeist aber auch eine kriegsbezähmende und friedensstiftende Wirkung in den Beziehungen der Nationen untereinander zugeschrieben.[9] Auch hier findet sich erneut eine typische Widersprüchlichkeit, die die Realitäten adäquat beschreibt: Das Wirtschaften und Handeln im globalen Maßstab hat der Menschheit ebenso Frieden wie Krieg eingetragen.

4 Karl Marx: Entfremdung und entfesselte Dynamik

Nicht weniger als visionär zu bezeichnende Gedanken zur Globalisierung finden sich auch in Karl Marx' (1818–1883) viel diskutierter Programmschrift „Manifest der kommunistischen Partei" von 1848. Viel ist über Marx und den Marxismus geschrieben und diskutiert worden. Nicht zuletzt durch die sich auf seine Ideen berufenden Staatensysteme, die zum Teil in veritable Menschheitsverbrechen münden, gilt Marx heute vielfach als verbrämter, im besten Falle angestaubter, im schlechtesten Falle gefährlicher Theoretiker. Nach wie vor muss man viele von Marx' Schlussfolgerungen und Lösungsansätzen nicht teilen, die Auseinanderset-

---

8   Immanuel Kant: Zum Ewigen Frieden. Ein philosophischer Entwurf (1795), AA VIII, S. 359–360.
9   Ebd., AA VIII, S. 368.

zung mit seiner Wirtschafts- und Kapitalismuskritik hingegen lohnt – vom ideologischen Ballast späterer erhitzter Debatten befreit – jedoch allemal auch heute noch.

Insbesondere mit seiner Entfremdungstheorie hat Karl Marx wichtige Zusammenhänge im Verhältnis zwischen Anthropologie und Ökonomie auf den Punkt gebracht. Unter „Entfremden" versteht Marx das Beherrschen und Ausbeuten von Menschen durch Menschen. Dabei identifiziert er vier Stufen der Entfremdung: die Entfremdung des Menschen vom Produkt, das er herstellt; aus dieser folgt die Entfremdung von der Tätigkeit, mit der er das Produkt herstellt; daraus wiederum resultiert die Entfremdung von seinen Mitmenschen, die letzten Endes die Entfremdung des Menschen von sich selbst zur Folge hat. Marx dekliniert mit diesen vier Stufen der Entfremdung konkret das zu Ende, was Aristoteles mit seinem Hinweis auf die Doppelfunktion und damit verbundene Entkernung des Wesens von Gegenständen durch ökonomische Tauschprozesse zum Ausdruck gebracht hatte. Die Arbeitsteiligkeit der modernen Gesellschaft, die schon Adam Smith als wesentliches Kennzeichen modernen Wirtschaftens beschrieben hatte, wird hier unverhohlen in ihren negativen Konsequenzen beschrieben. Was auf der einen Seite die enorme Wertschöpfung der Moderne überhaupt erst ermöglicht hat, kann auf der anderen Seite zu einer Entfremdung des Menschen von sich selbst führen.

Personifizierter Dreh- und Angelpunkt von Marx' Kapitalismuskritik ist die Bourgeoisie. Sie habe die persönliche Würde in einen Tauschwert aufgelöst und an die Stelle der „zahllosen verbrieften und wohlerworbenen Freiheiten die eine gewissenlose Handlungsfreiheit gesetzt."[10] Sie könne nicht existieren, ohne die gesellschaftlichen Produktionsverhältnisse und damit die Gesellschaft im Ganzen permanent zu revolutionieren. Produktionsverhältnisse müssten fortlaufend umfunktioniert und in der Folge damit auch gesellschaftliche Zustände dauerhaft erschüttert werden, damit das kapitalistische Wirtschaftssystem am Laufen gehalten werden kann.[11] Damit eng verknüpft sei die stetige Ausweitung der Absatzmärkte, die nicht vor Landesgrenzen Halt mache, sondern sich auf den gesamten Globus ausdehne: „An die Stelle der alten, durch Landeserzeugnisse befriedigten Bedürfnisse treten neue, welche die Produkte der entferntesten Länder und Klimate zu ihrer Befriedigung erheischen. An Stelle der alten lokalen und nationalen Selbstgenügsamkeit und Abgeschlossenheit tritt ein allseitiger Verkehr, eine allseitige Abhängigkeit der Nationen voneinander."[12]

---

10 Karl Marx: Manifest der Kommunistischen Partei, in: Karl Marx: Die Frühschriften, hrsg. von Siegfried Landshut, 7. Aufl., Stuttgart 2004, S. 594–630, S. 596.
11 Vgl. ebd., S. 597.
12 Ebd., S. 598.

An diesem Zitat ist zweierlei bemerkenswert: Einerseits wird die Dynamik einer entfesselten Globalisierung schonungslos offengelegt, andererseits wird die Schaffung und Befriedigung immer neuer Bedürfnisse als eines der wesentlichen Bewegungsgesetze des kapitalistischen Wirtschaftssystems beschrieben. Und da Wirtschaft und Gesellschaft auf das Engste miteinander verwoben sind, ist diese dem Produktionsprozess inhärente Dynamik keineswegs auf diesen allein beschränkt, sondern hat vielmehr existentielle Konsequenzen für gesamtgesellschaftliche Entwicklungsprozesse. Die Schaffung immer neuer Bedürfnisse, die dann durch neue Produkte befriedigt wird, die immer kürzer werdende Lebensdauer von Gebrauchsgegenständen – diese Tendenzen hat Marx klug beschrieben, analysiert und kritisiert. Man fühlt sich an den bei Hobbes formulierten Befund der Rast- und Ruhelosigkeit des modernen Menschen erinnert, nur aus anderer Perspektive formuliert. Diese Gedanken erweisen sich als anschlussfähig für Debatten der aktuellen Arbeitswelt, um hier nur die Stichworte „Burnout" oder permanente Erreichbarkeit zu nennen. An diesen Stellen lohnt es sich noch heute, Marx zu lesen und mit ihm weiterzudenken; die Reduktion der Geschichte auf das Denken in Klassenkategorien sowie der damit verbundene Geschichtsdeterminismus und die Forderung nach einer gewaltsamen Auflösung der Verhältnisse sind demgegenüber heute tatsächlich allenfalls noch von antiquarischem Wert und lassen sich nicht mehr für adäquate und lösungsorientierte Handlungsansätze fruchtbar machen.

5 Max Weber: Religiöse Vorstellungen und kapitalistischer Zeitgeist

Der interdisziplinäre Grenzgänger Max Weber (1864–1920) hat in seiner berühmten und viel zitierten Schrift „Die protestantische Ethik und der Geist des Kapitalismus" (1905) ein Interpretationsangebot für das spezifisch Neue der westlichen Wirtschaftsordnung und des modernen Kapitalismus unterbreitet.[13] Der Titel der Schrift beinhaltet bereits ihre Kernthese. Weber hat die anthropologische Grundhaltung, die dem kapitalistischen Wirtschaften zu Grunde liegt, mit protestantisch imprägnierten religiösen Überzeugungen zu erklären versucht. Anders als die noch für Aristoteles und Hobbes bestimmenden geistigen Rahmenbedingungen fällt die Entstehung des modernen Kapitalismus in seiner Frühform für Weber nicht zufällig mit der Zeit der Glaubensspaltung und dem Ausbreiten einer spezifischen Form von Protestantismus zusammen, in dessen Zentrum asketische Ele-

---

13 Vgl. Max Weber: Die protestantische Ethik und der Geist des Kapitalismus, hrsg. u. eingel. von Dirk Kaesler, München 2004.

mente und Auserwähltheitsvorstellungen stehen. Die innerweltliche Askese und die Lehre von der Prädestination, also der göttlichen Auswahl aus Gnade, waren es, die den modernen Menschen zu immer neuen Leistungen, zu beruflichem und kommerziellem Erfolg anspornten.

Klassische Sekundärtugenden wie Ehrlichkeit, Fleiß, Mäßigung und Pünktlichkeit, die sämtlich Ausdruck der protestantisches Geisteshaltung von innerweltlicher Askese sind, bringt Weber in einen systematischen Zusammenhang mit Ökonomie und Arbeitswelt.[14] Die Normativität des ehrbaren Kaufmanns geht nach Weber nicht in einer schlicht technisch gedachten Form von „Geschäftsklugheit" auf, sondern verweist auf ein eigenes Ethos, dessen Qualität ihn interessiert.[15] Der Gelderwerb unter strenger Vermeidung allen Genusses und Hedonismus, die damit verbunden sein könnten, werde selbst zu etwas Transzendentem und Irrationalem: „Der Mensch ist auf das Erwerben als Zweck seines Lebens, nicht mehr das Erwerben auf den Menschen als Mittel zum Zweck der Befriedigung seiner materiellen Lebensbedürfnisse bezogen."[16] Diese Umkehrung gleichsam natürlicher Sachverhalte beschreibe ein Leitmotiv des Kapitalismus. Der Gelderwerb, sofern er legal und ehrlich erfolgt, wird als Resultat der eigenen Tüchtigkeit, moralischen Wertigkeit und damit – und hier liegt die Pointe – als Ausdruck der eigenen Gnadenauswahl durch Gott gedeutet.[17] Vereinfacht ausgedrückt: Um sich der göttlichen Gnade der Vollendung nach dem Tode bereits auf dieser Welt sicher zu sein, war ehrlich erwirtschafteter beruflicher und monetär zu messender Erfolg die beste Möglichkeit. Insofern geht es für Weber bei den Fragen nach den Triebkräften für die Entfaltung des modernen Kapitalismus nicht so sehr um Genese und Entwicklung kapitalistisch verwertbarer Güter und Geldvorräte, „sondern vor allem um die Entwicklung des kapitalistischen Geistes."[18]

So vage und undefiniert eine traditionale geisteswissenschaftliche Begrifflichkeit wie der „Geist der Dinge" bzw. „Geist von etwas" auch für heutige Betrachter klingen mag, letzten Endes sind es nicht immaterielle Prozesse, Waren-, Güter- und Geldströme, die dem modernen Wirtschaften zu Grunde liegen, sondern es sind kollektive, entweder wie bei Weber religiös oder auch säkular ausgeprägte anthropologische Haltungen. Man muss nicht jedem konkreten Schluss von Max Weber, insbesondere, was die implizit herauszulesende Monokausalität der Zusammenhänge angeht, zustimmen, doch diese grundlegende Erkenntnis kann man von ihm wie von kaum jemand anderem lernen.

---

14 Vgl. ebd., S. 31–32.
15 Vgl. ebd., S. 34.
16 Ebd., S. 35.
17 Vgl. ebd., S. 202–204.
18 Ebd., S. 53.

6 Hannah Arendt: Die Arbeitsgesellschaft, der die Arbeit ausgeht

Hannah Arendts (1906–1975) Politikbegriff kreist um die Fixsterne Freiheitlichkeit und Menschlichkeit. Aus ihrer biografischen Erfahrung als Jüdin, die unter den nationalsozialistischen Repressalien zu leiden hatte und das Schicksal der Vertreibung, der Heimat- und der Staatenlosigkeit erdulden musste, entwickelte sie ein politisches Denken, das nach den Ursachen für die politisch-ideologischen Verwerfungen ihrer Zeit fragt. Wer Systematik und innere Stringenz im Gedankengang verlangt, wird von der Lektüre Arendts enttäuscht sein; wer sich aber zum selbstständigen Weiterdenken anregen lassen möchte, wird sie mit großem Gewinn lesen. Wie kaum eine andere Autorin versteht sie es, den Leser mit nahezu jedem Satz zur eigenständigen Reflexion, auch zum Widerspruch herauszufordern. Nicht zuletzt deswegen erfreuen sich ihre Texte einer großen Beliebtheit in universitären Seminaren. Neben ihrer fulminanten Totalitarismusstudie, die Elemente und Ursprünge totaler Herrschaft aufzeigt,[19] hat sie sich auch intensiv mit dem menschlichen Tätigsein auseinandergesetzt, bei dem auch das Arbeiten und Wirtschaften eine wesentliche Rolle spielt. Eine Verwischung unterschiedlicher Tätigkeitsbereiche des Menschen leistet ihrer Auffassung nach ebenfalls einer gleichsam „inneren" Totalisierung Vorschub.

In ihrem ideengeschichtlichen Schlüsselwerk „Vita activa oder vom tätigen Leben" entwickelt sie eine Dreiteilung menschlichen Tätigseins.[20] Die *condition humaine* zerfällt nach Arendt in drei Tätigkeitsbereiche: das Arbeiten, das Herstellen und das Handeln. Das Arbeiten ist der schlichten Lebensnotwendigkeit des Menschen geschuldet. Er muss seine menschlichen Grundbedürfnisse befriedigen, um am Leben zu bleiben, obgleich am Ende des Lebens in jedem Fall die individuelle biologische Vergänglichkeit steht. Das Herstellen verweist auf die Weltlichkeit des Menschen, auf seine Heimat und Welthabe; es ist zwar in die Flüchtigkeit des Daseins eingelassen, weist zugleich durch das Produkt des Herstellens aber auch auf so etwas wie Beständigkeit hin, die nicht Rhythmen der biologischen Vergänglichkeit gehorcht. Das Handeln schließlich erschließt den Bereich des Politischen. Der Mensch kann initiativ werden und über sich hinaus gestalterisch tätig werden.[21]

Der Bereich der biologischen Notwendigkeiten war nach Arendt in der Antike auf das Private beschränkt, während der Bereich der Freiheiten sich im Raum

---

19 Hannah Arendt: Elemente und Ursprünge totaler Herrschaft. Antisemitismus, Imperialismus und totale Herrschaft, 10. Aufl., München 2005.
20 Hannah Arendt: Vita active oder Vom tätigen Leben, 4. Aufl., München 2006.
21 Vgl. ebd., in Kurzfassung auf den S. 16–21. Ausführlich werden die Zusammenhänge in den Kapiteln 3–5 entfaltet (S. 98–317).

des Politischen entfaltete. Privates und Politisches wurden in der Neuzeit problematischerweise miteinander verquickt; der private Haushalt wurde zum nationalen Haushalt. Auf diese Weise entstanden die modernen Nationalökonomien. Darin sieht sie latent einen Verlust individueller Freiheit angelegt sowie die Tendenz zum modernen Konformismus, der sich dann schließlich in den Totalitarismus hineinsteigert habe. Arendt diagnostiziert in gewisser Weise eine Funktionalisierung des Politischen durch die Ökonomie, was dazu führt, dass politische Probleme häufig nicht mehr grundlegend, sondern nur instrumentell angegangen werden.[22]

Eine grundsätzlich prägende Entwicklung der Neuzeit, wie sie ganz ähnlich auch bei Hobbes und Marx angedeutet wird, sieht Arendt in der Glorifizierung der Arbeit. Arbeit wird zum zentralen Lebensinhalt der Individuen, die Gesellschaft wird zu einer Arbeitsgesellschaft. Die Arbeit strukturiert das Leben und füllt es mit Sinn. Tendenzen, den Menschen von Arbeit zu befreien, wie sie Arendt im 20. Jahrhundert aufkommen sieht, können vor diesem Hintergrund hoch problematisch werden. Denn eine Arbeitsgesellschaft aus den Fesseln der Arbeit zu lösen, wirft automatisch die Frage danach auf, welchen höherstehenden und sinnvolleren Tätigkeiten die Menschen an Stelle des Arbeitens nachgehen sollen: „Was uns bevorsteht, ist die Aussicht auf eine Arbeitsgesellschaft, der die Arbeit ausgegangen ist, also die einzige Tätigkeit, auf die sie sich noch versteht. Was könnte verhängnisvoller sein?"[23] So schreibt Arendt in den einleitenden Bemerkungen ihrer Vita activa.

Dem Leser drängt sich bei der Lektüre dieser 1958 (!) geschriebenen Zeilen eine ganze Fülle von Assoziationen auf, die sich als anschlussfähig für heutige politische Debatten erweisen: Welche Bedeutung hat das Arbeiten in der modernen Gesellschaft? Handelt es sich bei der Arbeit um eine der Lebensnotwendigkeit geschuldete Tätigkeit? Inwiefern stiftet Arbeit Sinn für den menschlichen Lebenswandel? Und was geschieht, wenn sie dies nicht (mehr) tut? Wie verändern sich die zuvor getrennten Sphären der Arbeitszeit und der Freizeit durch die Digitalisierung? Wie steht es um Arbeitszeitmodelle und Lebenszeitkonten, die Erwerbsleben und Familienleben miteinander kompatibel machen sollen? Wie sinnvoll erscheint ein bedingungsloses Grundeinkommen, dessen Befürworter ja vor allem den Zeitgewinn für gemeinnützige und intellektuelle Tätigkeiten durch die Befreiung von Arbeit proklamieren? Die Glorifizierung der Antike, die auch in vielen anderen Stellen in Arendts Werk aufleuchtet, scheint überzogen zu sein. Dessen ungeachtet bleibt die Kritik an dem durch zu stark ökonomisierten, lediglich funktionellen Durchdenken politischer Probleme stichhaltig. Das damit

---

22 Vgl. ebd., insbes. S. 38–47, S. 81–89.
23 Ebd., S. 13.

verbundene Plädoyer für eine basalere Betrachtung und Beurteilung ist ebenso berechtigt.

7 Fazit: Scheinbare Gegensätze überwinden

Setzt man diese kursorischen Anmerkungen zu einigen grundlegenden Gedanken wegweisender politischer Denker in einen Zusammenhang mit der Idee der Ökosozialen Marktwirtschaft, so fällt zunächst einmal auf, was bisher noch gar nicht thematisiert worden ist. Dezidiert ökologische bzw. auf Nachhaltigkeit abzielende Überlegungen finden nicht statt bzw. lassen sich erst durch weitere Interpretation gewinnen. Auch wenn der Begriff der Nachhaltigkeit bereits für das frühe 18. Jahrhundert zumindest dem Namen nach belegt ist,[24] so ist die gehaltvolle Beschäftigung mit dezidiert ökologischen Fragestellungen, Ressourcenknappheit, Ressourcenschonung etc. eine relativ neue geistesgeschichtliche Entwicklungslinie, die sich gemessen an der Zeitspanne des reflexiven Nachdenkens über Politik und Wirtschaft allenfalls wie ein Wimpernschlag ausnimmt. Dies im Rückblick nüchtern festzustellen nimmt aber nichts von der Virulenz ökologisch und nachhaltig orientierten Denkens und Handelns für die Zukunft; es unterstreicht vielmehr dessen unabdingbare Notwendigkeit noch zusätzlich.

Eine weitere wesentliche Komponente der ökosozialen Marktwirtschaft, nämlich die sozialpolitisch ausgerichtete Perspektive zieht sich demgegenüber wie ein „roter Faden" durch die Gedanken der referierten Klassiker des politischen Denkens. Diesbezüglich lassen sich sehr viele Ansatzpunkte finden, die aktuelle wirtschaftspolitische Diskurse gewinnbringend befruchten können. Das gilt zum Beispiel für die aristotelischen Überlegungen zur Wesensentkernung von Gegenständen und den damit verbundenen Konsequenzen, für die hobbesianische Beschreibung der charakteristischen neuzeitlichen Rastlosigkeit, für Arendts grundlegendes Durchdenken des menschlichen Tätigseins und für die bei Kant und Marx aufschimmernde Frühkritik der mit der Globalisierung einhergehenden Eigendynamik. Was von den Klassikern des politischen und ökonomischen Denkens dabei insbesondere zu lernen ist, ist die Rolle und Verantwortung des Menschen in politischen, wirtschaftlichen und sozialen Prozessen – denn dies scheint ein gemeinsamer Nenner aller hier referierten Autoren zu sein, der sich durch die Zeitläufte unterschiedlicher Jahrhunderte und den mit ihnen verbundenen Kontextbedingungen hindurchzieht. Es ist kein anonymes „System" oder eine schwer greifbare „Struktur", die hinter allem steht, sondern es ist der Mensch als handelndes Wesen, der politisch-wirtschaftliche Bedingungen beeinflusst und verantwor-

---

24 Hans Carl von Carlowitz: Sylvicultura oeconomica, Leipzig 1732, S. 105.

tet. Er kann sie gestalten, er kann sie beeinflussen, er kann sie verändern – zum Besseren wie zum Schlechteren.

Grundsätzlich lässt sich aus den angestellten Betrachtungen für aktuelle Debatten vor allem eines lernen: Leider werden wirtschaftliche und politische Zusammenhänge im öffentlichen Diskurs oftmals immer noch als voneinander getrennte Sphären verstanden, diskutiert und problematisiert. Das Wirtschaftssystem wird häufig als ein von heterogenen Sachzwängen und vorgeblich objektiven Gesetzlichkeiten bestimmtes Feld begriffen. Werden von politischer Seite normative Forderungen an dieses „System" herangetragen, so laufen sie häufig Gefahr, als moralisierende oder ideologisierende Einmischungen verunglimpft und nicht ernst genommen zu werden. Umgekehrt wird „die Wirtschaft" – wobei noch genauer anzugeben wäre, wer oder was mit diesem beliebigen Schlagwort eigentlich genau gemeint ist – von Seiten der Öffentlichkeit und Politik oft als norm- und wertfreies, ja Normen und Werte sogar offen ablehnende Sphäre vorgestellt.

Dabei indiziert bereits die Doppelkonnotation bestimmter Begrifflichkeiten die engen Zusammenhänge und sollte zum Nachdenken anregen: Beispielsweise spielt die Bezeichnung „Wert" für moralphilosophisch-politische Betrachtungen eine ebenso große Rolle wie für unternehmerische Bemessungsziffern. Gleiches gilt für die Terminologie „Norm": Normierungen stellen ein ebenso grundlegendes Element in wirtschaftlichen und unternehmerischen Rationalisierungs- und Qualitätssicherungsprozessen dar wie Normativität für die Formulierung politischer Interessen und moralischer Positionen unabdingbar ist. Solche sprachlichen Indizien weisen bereits darauf hin, dass die Zusammenhänge deutlich komplexer sind, als es banalisierende Gegenüberstellungen vermuten lassen: Markt und Moral, Ideal und Realität, Normen und Ökonomie – all diese Begriffspaare verweisen nicht auf einander diametral entgegengesetzte Sphären, sondern sind jeweils wechselseitig auf das Engste miteinander verschränkt. Die künstliche Trennung von ideologisierender, weltferner Appelliererei auf der einen Seite und rein gewinnorientierter, moralbefreiter Borniertheit auf der anderen Seite ist eine in jeder Hinsicht denkfaule Konstruktion, die weder der Realität gerecht zu werden vermag noch in einen konstruktiven Dialog münden kann.

Mannigfaltige politische Erfahrungen der vergangenen Jahre im nationalen wie im internationalen Kontext dokumentieren, dass dieser Dialog scheiterte bzw. gar nicht erst zu Stande kam. Bestimmte mediale Bilder plausibilisieren dies besonders plastisch: Man denke beispielsweise an die hermetisch abriegelnden Stacheldrahtabsicherungen von Weltwirtschaftsforen und G8- oder G20-Gipfeln, um die politischen Eliten vor globalisierungskritischen Bewegungen zu schützen. Im öffentlichen Diskurs dominieren nicht selten Emotionalisierung, Banalisierung und Vereinseitigung. Diese Elemente gehören zur öffentlichen Debatte in einer Demokratie naturgemäß dazu und können unter bestimmten Bedingungen sogar heilsame Effekte hervorbringen. Im Zeitalter des „Wutbürgers"[25] drängt sich in den vergangenen Jahren aber der Eindruck auf, dass sie die Spaltung der Gesellschaft eher vorantreiben, als den eigenen Standpunkt zu festigen. Dem kann die Wissenschaft nur den präzisen, emotionsbefreiten und sachlichen Blick auf die Dinge entgegenstellen. Und genau dazu laden uns die politischen Denker der vergangenen Jahrhunderte ein.

---

25 Erstmals geprägt bei Dirk Kurbjuweit: Der Wutbürger, in: Der Spiegel 41 (2010), S. 26–27.

Dematerialisierung

Die Neuverteilung der Welt in Zeiten der Digitalen Transformation und die Folgen für die Arbeitswelt

Karl-Heinz Land

Der digitale Wandel macht vor keinem Wirtschaftssegment und auch vor keinem Lebensbereich halt. Vor dem Hintergrund dieser gravierenden Veränderungen ist es erstaunlich, dass die Politik noch nicht die Initiative ergriffen hat, um sich und die Gesellschaft auf die Transformation besser vorzubereiten. Es ist aus meiner Sicht mehr als überfällig, eine grundlegende Studie in Auftrag zu geben, einen Think Tank oder wenigstens eine Kommission ins Leben zu rufen. Denn die Digitale Transformation ist ebenso umfassend wie tiefgreifend. Sie birgt viele Chancen und Möglichkeiten für die Wirtschaft, für das Zusammenleben und für jeden einzelnen Bürger. Die positiven Effekte werden die negativen aber nur dann überwiegen, wenn der Staat die Digitale Transformation als Gestaltungsaufgabe begreift. Besonders dringend braucht das Land Antworten auf die Frage, welche Konsequenzen mit dem digitalen Wandel und der damit einhergehenden Dematerialisierung von Produkten, Services und ganzen Wertschöpfungsketten verbunden sind. Letzten Endes reden wir über eine Gesellschaft, der vielleicht die Hälfte der Arbeitsplätze abhanden kommen wird. Die Gründe dafür lege ich im Folgenden dar und hoffe, damit einen Anstoß zu geben für eine intensivere Diskussion über die Folgen und Notwendigkeiten der Digitalen Transformation.

1 Dematerialisierung: Der Schritt zur App-Economy

Was passiert gerade in den Märkten? Die Produkte verlieren ihre Körperlichkeit. Das klingt abstrakt, ist aber im Alltag bereits an vielen Punkten zu beobachten. Produkte und Services verwandeln sich in Software, häufig in Apps. Sie „dematerialisieren", oder wie es der Internetpionier und Investor Marc Andreessen einmal formuliert hat: „Software is eating the world."[1]

Man braucht nur einmal sein Smartphone in die Hand zu nehmen, um den Effekt zu verstehen. Die Vielzahl von Funktionen, die die Geräte mittlerweile auf sich vereinen, hätte noch vor wenigen Jahren eine Kofferraumladung voller Geräte erfordert.

Definition

„Dematerialisierung bedeutet die Reduzierung von Stoffströmen, die durch menschliches Handeln, vor allem durch wirtschaftliche Tätigkeit, verursacht werden. Dazu soll der Material- und Energieverbrauch des sozio-ökonomischen Systems stark verringert werden.

Welche nachhaltigen Auswirkungen die Dematerialisierung[2] auf ganze Branchen haben kann, hat sich bereits in der Medienbranche gezeigt. Die neuen erfolgreichen Player sind „software only". Sie besitzen außer Servern gar keine Assets mehr, sondern lediglich Softwareplattformen, auf denen Angebot und Nachfrage geregelt werden. Videos und Musik werden längst via Streaming zu den Kunden gebracht. Auch das Informationsgeschäft der Printmedien verlagert sich zusehends ins Netz, was besonders die Tageszeitungen zu spüren bekommen. Die Zahl der Redakteure an Tages- und Wochenzeitungen ist seit dem Jahr 2000 von über 15 000 auf unter 13 000 gesunken.[3] Bis heute ist es ihnen nicht gelungen, ein tragfähiges Geschäftsmodell für die digitale Zeit zu entwickeln. Derweil erodieren Auflagen und Anzeigengeschäft der gedruckten Ausgaben weiter.

Ein Ende der Dematerialisierung ist nicht abzusehen. Es wäre sogar naiv, daran zu glauben, dass sich die Entwicklung verlangsamen könnte. Aktuell dematerialisieren der Schlüssel, der Ausweis, das Geld, die Kreditkarte, Kinotickets, Zugtickets, Flugticket, Münzen, um nur einige zu nennen. Auch sie werden zur App oder haben sich längst in ein solches Stück Software verwandelt. Wenn man diese Transformation konsequent zu Ende denkt, gelangt man zu einem Besorgnis erregenden Szenario: Im Zuge der Dematerialisierung verändern sich nicht nur Produkte und Services, sondern komplette Wertschöpfungsketten werden überflüssig.

---

1 Marc Andreessen: Why Software Is Eating The World, The Wall Street Journal online vom 20. August 2011.
2 Vgl. grundlegend Ralf T. Kreutzer/Karl-Heinz Land: Dematerialisierung – die Neuverteilung der Welt in Zeiten des digitalen Darwinismus, Köln 2015.
3 Vgl. BDZV/Statista 2014, auf Basis der Mitarbeitererhebung der Arbeitsgemeinschaft Berufliche Bildung der deutschen Zeitungsverlage ABZV, 1993–2011.

Wenn der Autoschlüssel zur App wird – was absehbar so sein wird –, entfällt die Produktion der Schlüssel. Brauchen wir keine Schlüsselproduktion mehr, dann gibt es auch keinen Bedarf mehr für die Maschinen, mit denen die Schüssel bislang produziert wurden. Damit werden dann wiederum auch jene Maschinen überflüssig, die die Teile für die Maschinen zur Schlüsselproduktion produziert haben. Zudem entfallen Versand und Verteilung. Und natürlich auch die vielen mit der gesamten mit Herstellung, Vermarktung und Vertrieb der Schlüssel verbundenen Arbeitsplätze.

Letztlich werden auch Fabriken, Lagerhallen und Ladengeschäfte nicht mehr gebraucht. Wie viele Filialen betreibt noch einmal das Bankhaus ING-DiBa? 720, 360 oder 250? Es sind null. Diese Bank kommt ohne Filialen in der Fläche aus, weil alle Dienstleistungsfelder digitalisiert wurden und ein Customer-Service-Center den Kundendialog übernimmt. Eine weitere Ausdünnung des Filialwesens steht allen traditionellen Banken noch bevor. Damit fallen natürlich auch alle regionalen Investitionen in Personal, Geschäftsausstattung und Immobilien im Bankensektor weg – und alle damit direkt oder indirekt verbundenen weiteren Dienstleistungen.

Und die nächste Herausforderung steht unmittelbar bevor: die komplette Dematerialisierung des Geldes. In Zukunft werden wir zum Bezahlen immer weniger Münzen und Scheine einsetzen, sondern Mobile Payment über das Smartphone nutzen. Damit reduziert sich die Relevanz physischer Banken noch weiter, weil man nicht einmal mehr zum Geldautomaten gehen muss. Und längst ist der nächste Schritt in Entwicklung. Das Konzept der „Blockchain" könnte in naher Zukunft sichere und verifizierte Geldtransaktionen direkt zwischen Computern ermöglichen – ohne die Leistung eines Bankhauses als Mittler. Kein Wunder, dass die Finanzbranche aufgeregt nach Lösungen sucht. Es geht um ihr Überleben.

2 Die Theorie der Null-Grenzkosten

Wenn sich Produkte und Software in Software verwandeln, kommt ein Phänomen zum Tragen, das die betriebswirtschaftliche Betrachtung der Wertschöpfung komplett verändert: Die Theorie der Null-Grenzkosten.[4] Digitalisierung und Dematerialisierung führen in vielen Produktionsprozessen zu Grenzkosten in Höhe von „null". Wenn ich einem Kunden ein Auto anbieten möchte, dann kostet die Produktion dieses Autos erst einmal viele Tausend Euro. Wenn ich einem Kunden eine ohnehin vorhandene Software oder App anbiete, dann kostet mich das so

---

4 Vgl. Jeremy Rifkin: Die Null-Grenzkosten-Gesellschaft: Das Internet der Dinge, kollaboratives Gemeingut und der Rückzug des Kapitalismus, Frankfurt am Main 2014.

gut wie nichts. Das bedeutet: Die Produktivität steigt quasi ins Unendliche, wenn jede zusätzliche Einheit ohne oder zu minimalen Kosten hergestellt werden kann. Die damit verbundenen Auswirkungen lassen sich am Beispiel eines Briefes leicht verdeutlichen. Zum Verfassen eines analogen Briefes sind neben Papier und Tinte auch ein Umschlag und eine Briefmarke erforderlich. Zu dessen Versand bedarf es zunächst eines Menschen oder – bei größeren Auflagen – entsprechender Maschinen, um den Brief einzutüten. Anschließend ist dieser Brief einem Dienstleister, etwa der Deutschen Post, zu übergeben, damit diese den Brief – über verschiedene Stufen einer Logistikkette – letztendlich dem Empfänger übergibt. Im Gegensatz dazu lässt sich eine E-Mail mit geringen Kosten skalieren. Die Grenzkosten sind nicht nur in der Herstellung, sondern auch bei der Zustellung von E-Mails nahe Null. Das gleiche Phänomen kommt zum Tragen, wenn Geld, Kreditkarten und Schlüssel zur App werden.

Durch diese Entwicklung werden die Grundfesten des Kapitalismus und damit unseres Wirtschaftssystems erschüttert. Ein zentraler Treiber im Wettbewerb um die Gunst der Kunden und die Erzielung von Gewinnen war und ist das Streben, laufend die Grenzkosten zu drücken. Was aber passiert, wenn in bestimmten Industrien die Grenzkosten gegen Null gehen? Wenn dieser Treiber des Wettbewerbs entfällt? Und was passiert, wenn nicht nur dieser Wettbewerbsmotor wegfällt, sondern langfristig auch viele Millionen Arbeitsplätze, deren Wegfall die Ursache für die Null-Grenzkosten darstellen? Denn wenn die Grenzkosten für jedes weitere Produkt „Null" sind, wird hierfür offensichtlich auch keine menschliche Arbeitskraft mehr benötigt. Woher soll dann das (kontinuierliche) wirtschaftliche Wachstum kommen, damit Produktivitätsfortschritte nicht zum Arbeitsplatzverlust auf breiter Front führen? Bedeutet das jetzt das Ende des Kapitalismus, weil durch die zusätzliche Produktion vieler Produkte und Services keine zusätzlichen Menschen benötigt werden, die in den Herstellungsprozess eingebunden sind? Oder fördert das Null-Grenzkosten-Phänomen die immer dynamischere Entwicklung neuer Geschäftsmodelle, weil auch die Kosten des Scheiterns dramatisch fallen?

3 Der Gesellschaft geht die Arbeit aus

Als die Forscher Carl Benedikt Frey and Michael A. Osborne von der Oxford University im Jahr 2013 ihre grundlegende Studie[5] über die Folgen der Digitalisierung für den Arbeitsmarkt veröffentlichten, machten sie das Ausmaß der Verände-

---

5   Vgl. Carl Benedikt Frey/Michael Osborne: The Future of Employment: How susceptible are jobs to computerisation? Working Paper, Oxford Martin School/University of Oxford 2013.

rung sichtbar. Danach besteht für 47 Prozent der Jobs in der US-amerikanischen Wirtschaft ein hohes Risiko, in den nächsten zehn, zwanzig Jahren durch digitale Lösungen oder Roboter ersetzt zu werden. Dabei sind die indirekten Beschäftigungseffekte noch nicht einmal einberechnet. Doch wenn diese Arbeitsplätze verschwinden, werden diese Menschen auch nicht mehr zur Arbeit fahren, keine Büro- oder Produktionsfläche mehr benötigen und – aufgrund des Einkommensverlustes – auch deutlich weniger konsumieren. Folglich werden aufgrund der indirekten Beschäftigungseffekte weitere Unternehmen Arbeitsplätze abbauen müssen.

Die Unternehmensberatung A. T. Kearney[6] hat die Ergebnisse von Frey und Osborne auf Deutschland übertragen und sieht hierzulande 45 Prozent aller Arbeitsplätze in Gefahr. Extrem bedroht sind demnach Versicherungsvertreter, Kreditanalysten, Kassierer und, auch wenn es überraschend klingt, Köche. Die Liste der besonders betroffenen Berufsgruppen reicht von Büro- und Sekretatriatsarbeiten über Verkauf und Service in Handel und Gastronomie bis hin zu Buchhaltung und Betriebswirtschaft. Insgesamt sieht A. T. Kearney bei 318 und damit bei einem Viertel aller Jobprofile ein hohes Potenzial, dass die Arbeit künftig von den Kollegen Roboter und Computer besser und ökonomischer erledigt wird. Eine Einschätzung, die ich vollkommen teile. Sie erscheint vor dem Hintergrund des Megatrends Dematerialisierung zwangsläufig. Hier vollzieht sich der überall in Wirtschaft und Gesellschaft zu beobachtende Dreisprung der Digitalisierung: digitalisieren – vernetzen – automatisieren.

Leitsätze

Was digitalisiert werden kann, wird digitalisiert und in Datensätze verwandelt.
Was vernetzt werden kann, wird vernetzt.
Was automatisiert werden kann, wird automatisiert.

Da mögen Politik, Interessenvertreter und Gewerkschaften noch so viel gegensteuern wollen – sie werden auf lange Sicht dem ökonomischen Druck, genau diesen Weg zu gehen, nicht widerstehen. Längst überfällig erscheint mir deshalb eine breite Diskussion darüber, wie Politik und Gesellschaft darauf reagieren und die Weichen neu stellen. Das „bedingungslose Grundeinkommen" ist eine vielversprechende Idee. Wir müssen die Menschen, für die schlicht keine Arbeit da sein wird, mit einem Einkommen ausstatten und sie in gesellschaftliche wie soziale Aufgaben einbinden. dm-Gründer Götz Werner propagiert ein bedingungs-

---

6 Vgl. A. T. Kearney (Hrsg.): Wie werden wir morgen leben? Deutschland 2064 – die Welt unserer Kinder. www.atkearney.de, Düsseldorf 2015.

loses Grundeinkommen schon seit Jahren. Nun muss diese Diskussion mit mehr Nachdruck und vor allem stärker als bisher unter dem Aspekt der Digitalisierung geführt werden. Gleichermaßen lohnenswert erscheint es mir, über eine Maschinensteuer nachzudenken. Heutzutage wird die Arbeit der Menschen besteuert und mit Beiträgen in die Sozialkassen belegt. Künftig müssen die Nutzer digitaler Technologien herangezogen werden, um deren Finanzierung zu sichern.

4 Teilen statt besitzen

Verschärft werden diese Entwicklungen durch einen weiteren großen Trend, der mit dem Begriff „Sharing Economy" bezeichnet wird. Er beschreibt mit wenigen Worten die gemeinschaftliche Nutzung von Gegenständen und ersetzt in immer mehr Bereichen das persönliche Eigentum[7] und mindert damit den Konsum. Das nicht ganz ernst gemeinte Motto lautet hier: What's mine is yours! Ein gutes Beispiel hierfür ist das Auto. Circa 43 Millionen Autos sind auf Deutschlands Straßen unterwegs. Knapp 29 Millionen nutzen ihr Auto jeden Tag, um zur Arbeit oder zum Einkaufen zu fahren. Im Durchschnitt nutzt jeder Deutsche sein Auto ungefähr 60 Minuten am Tag. Das heißt: Etwas mehr als vier Prozent des Tages wird ein Auto genutzt; 96 Prozent der Zeit ist das Automobil „immobil" und verzehrt Ressourcen. Den Parkraum oder Geld durch Abschreibung.

Beim Car-Sharing, einem besonders sichtbaren Geschäftsmodell der Sharing Economy, kann die tägliche Fahrzeugnutzung signifikant gesteigert werden. Lassen Sie uns von der Hypothese ausgehen, dass maximal 30 Prozent der heute zugelassenen Autos noch benötigt werden, wenn Car-Sharing sich auf breiter Front durchsetzt und das „Eigentum an einem Auto" – nicht nur bei der Jugend – als Statussymbol an Bedeutung verliert. Die restlichen 70 Prozent der Fahrzeuge wären schlicht verzichtbar. Folglich müssten auch weniger Autos gebaut werden. Aber wenn 70 Prozent weniger Autos gebaut werden, dann sind viele Millionen Arbeitsplätze gefährdet, die direkt und indirekt an der Wertschöpfung beteiligt sind. Und das alleine in Deutschland. Auch hier werden die Karten neu gemischt und verteilt.

Wenn wir jetzt noch annehmen, dass sich das autonom fahrende Auto durchsetzen wird, ist es nur noch ein kleiner Schritt zu automatisierten, sich im Internet of Things und mittels Sensoren selbststeuernder Verkehrssysteme in urbanen Räumen. Ich rufe mit dem Smartphone einen Wagen – und er fährt vor. Damit wäre nicht nur mit einem Streich die Taxi-Branche am Ende – Uber ist dafür nur

---

[7] Vgl. grundlegend Y. Benkler: The Wealth of Networks. How Social Production Transforms Markets and Freedom, Yale University Press, 2006.

ein Vorläufer – sondern es würden noch einmal weniger Autos gebraucht. Und keine Parkplätze, denn der Logik des Systems folgend sind fast alle autonomen Autos ständig in Bewegung.

Mögen selbststeuernde Verkehrssysteme noch Zukunftsmusik sein – auch in anderen Bereichen setzt sich das Sharing bereits durch. Airbnb organisiert weltweit die Vermietung der eigenen Wohnung an Feriengäste oder Geschäftsreisende, Uber macht aus jedem Autobesitzer einen Chauffeur. Dass Uber in Deutschland noch an der Regulierung und der Taxifahrer-Lobby scheitert, darf getrost als Phänomen einer Übergangsphase gesehen werden.

5 Auf dem Weg in die Wirtschaft 4.0

Die vorangegangenen Betrachtungen zeigen in Ausschnitten, wie sehr sich die Wirtschaft in der Digitalen Transformation verändert. Betrachtet man das Geschehen ganzheitlich, so zeigt sich, dass sich der Wandel schneller und tiefgreifender als je zuvor vollzieht. So ist derzeit noch der Begriff der Industrie 4.0 in aller Munde (und parallel dazu Handel 4.0 oder Service 4.0). Bei „4.0" geht es um die immer stärkere Vernetzung innerhalb der Wertschöpfungskette produzierender Unternehmen. Das ist nicht neu, könnte man meinen. Der zentrale Fortschritt ist allerdings, dass im Zuge von Industrie 4.0 eine viel weiterreichende Verzahnung zwischen verschiedenen, rechtlich und räumlich getrennt agierenden Leistungspartnern entsteht. In der Endausbaustufe wäre dies eine integrierte Wertschöpfungskette von der Mine, in der seltene Erden abgebaut werden, bis hin zum fertigen Endprodukt, in dem ein Chip enthalten ist, dessen Herstellung ohne diese speziellen Metalle nicht möglich wäre. Die zentralen Treiber hinter einer solchen Entwicklung sind neben der Vernetzung durch das „Internet der Dinge" auch die Möglichkeiten von „Big Data" und „Real Time Data".

Wenn Unternehmen, Politiker und Lobbyisten heute von „Industrie 4.0" reden, dann klingen sie, als wären sie auf der Höhe der Zeit. Sind sie aber nicht. Im Prinzip ist die Betrachtung nach Wirtschaftszweigen schon wieder Schnee von gestern. Denn längst verwandeln sich Wertschöpfungsketten in Wertschöpfungsnetzwerke, werden bisherige Wertschöpfungsstufen und mehrstufige Vertriebswege überflüssig. In der Netzwerk-Ökonomie verschwinden die Mittelsmänner. Um ein Beispiel zu nennen: Es ist eher der Macht der Gewohnheit und der Scheu vor dem großen Sprung ins Ungewisse zu verdanken, dass Hersteller ihre Waren nicht in noch größerem Maße direkt an die Kunden vertreiben sondern noch Groß- und Einzelhandel einschalten. Das macht eigentlich nur Sinn, wo zum Beispiel der Einzelhandel noch einen Mehrwert generieren kann, etwa durch Erlebniskauf oder als Trendsetter („Curating"). Wir müssen längst ganzheitlich über die Wirtschaft 4.0 reden. Das heißt: Potenzielle Kostenvorteile sowie neue Kundenwerte entstehen immer mehr dadurch, dass Leistungen aus verschiedenen Sektoren der Wirtschaft in ein Produkt oder Service integriert werden und dass sich die Waren den direktesten Weg suchen. Das Internet macht es möglich, vor allem in seiner nächsten Ausbaustufe, dem Internet der Dinge.

6 Infrastruktur des Wohlstands

Digitale Transformation heißt nicht nur, dass die Rechner immer schneller, die Roboter immer vielseitiger und die Smartphones immer leistungsfähiger werden. Digitale Transformation bringt viel tiefere, strukturelle Veränderungen mit sich. Vernetzung. Infrastrukturen. Kognitive Fähigkeiten. Big Data und Realtime-Analyse. Eine der wichtigsten Entwicklungen ist das „Internet of Things" (IoT), das Internet der Dinge – das eigentlich gar keines ist. Wer genau hinschaut, entdeckt: Das Internet der Dinge wird ein Internet der Services. Es ist eine gigantische Infrastruktur, die derzeit weltweit entsteht – eine Weltmaschine. Sie basiert darauf, dass Dinge – seien es Geräte, Maschinen, Verpackungen, Produkte – miteinander kommunizieren können. Winzige Speicher; Sensoren und Sender machen es möglich. Prognosen gehen davon aus, dass bereits in wenigen Jahren zig-Milliarden „Dinge" miteinander sprechen können. Optimistische Schätzungen sehen für 2020 von 26 Milliarden „Things". Dahinter liegen 1,9 Billionen Dollar an Wertschöpfung, und 80 Prozent davon werden auf Software und Services entfallen.[8] Wer also an diesem riesigen Wertschöpfungspotenzial partizipieren will, sollte nicht in physischen Produkten denken, sondern in Software und in Service. Management-Guru Michael E. Porter hat bereits den Entwicklungspfad unserer Produktwelten vorgezeichnet: Produkte werden zunächst smart, dann „smart and connected". Im nächsten Schritt bilden sich Produktsysteme und schließlich „Systeme von Systemen".[9]

Das „Internet der Dinge" ist ein sehr abstrakter Begriff. Aber man bekommt eine Vorstellung davon, wenn man einige Anwendungen durchspielt. Eine Lebensmittelverpackung ist dann in der Lage, ständig ihren Standort und Status zu kommunizieren, etwa, dass die Kühlkette unterbrochen ist oder eben nicht, dass ihr Mindesthaltbarkeitsdatum abläuft, wo ihr Lagerplatz ist. Sie kann Rezepte auto-

---

[8] Pressemeldung Gartner Information Technology Research, Gartner Says the Internet of Things Installed Base Will Grow to 26 Billion Units By 2020, http://www.gartner.com/newsroom/id/2636073, 12. Dezember 2013.

[9] Vgl. James E. Heppelmann/Michael E. Porter: How Smart, Connnected Products Are Transforming Competition, Harvard Business Review 11/2014, online unter https://hbr.org/2014/11/how-smart-connected-products-are-transforming-competition.

matisch an Tablets der Kunden überspielen oder automatisch den Ofen oder die Mikrowelle mit den richtigen Daten füttern. Transportverpackungen können ihren Weg durch die Logistikkette selber organisieren, sie melden sich automatisch an und ab und setzen, organisieren ihre Lagerung selber und im Verbund. Oder sie setzen, sobald sie in einer Fabrik ankommen, ganze Produktionsprozesse in Gang. Die Möglichkeiten erscheinen endlos. Die meisten Anbieter für das Internet der Dinge werden Start-ups sein. Neue Anbieter also mit innovativen Lösungen, die das Prinzipen der Digitalen Transformation verstanden und verinnerlicht haben. Autonom fahrende Autos sind letztlich ebenso Teil des „Internets der Dinge" wie das sogenannte „Smart Home".

Auch das ist ein Aspekt der Digitalen Transformation: Alles wird smarter. Mit dem Begriff „smart" wird einerseits die größere Intelligenz bezeichnet, die mit neuen Lösungen einhergeht. Andererseits werden mit dem Wort „smart" als Vorsilbe auch Objekte gekennzeichnet, die über das Internet verbunden sind. Hierzu zählen neben Smartphones, auch Smart TVs, Smart Factories, Smart Cities, Smart Homes. Beim Smart Home wird versucht, die Nutzungsgepflogenheiten der Bewohner zu erkennen, um etwa die Heizung darauf abzustimmen. Gleichzeitig könnte uns ein smarter Kühlschrank darauf hinweisen, welche Lebensmittel sich dem Verfallsdatum nähern und welche nachgekauft werden sollten. Haustechnik wird steuerbar, und mit künstlicher Intelligenz ausgestattete Roboter keineswegs stumme Diener, sondern kommunikative Begleiter durch den Alltag. Wenn wir auch noch smarte Geräte für unsere Gesundheit einsetzen und dadurch gesünder leben, weniger krank werden und weniger Ärzte benötigen, optimieren wir auch diesen Bereich. Derartige Entwicklungen können den Ressourcenverbrauch deutlich verbessern.

7 George Orwell versus Komfort

Diese Errungenschaften gehen mit einer Vielzahl von positiven und negativen Effekten einher. George Orwell antizipierte schon 1949 (sic!) mit seinem Roman „1984" die negativen Seiten eines totalvernetzten und digitalen Staates. Allerdings sind die meisten von uns begeistert davon, dass uns das Navigationssystem des Smartphones genau anzeigt, wo wir uns befinden und wie wir am besten zu unserem Ziel kommen. Gleichzeitig übermitteln wir dadurch permanent unseren Standort. Zusätzlich hinterlässt jede Internet-basierte Kommunikation und jede Google-Suche Spuren, die wir nicht oder nur schwer beeinflussen können. So entsteht ganz automatisch der „Digital Shadow" Wir mögen nichts Böses im Sinn haben und uns deshalb auch nicht vor der „Gedankenpolizei" aus Georg Orwells Werk fürchten. Gleichwohl müssen wir seit den NSA-Enthüllungen von Edward

Snowden feststellen, wie weit der alles sammelnde, alles wissende und alles auswertende „große Bruder" bereits Realität geworden ist. Auf eine No-Fly Liste der USA gelangt man auch, ohne etwas Böses im Sinn zu haben. Ein falscher Kontakt im sozialen Netzwerk oder ein verdächtiges Profil kann dafür schon ausreichen. Die Dekrete des US-Präsidenten Donald Trump verschärfen diese Situation weiter. Aber selbst wenn man nicht ins Raster fällt, kann das harmlose Verhalten von heute vielleicht morgen schon verdächtig sein. Dave Eggers hat mit seinem 2013 vorgelegten Roman „The Circle"[10] die zukünftige Entwicklung von Facebook und Co. vor diesem Hintergrund konsequent zu Ende gedacht – um uns alle wachzurütteln. Wenn sich „The Circle" tatsächlich schließt und kein Entkommen mehr möglich ist...

Gleichzeitig verschaffen wir ausgewählten Anbietern immer mehr Einblick in unser tägliches Tun: Wer vorsichtig Auto fährt, der kann mit der Telematic Box der Sparkassendirektversicherung Punkte sammeln, um so Vergünstigungen bei der Versicherungsprämie zu erhalten. Wer Transparenz ablegt über sein – mehr oder weniger – gesundheitsbewusstes Leben, kann bei Krankenversicherungen wie Generali oder bei der Barmer GEK Rabatte beziehungsweise Bonuspunkte erwirtschaften. Dafür wird der Lebensstil digital überwacht. Dabei gilt: Je mehr eine Versicherung über den jeweiligen Fitnesszustand und mögliche Krankheitsrisiken weiß, desto stärker werden bei den privaten Versicherungsunternehmen die Tarife differenziert werden. Zugunsten der (noch) Gesunden – zulasten der Kranken? In den USA kommt schon ein Gerät namens „Scanadu" zum Einsatz. Dieses misst Temperatur, Blutdruck, Sauerstoffgehalt des Blutes, Atemfrequenz und kann eine Art EKG erstellen. Alle diese Daten werden dann auf das Smartphone gesendet...[11]

8 Gesellschaft und Wirtschaft in Zeiten des Digitaler Darwinismus

Wer sich den Konsequenzen dieser Dematerialisierung verschließt, wer sein Geschäftsmodell und sein Leistungsangebot nicht frühzeitig und umfassend den neuen Herausforderungen anpasst, wird dem sogenannten Digitalen Darwinismus zum Opfer fallen. Damit ist – mit wenigen Worten – der durch die Digitalisierung und Dematerialisierung verursachte Selektionsprozess von Geschäfts-

---

10 Dave Eggers: Der Circle, Köln 2014.
11 Vgl. Lisa Nienhaus: Los, bewegt Euch! in: Frankfurter Allgemeine Sonntagszeitung vom 25. Januar 2015.

prozessen, Unternehmen und ganzen Industriezweigen verbunden, die sich im digitalen Zeitalter nicht als überlebensfähig erwiesen haben.

Die Digitale Transformation ist in vollem Gange. Durch die Fortschritte in der Künstlichen Intelligenz (KI) lernen die Maschinen eigenständig. Sie können somit mehr und mehr kognitive Aufgaben schneller, besser und günstiger als Menschen lösen und werden folglich in bisher ungeahntem Ausmaß humane Arbeit ersetzen. Dies geschieht in einem rasanten Tempo, denn technologische Quantensprünge erfolgen in immer kürzeren Zeiträumen, weil sich laut „Mooresches Gesetz" die Rechenleistung von Computerchips seit 1958 etwa alle 18 Monate verdoppelt. Heute verfügt jedes iPhone über mehr Rechenleistung als der schnellste, 100 Millionen Dollar teure Supercomputer vor 30 Jahren. Mit dem Internet der Dinge entsteht eine neue Sensorökonomie. Bereits jetzt hat die Digitalisierung das Wettbewerbsumfeld der Unternehmen grundlegend verändert.

Die Unternehmen finden sich plötzlich auf Märkten wieder, die von disruptiven und aggressiven neuen Konkurrenten geprägt werden. Die Wirtschaft befindet sich in einem Prozess der Auslese, des Digitalen Darwinismus[12]. Dieser Prozess kommt in Gang, wenn Unternehmen mit dem Tempo der Veränderung in Technologie und Gesellschaft nicht mithalten können. Das große Aussterben beginnt.

Definition Digitaler Darwinismus

„Digitaler Darwinismus entsteht, wenn sich Technologien und die Gesellschaft schneller verändern als die Fähigkeit von Unternehmen, sich an diese Veränderungen anzupassen."

Digitaler Darwinismus ist genauso brutal wie die Auslese in der von Charles Darwin erforschten und beschriebenen Evolution. Nur wer am besten an seine Umgebung angepasst ist, überlebt. Es gibt keine Schonung, keine Gnade. Wie die Natur keine Rücksicht auf Größe und Stärke von Lebewesen nimmt, macht der Digitale Darwinismus auch vor großen Unternehmen nicht halt. Begonnen hat es mit Unternehmen wie Kodak und Neckermann, die den digitalen Wandel schlicht verschlafen haben. Viel zu spät haben sie realisiert, wie dramatisch und schnell sich neue Technologien und das Kundenverhalten verändert haben. Die Dematerialisierung und das Internet der Dinge läuten die nächste Runde der Auslese ein. Doch diesmal geht die Entwicklung tiefer. Sie betrifft nicht mehr nur die Unternehmen, sondern auch die Menschen. Natürlich haben durch den Digitalen Dar-

---

12 Vgl. grundlegend Ralf T. Kreutzer/Karl-Heinz Land: Digitaler Darwinismus – Der stille Angriff auf Ihr Geschäftsmodell und Ihre Marke, Wiesbaden 2013.

winismus in den letzten zwanzig Jahren viele Menschen ihren Job verloren. Aber das Saldo der Arbeitsmärkte sieht immer noch gut aus, besonders in Deutschland, wo wir uns einer Beschäftigungslage erfreuen, wie wir sie vor zwanzig Jahren nicht erträumt hätten. Die Wirtschaftsleistung des Landes ist enorm, wie gehören weiter zu den führenden Industrie- und Exportnationen. Doch dieser Status ist mehr denn je in Gefahr. Erstens wird die Welt immer weniger unserer ingenieurgetriebenen Produkte brauchen – Maschinen, Anlagen, Autos – und zweitens gehen durch die Digitale Transformation Jobs ohne Ende verloren. Wir geraten dadurch auch in einen neuen Wettbewerb der Nationen und Gesellschaften. Es geht um nichts weniger als die Neuverteilung der Welt.

9 Window of Opportunity

Im Zuge dieser Entwicklungen brechen digitale Innovatoren als Disruptoren in traditionelle Märkte wie Handel, Gesundheits- oder Finanzwesen ein und hebeln mit ihren Geschäftsmodellen bisherige Marktgesetze aus. Die Zahlen sprechen ganz klar für solche „digital cleveren" Unternehmen. Laut der weltweit angelegten, branchenübergreifenden MIT-Sloan/Cap Gemini-Studie „The Digital Advantage"[13] mit 400 beteiligten Unternehmen erzielen sie deutlich mehr Umsatz als im Wettbewerbsdurchschnitt (plus 9 Prozent), wirtschaften profitabler (plus 26 Prozent) und kommen auf einen höheren Firmenwert (plus 12 Prozent). Diese Vorreiter haben sich bereits mental, organisatorisch und technologisch darauf eingestellt, den „Digitalen Darwinismus" zu überleben, denn um nichts Geringeres geht es momentan. Jene Unternehmen aber, die jetzt den Anschluss verpassen, werden den Rückstand nicht mehr aufholen und riskieren den Untergang.

Die digitale Dynamik führt dazu, dass Unternehmen auf die Entwicklungen einer digitalisierten Welt in einer nicht dagewesenen Geschwindigkeit reagieren müssen, indem sie ihre klassischen Geschäftsmodelle und -prozesse sowie die Interaktion mit Kunden neu denken. Ein Blick auf den „Digital Readiness Index" (DRI), den die Strategieberatung neuland entwickelt hat, macht den digitalen Reifegrad einzelner Branchen im deutschen Markt deutlich.

Die Automobilbranche sowie der Handel, insbesondere im Bereich Mode, haben den Wandel recht weit vorangetrieben. Hier sind Unternehmen sehr nah am neuen Lifestyle und kommunizieren sehr viel mit dem Kunden. Weniger gut abgeschnitten haben beispielsweise Unternehmen aus der Pharmaindustrie aber auch

---

13 Vgl. MIT Sloan Management/Cap Gemini Consulting: The Digital Advantage: How digital leaders outperform their peers in every industry, www.capgemini.com, 2012.

einige der Energieversorger. Hier merkt man sehr deutlich, dass diese Branchen wenig Kundenkontakt hatten und haben. Die drei Jahren Ergebnisse zeigen aber auch, wie rasend schnell der Wandel vorangeht und sich Marktgesetze ändern: Aktuell droht die deutsche Automobilindustrie bei elektrischen Antrieben und beim autonomen Fahren den Anschluss zu verlieren. Marktführer Volkswagen hat zudem durch den „Diesel-Gate"-Betrug mit manipulierten Abgaswerten seine Marktposition geschwächt.

Noch ist das Zeitfenster offen, in dem die Wirtschaft, die Gesellschaft und die Politik auf die Dramatik des Wandels reagieren kann. Aber es wird allerhöchste Zeit, entschieden und ehrlich auf die Digitale Transformation zu regieren. Etwas mehr Breitband hier und etwas mehr Förderung dort, ein wenig Qualifizierung hüben und ein bisschen Regulierung drüben – das reicht alles nicht. Es braucht das, was im angelsächsischen Raum eine „bold reaction" genannt wird.

Der Zug in Richtung Digitalisierung und Dematerialisierung ist angefahren und nimmt immer mehr Fahrt auf. Noch ist es nicht zu spät, aufzuspringen. Jetzt bietet sich für die Wirtschaft die Möglichkeit, neue Geschäftsfelder zu besetzen und bestehende Geschäftsfelder neu auszugestalten. Die Notwendigkeit hierzu wird bestärkt durch die Tatsache, dass die etablierten Geschäftsmodelle in immer mehr Ländern an ihre Wachstumsgrenzen stoßen. Viele Unternehmen sind noch zögerlich, in welchen Feldern investiert werden sollte und dies trotz extrem niedriger Zinsen in vielen Ländern. Dabei ist die Antwort ganz einfach: in die digitale Transformation eigener Geschäftsmodelle bzw. des gesamten Unternehmens.

Fragen an die Gesellschaft

Wie kann die verbleibende Arbeit gerecht verteilt werden?
Wie kann der Wohlstand des Einzelnen und der Gesamtgesellschaft gehalten werden?
Wie können soziale Verwerfungen vermieden werden?

Auch die Politik muss endlich begreifen, worum es heute geht: um neue Regeln und Formen des Zusammenlebens in einer Welt ohne Wachstum und, überspitzt ausgedrückt, ohne Arbeit. Das wird nicht per se eine negative Entwicklung sein. In der Digitalen Transformation liegen ohnehin viele Chancen für Wirtschaft, Gesellschaft und jeden Einzelnen. Sie hat mehr positives Potenzial als negatives. Und wer sagt denn, dass eine Gesellschaft nur prosperieren kann, wenn alle arbeiten? Oder dass der Mensch auch ohne Arbeit nicht glücklich sein kann? Was wir brauchen, sind neue Konzepte. Die Schweizer haben zwar im Juni 2016 mit großer Mehrheit gegen ein bedingungsloses Grundeinkommen gestimmt, aber sie sind durch die Auseinandersetzung und Debatte im Vorfeld des Referendums schon einen entscheidenden Schritt weiter als die Deutschen. 72 Prozent der Schweizer[14] stimmten in einer Umfrage der These zu: „Mit der Digitalisierung werden viele klassische Arbeiten sowieso überflüssig – es braucht neue Modelle der Lebensgestaltung." So ist es.

---

14 Spiegel online:Mit der Digitalisierung werden viele klassische Arbeiten sowieso überflüssig – es braucht neue Modelle der Lebensgestaltung vom 5. Juni 2016.

Soziale Marktwirtschaft im Zeitalter der digitalisierten Globalisierung: was kann bleiben, was ist zu ändern?

Thomas Straubhaar[1]

Die Pfeiler des heutigen Sozialstaates wurden zu Zeiten Bismarcks im 19. Jahrhundert gesetzt.[2] Der Ausbau erfolgte nach dem Zweiten Weltkrieg. Er ging einher mit einem Wirtschaftswunder, einem stark steigenden Wohlstand, einem Babyboom und einem Industriezeitalter mit arbeitsintensiver Fertigung.

Die Gegenwart ist anders und zwar fundamental und unumkehrbar. Noch nie hat sich so vieles so rasch verändert wie heute. Erst war es die Globalisierung, die nationale Volkswirtschaften geöffnet, die internationale Arbeitsteilung vorangetrieben, den Wettbewerb verschärft und den Strukturwandel beschleunigt hat. Und als wäre das nicht genug, folgt nun die Digitalisierung. Sie stellt noch einmal in dramatischer Weise die Arbeitswelt des 21. Jahrhunderts auf neue Grundlagen.

Keiner der tragenden Pfeiler des Sozialstaates der Nachkriegszeit entspricht noch der tatsächlichen Alltagssituation von heute und noch weniger jener von morgen:

1) *Demografisch* hat sich die Bevölkerungspyramide auf den Kopf gestellt. Immer weniger Junge werden immer mehr Älteren gegenüberstehen;
2) *gesellschaftlich* sind private wie berufliche Brüche von Beziehungen zur Regel geworden und ist das traditionelle Familienverständnis durch neue Formen des Zusammenlebens abgelöst worden;

---

1 Die folgenden Ausführungen sind die Grundlagen seines im Februar 2017 erschienenen Buches, Thomas Straubhaar: Radikal gerecht: Wie das Bedingungslose Grundeinkommen den Sozialstaat revolutioniert, Hamburg 2017.
2 Die drei großen Baustein der Bismarck'schen Sozialversicherungsgesetzgebung waren die gesetzliche Kranken- und Unfallversicherung von 1883 bzw. 1884 sowie das „Gesetz betreffend die Invaliditäts- und Altersversicherung" vom 24. Mai 1889. Vgl. dazu: Verhandlungen des Deutschen Reichstags: Reichstagsprotokolle, 76. Sitzung vom 24.05.1889, in: http://www.reichstagsprotokolle.de/Blatt3_k7_bsb00018655_00645.html.

3) *ökonomisch* wächst die Wirtschaft langsamer, sind die Staatsschulden angestiegen und verändern Globalisierung und Digitalisierung die Wertschöpfungsprozesse, so dass der Verteilungsspielraum enger und der Generationenvertrag in Frage gestellt wird;
4) *ideologisch* verändern neue Technologien und ein Wertewandel die Arbeitswelt, sodass nachrückende Generationen von einer ununterbrochenen lebenslangen Erwerbstätigkeit weder ausgehen können, noch daran festhalten wollen.

Alterung, Digitalisierung, Individualisierung und Wertewandel erzwingen eine sozialpolitische Neuorientierung. Diese Forderung verlangt aber in keiner Weise, mit allen historischen Erfahrungen und kulturell geprägten Vorstellungen über das Wesen der Sozialstaatlichkeit zu brechen. Im Gegenteil. Das in der Nachkriegszeit mit dem Wirtschaftswunder und dem Wiederaufstieg Deutschlands zum ökonomischen Zentrum Europas untrennbar verbundene Konzept der Sozialen Marktwirtschaft weist dem Sozialstaat der Zukunft eine gangbare Richtung.

Absicht der folgenden Ausführungen ist es, aus ökonomischer Sicht nach einer Anpassung des Konzepts der Sozialen Marktwirtschaft an die Herausforderungen der digitalisierten Globalisierung zu suchen und zu fragen, was kann bleiben, was ist zu ändern? Dabei steht die Frage im Vordergrund, wie die Effizienz der sozialen Sicherung gesteigert werden könnte, so dass die angestrebten sozialpolitischen Ziele mit geringeren Kosten erreicht werden. Anders ausgedrückt – und um unnötigen Missverständnissen gleich zu Beginn vorzubeugen –, geht es nicht darum, eine emotionsgeladene Diskussion über das „richtige" Ausmaß der sozialen Sicherheit vom Zaune zu reißen. Die Frage zu klären, welches Ausmaß der sozialen Sicherheit „das richtige" sei, ist dem politischen Willensbildungsprozess überlassen. Aus ökonomischer Sicht ist, dem Primat der Politik folgend, das politische Ziel als vorgegeben zu akzeptieren. Es bleibt dann jedoch festzustellen, mit welchen Maßnahmen sich die sozialpolitischen Ziele kostenminimierend erreichen lassen.

1 Ausgangslage

Sozialpolitik kann sowohl einen Gerechtigkeits- wie einen Sicherheitsaspekt im Fokus haben. Beim Sicherheitsaspekt geht es um die Versicherung gegen Risiken. Menschen sollen vor den unvorhersehbaren Wechselfällen des Lebens geschützt werden. Es soll verhindert werden, dass Menschen durch Krankheit, Invalidität oder Unfälle in Not geraten. Beim Gerechtigkeitsaspekt geht es um die Umverteilung. Und zwar soll das auf der Grundlage individueller Leistungsfähigkeit bestimmte ökonomische Ergebnis des Marktes korrigiert werden, um normativen Gesichtspunkten Rechnung zu tragen, falls die Bevölkerung der Meinung ist, dass das Marktergebnis unfair sei und zu einer unerwünschten Polarisierung oder gar gesellschaftlichen Spaltung führe.

Wer die analytische Aufspaltung der Sozialpolitik in eine Versicherungs- und Umverteilungskomponente akzeptiert, erkennt schlagartig ein erstes Potential für mehr Effizienz in der sozialen Sicherheit: In einem verteilungspolitisch neutralen Versicherungssystem, in das die Einzelnen einbezahlen müssen, was sie als Versicherungsgesamtheit ausbezahlt erhalten, steigt der individuelle Anreiz beträchtlich, den Risikofall gar nicht erst entstehen zu lassen, was gleichbedeutend ist mit Anstrengungen zur Schadensverhütung. Also: In einem verteilungspolitisch neutralen Versicherungssystem wird ökonomisch belohnt, wer jene spezifischen Risiken so weit wie möglich vermeidet, die zum Schadenfall führen, beispielsweise gehört dazu ein Verzicht auf Drachenfliegen oder Tiefseetauchen bei schlechten äußeren Bedingungen.

Ist eine generelle Schadensvermeidung nicht möglich, und bleibt ein Restrisiko bestehen, ist zunächst das Potential an Eigenvorsorge auszuschöpfen. Beispielsweise kann in guten Tagen für schlechte Zeiten oder in jungen Jahren für das Alter gespart werden. Stößt die individuelle Eigenvorsorge an ihre Grenzen, können sich Gleichgesinnte in einer privaten Versicherung freiwillig zusammenschließen und gemeinsam den Risikofall absichern.

Damit ein privater Versicherungsmarkt zustande kommt, müssen ein paar Bedingungen erfüllt sein.[3] So muss der Schadenfall zufällig mit einer stochastischen Verteilung des Risikos eintreten. Der Schadenfall muss eindeutig bestimmbar und die durchschnittliche Schadenshöhe einigermaßen vorhersehbar sein. Einzelrisiken müssen unabhängig sein. Für jene Risiken, die diesen Voraussetzungen genügen, wird ein privater Versicherungsmarkt einen effizienten Schutz gegen die unvorhersehbaren unbestimmten Eventualitäten des Lebens bieten.

Der private Versicherungsmarkt versagt, wenn Informationsprobleme auftreten. Die versicherungstheoretische Literatur anerkennt drei risikotheoretische Argumente, die ein staatliches Eingreifen in private Versicherungsmärkte legitimieren:

1) Das Konzept des *Moral-hazard,* zu deutsch etwa moralisches (subjektives) Risiko, geht auf die Möglichkeit ein, dass Menschen ihr Verhalten ändern, sobald ein Sicherungssystem besteht, dass also ein Sicherungssystem (zusätzliche)

---

3 Vgl. dazu ausführlicher: Thomas Straubhaar: Die Weltwirtschaft nach dem 11. September: Mehr Regulierung oder mehr Markt? in: Zeitschrift für Politikwissenschaft, 1 (2003), S. 123–141.

Anreize schafft, Schäden zu verursachen, womit die Schadenwahrscheinlichkeiten oder die Schadenssummen erhöht werden. Die Ursache für die Verhaltensänderung liegt im verminderten Anreiz, einen Schaden zu verhindern oder die Folgen eines eingetretenen Schadens zu begrenzen.[4] Dadurch muss ein privater Versicherer seine Prämien anheben, was tendenziell zu einer Abnahme der Versicherungsnehmer führt, weil die Versicherungsprämie relativ zur potentiellen Schadenshöhe unverhältnismäßig hoch wird. Als Folge ziehen es die „guten" Risiken vor, sich nicht mehr zu versichern und selber vorzusorgen. Dadurch verbleiben dem Versicherer nur die „schlechten" Risiken, was wiederum ein Anheben der Versicherungsprämien erwirkt.

Wegen der Existenz des Moral-hazard nun nach staatlichen Korrekturmaßnahmen zu verlangen, greift zu kurz. Nur wenn der Staat für Versicherungszwecke Informationsquellen nutzen kann, die ihm hoheitlich zugänglich sind und deren Auswertung zwar den Privaten, aber nicht dem Staat verschlossen sein sollte, lassen sich mit Blick auf die Moral-hazard-Problematik Rechtfertigungsargumente für ein staatliches Eingreifen, aber damit noch nicht auch für ein Zwangsversicherungssystem ableiten. Eine effektivere Maßnahme die durchaus von privaten Versicherungssystemen ergriffen werden kann, ist, nur noch eine Teilabsicherung des Risikos vorzunehmen und hohe Selbstbehalte einzufordern. Wird der Selbstbehalt hoch genug angesetzt, wird Moral-hazard relativ rasch relativ stark zurückgehen, weil jetzt jeder Schaden unmittelbar auch die Versicherten zur Kasse bittet.

2) Das Konzept der *adversen Selektion* verdeutlicht, dass im Voraus für den Versicherer „gute" Risiken nur schwer von „schlechten" Risiken zu unterscheiden sind und dass über die Risikolage unterschiedliche (asymmetrische) Informationen bestehen. Also: In aller Regel wissen die Versicherten relativ genau, ob sie einer bestimmten Risikogruppe angehören und welches Risiko sie damit bezüglich eines bestimmten Schadens für die Versicherung darstellen. Beispielsweise können medizinisch schwer diagnostizierbare Leiden den Betroffenen sehr wohl bekannt sein. Um nicht als „schlechtes" Risiko, entsprechend der hohen Schadenswahrscheinlichkeit, auch eine hohe Versicherungsprämie bezahlen zu müssen, sind die Betroffenen bemüht, bei der Versicherung ein möglichst „gutes" Risiko vorzutäuschen, um so eine bessere Prämie aushandeln zu können. Die Versicherungen ihrerseits verfügen nicht über die notwendigen Informationen, beispielsweise, weil als Folge einer ärztlichen Schweigepflicht beim Versicherungsabschluss nicht alle intimen Fragen auch tatsächlich überprüft werden dürfen. „Schlechte" Risiken werden also ver-

---

4 Wer zum Beispiel sein Fahrrad versichert hat, wird nachlässiger bei der Fahrradsicherung, was die Diebstahlwahrscheinlichkeit stark erhöht.

suchen, ihre tatsächliche Schadenswahrscheinlichkeit zu vertuschen und sich als „gute" Risiken zu versichern. Die „guten" Risiken ihrerseits haben keine Möglichkeit, den Versicherer glaubwürdig zu „beweisen", dass ihre Schadenswahrscheinlichkeit tatsächlich tief ist. Folge der Informationsasymmetrie ist, dass ein privater Versicherer Gefahr läuft, überdurchschnittlich viele „schlechte" Risiken zu versichern, was mit einem entsprechenden Anstieg der Prämien verbunden ist. Dadurch bestehen aber für weitere Menschen zusätzliche Anreize, den Versicherer zu wechseln, was eine Preis-Kostenspirale auslöst, die früher oder später einen privaten Versicherer zur Aufgabe zwingt.

Die Lösung des Problems adverser Selektion liegt für den privaten Versicherer darin, dass er mit spezifisch auf die jeweilige Risikogruppe zugeschnittenen Selbstbehalten die Versicherer zu einer selbständigen Selektion motiviert, die der „Wahrheit" und den tatsächlichen Wahrscheinlichkeiten, dass ein Schaden eintritt, besser entspricht.

3) Die risikotheoretischen Aspekte ließen sich noch um das Argument der *Unversicherbarkeit* bei unbestimmten Risiken ergänzen. Demgemäß lassen sich in nicht kalkulierbarer Unregelmäßigkeit und Unvorhersehbarkeit auftretende (Massen-)Risiken privat nicht versichern. Beispiele hierfür sind Kriegs- und Bürgerkriegsschäden, Schäden aus Naturkatastrophen, Seuchen und Epidemien.

Quintessenz der bisherigen Überlegung ist, dass ein soziales Sicherungssystem, das dem Versicherungsprinzip folgt, grundsätzlich keine ex ante Umverteilung anstreben darf. Es findet lediglich eine ex post Umverteilung innerhalb der Versicherungsgemeinschaft statt, nämlich von jenen, die Glück gehabt haben und vom Schadensereignis verschont worden sind, zu jenen, die Pech gehabt haben und die krank, invalid oder pflegebedürftig wurden. Rechtfertigungsgründe für eine Sozialisierung privater Sicherheitsrisiken finden sich lediglich in zwei Ursachen:

1) Menschen wollen nicht privat vorsorgen, weil sie die Risiken falsch einschätzen, weil sie willensschwach sind und lieber konsumieren anstatt für den Schadensfall vorsorgen, oder weil sie damit rechnen, dass im Falle eines Falles dann doch der Staat einspringt und die Schadensfolgen mitträgt.
2) Menschen können nicht privat vorsorgen, weil sie über zu wenig Einkommen verfügen, um entweder selber vorzusorgen oder die Prämien privater Versicherer zu bezahlen. Ebenso kann, wie oben erwähnt, für unbestimmte Großrisiken der private Versicherungsmarkt versagen.

Um diesen Aspekten Rechnung zu tragen, bieten sich drei alternative Korrekturmaßnahmen an: Entweder zwingt der Staat die Bevölkerung zu Pflichtversicherungen, die durchaus privat betrieben und staatlich kontrolliert sein können. Oder der Staat unterstützt einkommensschwache Haushalte im Schadensfall (Fürsorge), oder er subventioniert für einkommensschwache Haushalte die privaten Versicherungsbeiträge.

Mit diesen Korrekturmaßnahmen wird deutlich, dass ein soziales Versicherungssystem sehr weitgehend ohne staatliche Aktivität effizient funktioniert. Keinesfalls lässt sich ein derart umfassendes staatliches Sozialversicherungssystem rechtfertigen, wie es heute in Deutschland der Fall ist.

Neben dem Versicherungsaspekt der Sozialpolitik steht der Gerechtigkeitsaspekt der Umverteilung. Das auf der Grundlage individueller Leistungsfähigkeit bestimmte ökonomische Ergebnis des Marktes soll korrigiert werden, um normativen Gesichtspunkten Rechnung zu tragen. Beispielsweise, wenn die Bevölkerung der Meinung ist, dass das Marktergebnis unfair sei und zu einer unerwünschten Polarisierung oder gar gesellschaftlichen Spaltung führe. Damit ist auch die Frage nach der Erstausstattung verbunden. Chancengleichheit gehört zu den konstitutiven Kriterien einer „gerechten" und auch einer „liberalen" Gesellschaft. Freiheit haben oder auch frei sein heißt „Möglichkeiten haben". Die Startchancen und die Erstausstattung mit immateriellen Gütern, wie Entscheidungs- und Wahlfreiheit, Zugang zu Ausbildung oder Zugang zu Grundbedürfnismitteln sollten durch staatliche Maßnahmen für alle garantiert sein.

Zusammengefasst zeigt sich: Dem Versicherungsaspekt der sozialen Sicherheit sollte mit Versicherungsinstrumenten, dem Gerechtigkeitsaspekt mit Umverteilungsinstrumenten Rechnung getragen werden. Auf keinen Fall jedoch sollten die beiden Dimensionen gekoppelt und vermischt werden, weil sonst gegen ein ehernes Gesetz der Wirtschaftspolitik verstoßen wird, nämlich, dass es effizienter ist, jedes Ziel mit jeweils einem Instrument direkt anzustreben, anstatt mit einem Instrument mehrere Ziele gleichzeitig verfolgen zu wollen.

2 Grundprinzipien der Sozialen Marktwirtschaft

Die „Soziale Marktwirtschaft" folgt einem einfachen Grundsatz. Sie will, in den Worten Alfred Müller-Armacks – einer ihrer intellektuellen Gründungsväter –, „in sozialer Irenik", also in harmonischer Versöhnung, einen nur scheinbaren Gegensatz zwischen liberalen und sozialen Weltanschauungen auflösen.[5] Freiheit

---

5 Vgl. dazu Alfred Müller-Armack: Soziale Irenik, in: Weltwirtschaftliches Archiv, Band 64 (1950), Wiederabdruck in: Ders.: Religion und Wirtschaft. Geistesgeschichtliche Hintergründe unserer europäischen Lebensform, 3. Aufl., Bern/Stuttgart 1981, S. 559–578. Der Begriff der sozialen Irenik sagt, dass es eine Versöhnung zwischen Marktwirtschaft und Ge-

und soziale Gerechtigkeit, marktwirtschaftliche Effizienz und sozialer Ausgleich schließen sich nicht aus. Sie bedingen sich gegenseitig. Der an sich triviale und gerade deshalb so wirkungsmächtige Grundgedanke der Sozialen Marktwirtschaft liegt in der Trennung von Markt und Umverteilung. „Sinn der Sozialen Marktwirtschaft ist es, das Prinzip der Freiheit auf dem Markte mit dem des sozialen Ausgleichs zu verbinden", schreibt Alfred Müller-Armack 1956.[6] Eine auf dem Leistungsprinzip und Wettbewerb basierende freie Marktwirtschaft soll demgemäß erstens einmal jenen möglichst großen Mehrwert schaffen, der dann zweitens die Grundlage des Sozialen, also für eine Umverteilung von ökonomisch Stärkeren zu Schwächeren bildet.

Während das Ausmaß der Umverteilung eine politisch zu führende Diskussion verlangt, vermag die ökonomische Analyse überzeugend nachzuweisen, dass eine blinde Sozialpolitik, die nichts mehr und nichts weniger will, als wirtschaftlich Leistungsschwachen gezielt zu helfen, am effektivsten, effizientesten und damit auch am gerechtesten wirkt.[7] Direkte Unterstützungszahlungen an tatsächlich wirtschaftlich Schwache wirken zielgenauer, billiger und wirkungsvoller als indirekte Maßnahmen, die irgendein spezifisches Kriterium als Bedingung verlangen, also beispielsweise eine Erwerbstätigkeit, das Erreichen einer Altersgrenze oder eine bestimmte Verhaltensweise voraussetzen.

Es gehört zur Tragik einer falsch verstandenen Sozialpolitik, dass sie ein an sich vernünftiges Ziel mit völlig untauglichen Mitteln zu erreichen versucht. Sozialpolitisch motivierte Eingriffe in Märkte sind unzweckmäßig, ungenau und bewirken vielfach das Gegenteil dessen, was erreicht werden sollte. Sie führen zu unnötigen Doppelstrukturen und einer kostspieligen Bürokratie. Auch wirtschaftlich Starke kommen in den Genuss staatlicher Hilfe. Dieses Geld fehlt dann, um wirtschaftlich wirklich Schwache noch besser unterstützen zu können. Heute finanzieren gesunde Arme kranke Besserverdienende oder subventionieren Arbeiterfamilien das Hochschulstudium von Professorenkindern. Das widerspricht jeder Definition von Gerechtigkeit.

---

rechtigkeit, zwischen Effizienz und Umverteilung und zwischen dem primären Einkommen auf der Grundlage der individuellen Leistungsfähigkeit und dem sekundären Einkommen auf der Grundlage der individuellen Bedürfnisse gibt. Zum Begriff der sozialen Irenik siehe Friedrun Quaas: Soziale Marktwirtschaft: Soziale Irenik, in: Rolf H. Hasse/Hermann Schneider/Klaus Weigelt (Hrsg.): Lexikon Soziale Marktwirtschaft – Wirtschaftspolitik von A–Z. 2. Aufl., Paderborn 2005, S. 408–411, in: http://www.kas.de/wf/de/71.10270/.

6 Alfred Müller-Armack: Soziale Marktwirtschaft, in: Handwörterbuch der Sozialwissenschaften, Band 9 (1956), Wiederabdruck in: Ders.: Wirtschaftsordnung und Wirtschaftspolitik, 2. Aufl., Bern/Stuttgart 1976, S. 243–249.

7 Vgl. dazu ausführlich Michael Hüther und Thomas Straubhaar: Die gefühlte Ungerechtigkeit – Warum wir Ungleichheit aushalten müssen, wenn wir Freiheit wollen, Berlin 2009.

3 Sozialversicherungen sind weder sozial noch effizient

Das bedingungslose Grundeinkommen ersetzt komplett die heutigen Sozialversicherungssysteme. Das mag auf den ersten Blick als ein Abbau sozialer Rechte und Ansprüche erscheinen. Bei genauerem Hinsehen wird jedoch deutlich, dass einem derartigen Urteil ein Denkfehler zugrunde liegt.

Sozialversicherungen sind weder effiziente Versicherungen, noch erfüllen sie die sozialpolitischen Ziele mit der erforderlichen Genauigkeit. Umverteilung ist eine staatliche Aufgabe, die durch Steuern zu finanzieren ist. Versicherung ist ein mathematisches Kalkül. Sinnvoll wäre es deshalb, das *Versicherungs*element der Sozialversicherungen vollständig zu privatisieren. Und das *Umverteilungs*element in einem einzigen Instrument zu integrieren, zu dessen Finanzierung alle Einkommen beitragen: der negativen Einkommenssteuer des bedingungslosen Grundeinkommens.

Die von privaten Versicherungen erhobenen Beiträge würden folglich nach rein versicherungsmathematischen Regeln berechnet. Die individuellen Beiträge der Versicherten müssten zuallererst von den Versicherten selber einbezahlt werden. Erst danach setzt die sozialpolitische Komponente ein: Wer finanziell nicht in der Lage ist, den individuellen Versicherungsbeitrag zu bezahlen, erhält staatliche Zuschüsse. Zwangsläufig müssten diese staatlichen Zuschüsse nicht über Lohnabgaben, sondern aus den allgemeinen Steuern zu finanzieren sein.[8]

Selbst der vielen so heilige Begriff der paritätischen Finanzierung führt in die Irre. Nur scheinbar teilen sich heutzutage Arbeitnehmer und Arbeitgeber die Beiträge zur sozialen Sicherung. Faktisch ist es immer der Arbeitnehmer, der den gesamten Betrag bezahlt. Denn aus Sicht des Arbeitgebers sind die Beiträge zur Rentenversicherung Kosten, die er genauso gut in Form höherer Löhne direkt dem Arbeitnehmer überweisen könnte, statt indirekt damit eine staatliche Kasse zu alimentieren. Ohne paritätische Finanzierung wäre somit das Bruttoeinkommen des Arbeitnehmers um den Arbeitgeberbeitrag entsprechend höher!

Die paritätisch finanzierte Sozialversicherung ist zu einem Mythos für Gerechtigkeit geworden, auch wenn Versprechungen zu bröckeln beginnen, der steuerfinanzierte Anteil immer größer und das Rentenniveau zunehmend geringer wer-

---

8 Traut der Staat seinen Angehörigen nicht zu, selbstverantwortlich die für sie richtigen Spar- und Versicherungsentscheidungen zu treffen, kann er für alle bis zu einem bestimmten Alter – beispielsweise 65 oder 67 oder 70 – eine Zwangsversicherung auf allen Einkommen verbindlich anordnen. Aber eigentlich könnte er es allen selber überlassen, festzulegen, wie lange sie während ihrer aktiven Zeit wie viel ansparen wollen, um damit im Ruhestand einen gewünschten Lebensstandard finanzieren zu können. Mit einem bedingungslosen Grundeinkommen bräuchte es weder ein gesetzliches Renteneintrittsalter noch einen gesetzlichen Rentenbeitrag. Alle könnten beides selbstbestimmt und selbstverantwortlich festlegen.

den. Dabei wäre heute schon eine auf der breiten Grundlage aller Einkommen aufgebaute Sozialpolitik ohne Versicherungselemente generationengerechter und nachhaltiger als eine einseitig über Lohnbeiträge finanzierte staatliche Sozialversicherung, die ausschließlich Arbeitnehmerinnen und Arbeitnehmer bis zu einer Beitragsbemessungsgrenze einbindet.

Weder Intransparenz noch Ineffizienz der heutigen Sozialversicherung sind notwendig! Sozialpolitische Maßnahmen lassen sich sehr wohl in Umverteilungs- und Versicherungsinstrumente teilen. Notwendig dazu wären eine klare Trennung in die Entstehung (Allokation) und die Verteilung (Distribution) von (Markt-)Einkommen. Genau diese Trennungsabsicht ist nicht nur für die Soziale Marktwirtschaft wegleitend. Sie ist auch der Kern eines bedingungslosen Grundeinkommens.

4 Das Bedingungslose Grundeinkommen: Weiterentwicklung der Sozialen Marktwirtschaft

Das Grundeinkommen ist eine Weiterentwicklung der für Deutschland so prägenden Sozialen Marktwirtschaft. Es folgt dem Grundsatz, dass wirtschaftliche Effizienz und soziale Gerechtigkeit keine Gegensätze sind. Sie lassen sich harmonisch verbinden. Mehr noch: Sie ergänzen sich. Sie sind das Yin und Yang des 21. Jahrhunderts. „Das bedingungslose Grundeinkommen vereint das Soziale mit dem Liberalen: Es ist liberal, weil es bedingungslos ist, und sozial, weil es für alle ist. Es ist für alle gleich – und ermöglicht zugleich jedem, anders zu sein."[9]

Das bedingungslose Grundeinkommen trennt – wie die Soziale Marktwirtschaft – konsequent in Entstehung und Verteilung von Einkommen. Es befreit den Arbeitsmarkt von sozialpolitischen Umverteilungsaufgaben. Aber es korrigiert die Verteilungseffekte des Arbeitsmarktes. Es nimmt den Besserverdienenden etwas weg, um es jenen zu geben, die wenig(er) oder nichts verdienen.

Freiheit, Eigenverantwortung und Wettbewerb auf den Märkten sollen ermöglichen, dass das Sozialprodukt so groß wie möglich wird. Gerechtigkeit, Fairness und die Garantie der Chancengleichheit liefern gute Gründe für eine ergänzende Sozialpolitik. Sie zu erreichen und zu sichern ist aber eine Aufgabe aller und nicht nur eine Pflicht der Erwerbstätigen. Deshalb sind Gerechtigkeits- und Ver-

---

[9] Daniel Häni und Philip Kovce: Plädoyer für das Grundeinkommen, in: Capital vom 29. September 2015, in: http://www.capital.de/meinungen/plaedoyer-fuer-das-grundeinkommen.html.

teilungsabsichten über Steuern und nicht durch Lohnabgaben der unselbstständig Beschäftigten zu finanzieren.[10]

Das bedingungslose Grundeinkommen will die Voraussetzung schaffen, dass möglichst viele Menschen möglichst viel leisten können. Wenn die Masse der Bevölkerung mit (gut) bezahlten Jobs viel Geld verdient, stehen auch mehr Mittel für die Unterstützung der wirtschaftlich Schwächeren zur Verfügung. Deshalb muss alles getan werden, was Menschen ermöglicht, etwas zu leisten und eigenständig Einkommen zu erwirtschaften. Das bedingungslose Grundeinkommen ermächtigt Personen, unabhängig von Geschlecht, Alter und Vorbedingungen, selbstverantwortlich ein Leben nach eigenen Vorstellungen, Wünschen und Normen zu führen. Nicht alle werden diese Chancen nutzen. Aber wenigstens stehen sie allen offen.

Risiko ist das eine. Absicherung das andere. Beides gehört zusammen. Wer sicher ist, dass ein Misserfolg nicht zu einem bodenlosen Fall in Not und Armut führt, wird mehr wagen. Wer weiß, dass, was immer auch geschieht, das Existenzminimum gesichert ist, wird kommende Herausforderungen eher als eine Chance denn als eine Bedrohung bewerten und rascher zu unverzichtbaren Veränderungen bereit sein.

Nur wer seine Existenz materiell abgesichert hat, ist wirklich frei, eigenständig zu handeln. Das gilt für alle Menschen und nicht nur für jene Personen, die sich gesellschaftskonform verhalten. Im Gegenteil: Oft helfen Nonkonformisten, die Welt aus anderen Augen zu sehen. Aus dem Querdenken können neue Ideen und innovative Lösungen entstehen.

Die Versicherungsökonomie kann überzeugend zeigen, dass eine individuelle Mindestsicherung positive gesamtwirtschaftliche Effekte auslöst.[11] Hierin liegt die Rechtfertigung für Pflichtversicherungen, beispielsweise einer Kfz-Haftpflichtversicherung oder einer Kranken- und Unfallversicherung. Hierin liegen aber auch gute ökonomische Gründe für eine staatliche Sozialpolitik, die dem Ziel dient, allen Staatsangehörigen das Existenzminimum zu sichern.

---

10 Es ist diese klare Trennung in „Allokation" und „Distribution", die Sozialdemokrat(inn)en und Gewerkschafter(innen) das bedingungslose Grundeinkommen ablehnen lassen (vgl. dazu Heiner Flassbeck et al.: Irrweg Grundeinkommen – Die große Umverteilung von unten nach oben muss beendet werden, Frankfurt 2012.

11 In seiner Antrittsvorlesung an der Universität München hat der spätere ifo-Chef Hans-Werner Sinn herausgearbeitet, in wieweit eine höhere Risikobereitschaft zu einem höheren Wohlstand führt und wie durch Versicherungs- und Aktienmärkte, staatliche Umverteilungsmaßnahmen und private Vermögensbildung die Risikotoleranz erhöht werden kann. Vgl. Hans-Werner Sinn: Risiko als Produktionsfaktor, in: Jahrbücher für Nationalökonomie und Statistik, Band 201 (1986), S. 557–571.

Ökonomisch schwache Mitglieder einer Gesellschaft sollen finanziell direkt unterstützt und durch Umverteilung in die Lage versetzt werden, ein menschenwürdiges Leben zu führen. Dabei geht es um eine Grundsicherung, nicht um eine Sicherung des Lebensstandards oder gar um eine Vollkaskoversicherung für alle oder eine Ergebnisgerechtigkeit, die allen den gleichen Lebensstandard verspricht.

Genau diesen Grundsätzen folgt ein das soziokulturelle Existenzminimum absicherndes bedingungsloses Grundeinkommen. Es wird jedem Mitglied der Gesellschaft als individueller Rechtsanspruch ohne eingeforderte Gegenleistung gewährt. Es funktioniert ohne bürokratischen Berechtigungsprüfungs-, Ermittlungs- und Kontrollaufwand. Jede und jeder bekommt das Grundeinkommen ohne Antrag, ohne Bedürftigkeitsprüfung, unabhängig von Erwerbstätigkeit, von persönlichen Verhältnissen, Beziehungen oder Einstellungen. Niemand prüft mehr, ob es gute oder schlechte Gründe für die Gewährung einer Mindestsicherung gibt.

Trotz aller Radikalität: Im Kern ist ein bedingungslos gewährtes Grundeinkommen nichts anders als eine fundamentale Steuerreform.[12] Es vereint als Universalzahlung in einem einzigen Instrument alle personenbezogenen staatlichen Transfers und direkten steuerlichen Belastungen. Damit folgt das bedingungslose Grundeinkommen dem Konzept einer negativen Einkommenssteuer.[13]

Mit dem Nettoprinzip des BGE kann ein durch die Politik festzulegendes Umverteilungsziel wesentlich zielgenauer erreicht werden als mit dem heutigen Bruttoprinzip, bei dem unterschiedliche und getrennte Steuer-, Abgaben- und Transferkanäle im Endeffekt (also netto) vielfach lediglich zu einer bürokratisch aufwändigen, aber uneffektiven Verschiebung aus der einen Tasche in die des breiten Mittelstandes führen.

Das bedingungslose Grundeinkommen in Form der negativen Einkommensteuer löst zwei Probleme mit einem Instrument. Das heutige Nebeneinander von Sozial- und Steuersystem wird durch ein einfaches und transparentes integriertes Steuer- und Transfersystem ersetzt. Vielen Personen wird mit dem aktuellen Verfahren über das Sozialsystem Geld gegeben und zugleich über das Steuersystem wieder genommen. Das ist intransparent und ineffizient.

Zu oft wird „auf denselben sozialpolitisch relevanten Tatbestand (wie Einkommensarmut oder die Erziehung von Kindern) sowohl mit steuerlichen als auch

---

12 Zur konkreten Funktionsweise eines bedingungslosen Grundeinkommens vgl. Straubhaar: Radikal gerecht.
13 Das Konzept der negativen Einkommensteuer wurde vorgeschlagen von Nobelpreisträger Milton Friedman: Capitalism and Freedom. Chicago 1962, S. 157–158, in: https://docs.google.com/viewerng/viewer?url=http://www.pdf-archive.com/2011/12/28/friedman-milton-capitalism-and-freedom/friedman-milton-capitalism-and-freedom.pdf. Zur negativen Einkommensteuer vgl. auch Alexander Spermann: Negative Einkommensteuer, Lohnsubventionen und Langzeitarbeitslosigkeit, in: Finanzwissenschaftliche Schriften, Bd. 104, Frankfurt 2001.

sozialpolitischen Instrumenten eingegangen".[14] Durch die negative Einkommensteuer werden solche ineffizienten und intransparenten Doppelstrukturen beseitigt. (Zu) oft wird im Ergebnis aus gut gemeinten Verteilungsabsichten von reich zu arm in der Realität letztlich das Gegenteil erreicht. Beispielsweise, wenn Geringverdiener mit ihren Lohnabgaben die Ehefrauen gutverdienender Angestellter mitversichern.[15]

Das bedingungslose Grundeinkommen ersetzt die aktivierende, steuernde und damit immer paternalistische Sozialpolitik der indirekten (Anpassungs-) Hilfen durch direkte Geldzahlungen. Das ist auch ein Grund, wieso sich Sozialbürokratie, Tarifpartner und insbesondere Gewerkschaften nicht mit einem bedingungslosen Grundeinkommen anfreunden können. Sie würden bei einem Neubau des Sozialstaates alte Besitzstände verlieren und an politischer Macht einbüßen. Der Mindestlohn würde durch ein staatlich garantiertes Mindesteinkommen ersetzt. Und weder müsste sich der Staat um Arbeitsbeschaffung, noch um Arbeitslosigkeit kümmern. Staatliche Arbeitspolitik würde überflüssig. Und damit würden Verwaltungskosten eingespart werden können.

Direkte Hilfe ist ökonomisch sinnvoller und sozialpolitisch gerechter als indirekte Maßnahmen, die immer mit Sickerverlusten in Form von Bürokratie und Fehlanreizen verbunden sind. Indirekte Eingriffe in den Arbeits-, Bildungs-, Gesundheits-, Versicherungs- oder Wohnungsmarkt sind vergleichsweise teurer, ungenauer und ungerechter. Beispielsweise, wenn wohlhabende Rentner in den Genuss von Seniorenrabatten bei öffentlichen Bildungs- oder Gesundheitseinrichtungen kommen.

Das bedingungslose Grundeinkommen verfolgt die Absicht, sozialpolitische Ziele direkt durch Sozialtransfers an ökonomisch Schwächere anzustreben. Menschen, die selber zu wenig Geld haben, um sich jene Güter und Dienstleistungen kaufen zu können, die von der Gesellschaft für ein menschenwürdiges Leben als unverzichtbar erachtet werden, erhalten vom Staat direkt Geld, um damit das Existenzminimum zu finanzieren.

Soll Geld beispielsweise Altersarmut verhindern, ist diese Umverteilung einzig und ausschließlich über allgemeine Steuern zu finanzieren. Alle – also auch Beamte, Selbstständige, Zins-, Dividenden-, Tantiemen-, Miet- und Pachteinkommensbeziehende – müssten entsprechend ihrer Leistungsfähigkeit im Rahmen der allgemeinen Steuergesetze zur Finanzierung einer sozialpolitischen Umverteilung

---

14 Ingmar Kumpmann: Negative Einkommensteuer, in: Wirtschaftswissenschaftliches Studium (WiSt), 1 (2006), S. 46.
15 An der Stelle geht es nicht darum, ob die Mitversicherung von Ehefrauen gerecht sei oder nicht. Der entscheidende Punkt ist: Wenn eine Mitversicherung von Ehefrauen gesellschaftlich gewünscht wird, stellt sich die Frage, warum dann nur die Sozialversicherungspflichtigen und nicht alle für eine sozialpolitisch gewollte Umverteilung bezahlen sollen.

beitragen und nicht nur – so wie heute – sozialversicherungspflichtige Arbeitnehmerinnen und Arbeitnehmer.

5 Höhe des bedingungslosen Grundeinkommens muss politisch festgelegt werden

Natürlich ist die Frage nach der finanziellen Höhe und dem materiellen Umfang des Existenzminimums eine politisch höchst umstrittene Angelegenheit. Und es kann nicht ausgeschlossen werden, dass vor Bundestagswahlen die Parteien versucht sein könnten, mit Versprechungen, das Grundeinkommen zu erhöhen, auf Stimmenfang zu gehen.

Aber das ist derzeit in keiner Weise anders. Wettbewerb um die Wählerschaft gehört zur Demokratie. Eine Bevölkerung muss in demokratischen Verfahren festlegen, ob sie das Existenzminimum hoch oder tief ansetzen will und bereit ist, die Folgen der Entscheidung zu akzeptieren und beispielsweise für die Finanzierung hohe oder tiefe Steuersätze in Kauf zu nehmen. Das war aber immer schon so.

Das Existenzminimum war, ist und bleibt auch mit dem bedingungslosen Grundeinkommen eine politische Festlegung. Alle zwei Jahre legt die Bundesregierung einen „Bericht über die Höhe des steuerfrei zu stellenden Existenzminimums von Erwachsenen und Kindern", (Existenzminimumbericht) vor.[16]

Nach der Rechtsprechung des Bundesverfassungsgerichts „muss dem Steuerpflichtigen nach Erfüllung seiner Einkommensteuerschuld von seinem Erworbenen zumindest so viel verbleiben, wie er zur Bestreitung seines notwendigen Lebensunterhalts und (...) desjenigen seiner Familie bedarf (Existenzminimum). Die Höhe des steuerlich zu verschonenden Existenzminimums hängt von den allgemeinen wirtschaftlichen Verhältnissen und dem in der Rechtsgemeinschaft anerkannten Mindestbedarf ab; diesen einzuschätzen, ist Aufgabe des Gesetzgebers. (...) Demnach ist der im Sozialhilferecht anerkannte Mindestbedarf die Maßgröße für das einkommensteuerliche Existenzminimum."[17]

---

16 Vgl. dazu das federführende Bundesfinanzministerium: Bericht über die Höhe des steuerfrei zu stellenden Existenzminimums von Erwachsenen und Kindern für das Jahr 2016 (10. Existenzminimumbericht). Berlin, 28. Januar 2015, in: http://www.bundesfinanzministerium.de/Content/DE/Pressemitteilungen/Finanzpolitik/2015/01/2015-01-28-PM05.html.

17 Bundesfinanzministerium: Bericht über die Höhe des steuerfrei zu stellenden Existenzminimums Bericht über die Höhe des steuerfrei zu stellenden Existenzminimums, S. 1. Neben dem sozialhilferechtlichen Sachbedarf gehören auch der Versorgungsbedarf für den Krankheits- und Pflegefall, insbesondere entsprechende Versicherungsbeiträge zum Existenzminimum – auch für Kinder. Die Höhe des Existenzminimums orientiert sich an den Kosten des Lebensunterhalts basierend auf einer gesamtdeutschen Verbrauchsstruktur. Hilfe zum Lebensunterhalt umfasst auch Bildungs- und Teilhabeleistungen für Kinder sowie – unter dem

Die politische Festlegung des Existenzminimums im Rahmen eines bedingungslosen Grundeinkommens ist somit in keiner Weise neu. Sie ist eine Fortführung längst geübter politischer Verfahren. Das gilt im Übrigen auch ganz pragmatisch für die Praxis. „Keine moralisch halbwegs integre Gesellschaft wird sehenden Auges Mitmenschen verhungern lassen, und zwar *unabhängig* davon, ob diese Mitmenschen unverschuldet in Not geraten sind oder ob sie sich aus eigener Schuld in ihre missliche Lage manövriert haben."[18] Deshalb wird eine aufgeklärte christliche Gesellschaft es niemals zulassen, dass Menschen ohne Nahrung und Kleider, obdach- und würdelos dahinvegetieren. Sie wird in jedem Fall in der einen oder anderen Weise einen Absturz ins Bodenlose verhindern und ein wie auch immer geknüpftes Auffangnetz auslegen. Dass ein Sicherheitsnetz faktisch ohnehin besteht, ist die fundamentale Rechtfertigung für ein bedingungslos gewährtes Grundeinkommen zur Sicherung des Existenzminimums.

Das Grundeinkommen will Menschen allen Alters und unbesehen von gesellschaftlichen Erwartungen oder der eigenen ökonomischen Leistungsfähigkeit ermächtigen, das zu tun, was sie eigenverantwortlich wollen und verschafft allen gleichermaßen eine finanzielle Grundausstattung. Es ist klüger, den Menschen Geld zu geben und sie selber entscheiden zu lassen, wofür sie es ausgeben, anstatt sie zu bevormunden und zu zwingen, etwas zu tun, was sie nicht wollen.

Das Grundeinkommen geht über den sozialen Ausgleich der Sozialen Marktwirtschaft hinaus. Es wird nicht nur subsidiär unterstützt, wer unverschuldet in Not geraten und zu schwach ist, sich selbst zu helfen.[19] Vielmehr ist das Grundeinkommen als ein Bürgerrecht auf gesellschaftliche Mindestteilhabe konzipiert. Es verzichtet auf Kontrolle und Gegenleistung und gibt damit jedem Bürger einen

---

Vorbehalt der Angemessenheit – die jeweiligen tatsächlichen Wohnkosten (Kosten für Unterkunft und Heizkosten). Dazu kommen gesondert zu beantragende Teilhabeleistungen sowie Sonder- oder Mehrbedarfe (dazu zählen für Jugendliche Leistungen für Lernförderung, mehrtägige Klassenfahrten, Zuschüsse zum Schulmittagessen und zu den Schülerbeförderungskosten und für Erwachsene Leistungen für Erstausstattung der Wohnung, Erstausstattung mit Bekleidung, Erstausstattung bei Schwangerschaft und Geburt, Anschaffung und Reparaturen orthopädischer Schuhe, Reparaturen therapeutischer Geräte und Ausrüstungen oder Miete therapeutischer Geräte).

18 Michael Schramm: Das Solidarische Bürgergeld – eine sozialethische Analyse, in: Michael Borchard (Hrsg.): Das Solidarische Bürgergeld – Analysen einer Reformidee. Stuttgart 2007, S. 189–223, insbesondere S. 207.

19 Zum Zusammenspiel zwischen Solidarität und Subsidiarität vgl. Michael Schramm: Subsidiäre Befähigungsgerechtigkeit durch das Solidarische Bürgergeld, in: Thomas Straubhaar (Hrsg.): Bedingungsloses Grundeinkommen und Solidarisches Bürgergeld – mehr als sozialutopische Konzepte. Hamburg 2007, S. 177–218. Sowie Joachim Fetzer: Subsidiarität durch Solidarisches Bürgergeld, in: Michael Borchard (Hrsg.): Das Solidarische Bürgergeld. Analysen einer Reformidee, Stuttgart 2007, S. 163–188.

Vertrauensvorschuss. Damit schafft es für viele Menschen eine finanzielle Basis für Teilhabe, verantwortliches Handeln und gesellschaftliches Engagement.

6 Fazit

Das Grundeinkommen ist in der Tat ein radikaler Neustart. Aber es ist beides: gerecht und liberal. Es behandelt alle gleich, belastet aber die Leistungsstarken mehr als die Leistungsschwachen. Es garantiert allen ein Leben in Würde, ohne ein bestimmtes Verhalten als Gegenleistung einzufordern.

Obwohl das bedingungslose Grundeinkommen weder perfekt ist, noch einfach oder gar kostenlos einzuführen sein wird, lohnt es sich mehr denn je, über einen sozialpolitischen Systemwechsel zu streiten. So utopisch ein bedingungslos gewährtes Grundeinkommen vielen immer noch erscheinen mag: Manchmal verursachen die langfristigen Risiken radikaler Veränderungen geringere Folgekosten, als die mit einer Fortführung des Bestehenden verbundenen Gefahren. Ein Festhalten an veralteten Konzepten provoziert nicht nur eine sozialpolitische Schieflage. Es gefährdet ganz grundsätzlich Verständnis und Akzeptanz für Zusammengehörigkeit und Solidarität – besonders bei der jüngeren Generation, die ganz andere Erwartungen an die Zukunft hat als ihre Eltern. Auch ein „Weiter so, wie bisher", birgt immense Risiken.

Wie die Soziale Marktwirtschaft versöhnt das bedingungslose Grundeinkommen ökonomische Effizienz und soziale Absicherung. Es ist radikal, aber eben auch gerecht. Es ist liberal und zeitgemäß. Deshalb bietet es die beste sozialpolitische Voraussetzung für einen „Wohlstand für alle" im Deutschland des 21. Jahrhunderts.

Verzeichnis aller Autorinnen und Autoren

Dr. **Manuel Becker** studierte Politische Wissenschaft, Mittelalterliche und Neuere Geschichte sowie Philosophie an der Universität Bonn und am Institut d'Etudes Politiques de Paris (Science Po). Seit 2009 arbeitet er als Wissenschaftlicher Mitarbeiter an der Universität Bonn. Seine Forschungsschwerpunkte sind die Theorie und Praxis der Geschichtspolitik, die vergleichende Diktatur- und Extremismusforschung, die deutsche Zeitgeschichte, Parteien, Parteiensysteme Wahlen und die Bildungs- und Hochschulpolitik.

Dr. **Stefan Brüggemann** studierte Politik und Geschichte in Trier und promovierte in Neuester Geschichte in Bonn. Parallel dazu absolvierte er eine Ausbildung zum Reserveoffizier. Er war wissenschaftlicher Projektleiter beim Senat der Wirtschaft e. V. und zuvor in verschiedenen Bereichen der politischen Kommunikation, der Beratung und an der Universität tätig. Neben Forschungen im Bereich der Energiepolitik und zu Beteiligungen bei Großprojekten befasst er sich mit Gerechtigkeitsfragen und der gesellschaftlichen Verantwortung von Unternehmen (CSR). Stefan Brüggemann ist Referent und Tagungsleiter bei Seminaren der politischen Bildung. Er ist Geschäftsführer der Stiftung Senat der Wirtschaft.

Dr. **Christoph Brüssel** hat in Bonn Rechtswissenschaften, Politologie und Kommunikationswissenschaften studiert. Er begann seine berufliche Laufbahn als Reporter und Moderator in verschiedenen öffentlich-rechtlichen Rundfunkstationen. Er war stellvertretender Programmchef bei RIAS2 und jahrelang Mitglied der Bundespressekonferenz. Begleitend zum Berufseinstieg promovierte er bis 1990 an der Universität Zürich mit der Arbeit „Neue Medien und wirtschaftliche Konsequenzen. Der Einfluss des beginnenden Privatfunks auf die Fernsehproduzenten der Bundesrepublik Deutschland bis 1990". Er ist Lehrbeauftragter an der Universität Bonn. Seit 2015 ist Christoph Brüssel Vorstand des Senats der Wirtschaft Deutschland.

Dr. **Claus Dethloff**, Diplom-Psychologe und promovierter Wirtschaftswissenschaftler, ist Geschäftsführender Gesellschafter der ServiceValue GmbH. Er ist ausgewiesener Experte und Innovator in der Serviceforschung und steht für die Verknüpfung von Psychologie und Marktwirtschaft. Im Laufe seines akademischen und beruflichen Wirkens hat er eine Vielzahl von Unternehmen aus unterschiedlichsten Branchen auditiert und hinsichtlich strategischer und operativer Service-Exzellenz beraten.

Prof. Dr. **Franz-Theo Gottwald** ist ist Vorstand der Schweisfurth Stiftung für nachhaltige Agrar- und Ernährungswirtschaft München, ist Honorarprofessor für Umwelt-, Agrar- und Ernährungsethik an der Humboldt Universität zu Berlin und selbstständiger Politik- und Unternehmensberater. Der Autor zahlreicher Fachpublikationen in den Bereichen nachhaltiges Wirtschaften und sozial-ökologische Zukunftsperspektiven ist Vorsitzender der Bayerischen Verbraucherkommission, Herausgeber-Beirat der „Zeitschrift für Umweltpolitik und Umweltrecht" und geschäftsführender Kurator der Cocreatio-Stiftung für Kooperation und kollektive Entwicklung sowie Kurator der Selbach-Umweltstiftung und Beirat verschiedener gemeinnütziger Einrichtungen. Er arbeitet auch als Kurator der Stiftung des Senats der Wirtschaft.

Dieter Härthe betrieb Anfang der 1970er Jahre zunächst ein Dienstleistungsunternehmen im Bereich Marktforschung und Marketing. 1975 gründete er den Verband der Selbstständigen und Gewerbetreibenden (VSG); dessen Vorsitzender er bis 2004 war. 1977 baute Dieter Härthe zudem das Institut für Betriebsberatung, Wirtschaftsförderung und -forschung (IBWF) auf. Von 1981 bis 2002 war er Hauptgeschäftsführer des BVMW. 2003 gründete Dieter Härthe den Bundesverband für Wirtschaftsförderung und Außenwirtschaft (BWA) Deutschland, dessen Vorstandsvorsitzender er bis 2010 war. Seit 2009 ist er Vorstandsvorsitzender des Senats der Wirtschaft. Er ist Träger des Bundesverdienstkreuzes am Bande und Honorargeneralkonsul der Republik Senegal.

Prof. Dr. **Estelle Herlyn** ist Hochschullehrerin und wissenschaftliche Leiterin des KompetenzCentrums für nachhaltige Entwicklung an der Hochschule für Oekonomie und Management und arbeitet freiberuflich für das Forschungsinstitut für anwendungsorientierte Wissensverarbeitung. Zuletzt beschäftigte sie sich im Rahmen von Projekten mit dem BMZ mit der Umsetzbarkeit der Agenda 2030 sowie den Möglichkeiten und Grenzen der Implementierung höherer ökologischer und sozialer Standards in globalen Wertschöpfungsketten. Estelle Herlyn ist Mitautorin der vom Senat der Wirtschaft und vom Club of Rome herausgegebenen Denkschrift zu einem Marshall Plan mit Afrika und Mitglied des Kuratoriums der Stiftung Senat der Wirtschaft.

Dr.-Ing. **Albert Hövel** absolvierte ein Studium der Chemietechnik an der Universität Dortmund und promovierte während der 10-jährigen Tätigkeit bei der Philips Kommunikations Industrie AG in der Entwicklungsabteilung Werkstofftechnologie für Glasfaserkabel. Seit Beginn seiner Tätigkeit bei DIN war er für mehrere Normenausschüsse verantwortlich und ist derzeit Leiter der Technischen Abteilung 1. Er ist aktiv als interner Auditor zur Unterstützung des Qualitätsmanagementsystems und dessen internen Umsetzung, sowie Referent für das Seminar DIN-Normungsexperte. Seit 2009 ist er für DIN Lehrbeauftragter an der TU Berlin in den Fachbereichen Innovationsökonomie und Verfahrenstechnik.

Nora Klopp ist wissenschaftliche Mitarbeiterin der Schweisfurth Stiftung, arbeitet zu den Themen Ökologie, Ethik und Tierwohl und verantwortet die Öffentlichkeitsarbeit. Die Autorin ist ferner zuständig für das Deutsche Netzwerk Ernährungsethik (DNEE) und das Projekt Tierschutz auf dem Teller®. Weitere inhaltliche Schwerpunkte ihrer Arbeit sind die Themen Nachhaltigkeit und Postwachstumsgesellschaften, z. B. Bildung für nachhaltige Entwicklung und ein gutes Leben jenseits des Wachstumsparadigmas.

Prof. Dr. **Volker Kronenberg** lehrt Politische Wissenschaft am Institut für Politische Wissenschaft und Soziologie der Universität Bonn sowie an der Hochschule Bonn-Rhein-Sieg. Politischer Wissenschaft als „praktischer Wissenschaft" verpflichtet, verknüpft er in zahlreichen Publikationen und Vorträgen zeithistorische, geistes- sowie parteigeschichtliche Aspekte mit praktisch-aktueller Gegenwartsanalyse von Demokratie, Parlamentarismus und politischer Kultur. In den Jahren 2011/12 wirkte er im Rahmen des von der Bundeskanzlerin initiierten Expertendialogs über Deutschlands Zukunft mit. Von November 2011 bis März 2015 fungierte er als Wissenschaftlicher Leiter, seitdem als Vorsitzender des Wissenschaftlichen Beirats der Bonner Akademie für Forschung und Lehre Praktischer Politik (BAPP). Seit 2013 ist er zudem Studiendekan der Philosophischen Fakultät der Universität Bonn.

Karl-Heinz Land ist Gründer der Strategie- und Transformationsberatung neuland sowie Sprecher der Initiative Deutschland Digital (IDD). Als Keynote-Speaker und Co-Autor der Standardwerke „Digitaler Darwinismus – der stille Angriff auf Ihr Geschäftsmodell und Ihre Marke" und „Dematerialisierung – die Neuverteilung der Welt in Zeiten des digitalen Darwinismus" prägt der Digital Evangelist die Debatte über die Digitale Transformation entscheidend mit. Im Mai 2017 erschien als Abschluss dieser Trilogie zum Digitalen Darwinismus das Buch „Digitale Markenführung – Digital Branding im Zeitalter des Digitalen Darwinismus". Das World Economic Forum in Davos und das „Time Magazine" zeichneten Land 2006 mit dem „Technology Pioneer Award" aus. Weitere Informationen unter: http://karl-heinz.land

Ulf Posé ist Experte für Unternehmenskultur. Der von Prof. Dr. R. Lay, SJ, ausgebildete Trainer und Coach hält Vorlesungen über Wirtschaftsethik an renommierten Universitäten, ist Autor von 20 Büchern, war 10 Jahre Präsident des Ethikverbandes der Deutschen Wirtschaft und ist Leiter der Akademie des Senats der Wirtschaft.

Prof. Dr. Dr. Dr. h. c. **Franz-Josef Radermacher** ist Professor für „Datenbanken und Künstliche Intelligenz" an der Universität Ulm, gleichzeitig Vorstand des Forschungsinstituts für anwendungsorientierte Wissensverarbeitung Ulm, Ehrendoktor der International Hellenic University (Thessaloniki), Präsident des Senats der Wirtschaft e. V. (Bonn), Vizepräsident des Ökosozialen Forums Europa (Wien) sowie Mitglied des Club of Rome. Seine Forschungsschwerpunkte sind u. a. globale Problemstellungen, lernende Organisationen und Mitarbeiterentwicklung, intelligente Systeme, Digitalisierung und Vernetzung, internationaler Handel und Kooperation, Regulierung des Weltfinanzsystems, Umgang mit Risiken, Fragen der Verantwortung von Personen und Systemen.

Dipl.-Kaufmann **Max W. Römer** hat sein gesamtes 40-jähriges Berufsleben dem Beteiligungsgeschäft gewidmet: im internationalen Industrie Beteiligungsgeschäft einer Großbank, im Süd-Ost Asienbereich der DEG (Köln) bei der Etablierung von CVC Citicorp Venture Capital und schließlich beim Aufbau der unabhängigen Beteiligungsberatung, die er zusammen mit Partnern 1991 gründete. Max Römer ist Chairman von Quadriga Capital, Gründungs-Vorstand des Bundesverbands der Kapitalbeteiligungsgesellschaften (Berlin) und Past Chairman von Invest Europe in Brüssel.

Prof. Dr. **Thomas Straubhaar** ist Lehrstuhlinhaber für Volkswirtschaftslehre an der Universität Hamburg, insbesondere internationale Wirtschaftsbeziehungen und Direktor des Europa-Kolleg Hamburgs. Von 1999 bis 2014 hat er das Hamburgische WeltWirtschaftsInstitut HWWI und dessen Vorgängerinstitut HWWA geleitet. Zuvor hat er an den Universitäten Bern, Basel, Konstanz, Freiburg i. Br.

und an der Universität der Bundeswehr in Hamburg als Lehrstuhlvertreter oder Professor geforscht und gelehrt.